신들의 전쟁

The War of Gods

Copyright ⓒ 1996 by Michael Löwy.

All rights reserved.

Korean Translation Copyright ⓒ 2012 by Greenbee Publishing Co.

This edition is published by arrangement with Verso through Shinwon agency

신들의 전쟁 _ 라틴아메리카의 종교와 정치

초판 1쇄 인쇄 _ 2012년 4월 30일
초판 1쇄 발행 _ 2012년 5월 5일

지은이 _ 미카엘 뢰비 | 옮긴이 _ 김항섭

펴낸이 _ 유재건 | 주간 _ 김현경
편집팀 _ 박순기, 주승일, 태하, 임유진, 김혜미, 김재훈, 강혜진, 고태경, 김미선, 고아영, 김현정
디자인팀 _ 서주성, 이민영, 지은미 | 마케팅팀 _ 정승연, 이민정, 신지은, 한진용, 김효진
영업관리팀 _ 노수준, 이상원, 양수연

펴낸곳 _ (주)그린비출판사 | 등록번호 _ 제313-1990-32호
주소 _ 서울시 마포구 동교동 201-18 달리빌딩 2층 | 전화 _ 702-2717 | 팩스 _ 703-0272

ISBN 978-89-7682-760-9 93300
이 도서의 국립중앙도서관 출판시도서목록(CIP)은 e-CIP 홈페이지(http://www.nl.go.kr/ecip)와
국가자료공동목록시스템(http://www.nl.go.kr/kolisnet)에서 이용하실 수 있습니다.(CIP제어번
호: CIP2012001943)

이 책은 2008년도 정부(교육과학기술부)의 재원으로 한국연구재단의 지원을 받아 번역되었음
(NRF-2008-362-B00015).

그린비출판사 나를 바꾸는 책, 세상을 바꾸는 책
홈페이지 _ www.greenbee.co.kr | 전자우편 _ editor@greenbee.co.kr

TransLatin
트랜스라틴 총서 10

신들의 전쟁

라틴아메리카의 종교와 정치

미카엘 뢰비 지음 | 김항섭 옮김

B
그린비

서문

이미 상당히 많은 연구자들이 라틴아메리카의 종교와 정치의 관계에 대해서 조사하고 연구했다. 단지 신학 논문, 관계자들의 증언, 그리고 신문·잡지의 기사뿐만 아니라, 사회과학의 여러 분과 학문(사회학, 정치학, 인류학)에 속한 학술적인 저서들도 명시적으로든 묵시적으로든 이 주제를 다뤄 왔다. 그럼에도 불구하고 이 연구들 가운데 대다수는 단 한 나라(또는 중미와 같은 단 하나의 하위 지역)의 사례만을 다루거나, 방대하고 논쟁적인 이 영역의 단 한 가지 측면(기초공동체, 오순절파 교회 등)에만 초점을 맞추었다.

이 책에서는 지난 35년 동안[1960년대~1995년까지], 라틴아메리카의 정치적/종교적 영역에서 일어난 새로운 발전에 대한 연구를 일반적이고 분석적인 관점에서 소개하고자 한다. 이러한 발전은 사회변혁에 중요한 요인이 되었다. 35년이라는 기간 설정은 자의적인 것이 아니다. 1950년대 말 라틴아메리카는 종교와 정치의 관계사^史에 있어 새로운 시대를 열었다. 이 시대는 오늘날까지 여전히 지속되고 있고, 그 끝을 예견할 수 없다. 이 시대는 1958년부터 59년 사이에 거의 동시에 일어난 두 가지 역사적인 사건에서 시작된다. 하나는 바티칸에서 일어난 사건으로, 요한 23

세가 교황으로 선임된 것이다. 다른 하나는 카리브 해의 한 섬에서 일어난 사건으로, 쿠바혁명의 성공이다.

이 책은 말할 나위 없이 기존에 출간된 연구에서 많은 도움을 받았지만, 그와 동시에 보다 더 광범위한 틀을 제공하고, 몇 가지 이론적 가설을 제시하고자 한다. 이 책에서 사용한 방법은 특히 맑스주의 전통에서 영감을 얻은 (그러나 또한 몇 가지 베버적 개념을 통합한), **문화사회학적** 방법이다. 따라서 이 책은 종교 실천에 대한 민족지학적인 서술이나, 제도로서의 교회의 기능적 구조에 대한 연구나, 다양한 종교들의 투표 행태에 대한 경험적 자료가 아니며, 근대화와 첨예한 사회적·정치적 갈등의 맥락에서, 종교 문화와 정치 문화가 복잡하게 연결되는 양상에 초점을 맞출 것이다. (신학적, 교회법적, 사목적) 종교 문헌들이 이 책에서 사용하는 중요한 원^原자료 가운데 하나이고, 그와 더불어 그 내적인 문화적 내용, 사회적·정치적 함의, 그리고 제도나 사회운동과의 연계 등을 검토할 것이다.

이 책은 사회 해방이라는 목표에 투신하는 종교운동(보통 '진보적' 또는 '좌파적'이라고 부르나, 이 용어들은 매우 적절하지 않다)에 더 큰 관심을 기울일 것이다. 이러한 관심은 저자가 개인적으로 이 운동에 호의를 갖고 있기 때문이기도 하지만, 종교의 전통적인 보수적 역할과 비교할 때, 또는 과거에 이미 연구한 바 있는 기독교민주주의^{Christian Democracy}와 같은 보다 더 오래된 조직과 비교할 때, 이 운동이 새로운 사회학적·역사적 현상이기 때문이기도 하다. 흔히 '해방신학'이라고 부르는 이 현상은 단순한 신학적 조류보다는 훨씬 더 깊고 광범위한 것이다. 사실 이 현상은 광범위한 정치적 결과를 낳은, 거대한 **사회운동**이다. 우리는 이 운동을 '해방그리스도교'^{liberationist Christianity}라고 부르고자 한다. 이 책은 또한 해방신학에 대한 (가톨릭이나 개신교의) 보수적인 반격이나 투쟁도 고려할 것이다.

이러한 반격은 이 운동을 점점 더 어렵게 만들고 있다. 이 책에서는 관련 문제를 다 다루려고 하지 않을 것이다. 다만 몇 가지 사례 연구에 기대어 일반적인 가설을 검증할 것이다.

'신들의 전쟁'이라는 표현은 근대 사회에서 가치들의 다양성, 궁극적인 믿음들('신들') 사이의 화해할 수 없는 갈등에 대한 베버의 주장에서 따온 것이다. 베버는 『직업으로서의 학문』*Wissenschaft als Beruf*, 1919에서 다음과 같이 말했다. "삶이 계속 내재적이고, 삶을 그 자체의 용어로 해석하는 한, 삶에는 단지 그 신들 사이의 끊임없는 상호 투쟁만이 존재할 것이다. 또는 직설적으로 말한다면, 궁극적으로 가능한 삶에 대한 태도들은 서로 화해할 수 없고 따라서 이 태도들 사이의 투쟁은 결코 최종적인 결론에 이를 수 없을 것이다. 따라서 결정적인 선택을 할 필요가 있다."[1]

베버가 말한, **신들의 전쟁**Kampf der Götter은 최근 35년 동안 라틴아메리카의 정치적/종교적 **에토스**를 아주 적절한 방식으로 정의한다. 한편으로는 **내적으로**, 종교 영역 내에서 근본적으로 대립하는 신 개념들 사이의 갈등에 적용할 수 있다. (가톨릭이든 개신교든) 진보적인 그리스도교 신자들의 신 개념과 보수적인 신자들의 신 개념——'가치들의 충돌'Wertkollision (베버의 또 다른 개념)——은 1980년대 중앙아메리카의 경우처럼 극단적인 상황에서, 심지어 내전의 형태를 취할 수도 있다. 다른 한편 **외적으로**, 해방신학자들 스스로 (베버를 직접 언급하지 않고) 이 표현을 사용하였는데, 이들이 생각하는 신인 해방자 하느님과, 돈, 시장, 상품, 자본 등으로

---

1) Max Weber, "Science as Vocation"(1919), in H. H. Gerth and C. W. Mills, eds, *From Max Weber*, London : Routledge, 1967, p. 152.

표현되는 억압의 우상들 사이의 갈등을 서술하기 위한 것이다.[2]

　　나는 브라질에서 정치적으로, 지적으로 맑스주의 전통과 관련 있는 유대인 이민자 가정에서 태어나고 자랐다. 따라서 나는 (라틴아메리카 사람으로서) 연구 대상에 일정한 친밀감을 느끼는 동시에, (신앙이 없는 개인으로서) 일정한 거리감을 느낀다. 라틴아메리카에서 가난한 이들의 자기 해방self-emancipation을 위한 투쟁에 모든 것을 건 그리스도교인들에 대한 나의 윤리적·정치적 호의를 부인할 의도는 없다. 그러나 또한 나의 가치와 선택을 공유하지 않는 독자들에게도 이 책을 읽는 것이 유익한 독서가 되길 바란다.

---

2) 예를 들자면 다음 책 참조. Hugo Assmann, Franz Hinkelammert, Jorge Pixley, Pablo Richard and Jon Sobrino, *La Lucha de los dioses: Los ídolos de la opresión y la búsqueda del Dios Libertador*, San José(Costa Rica): DEI(Departamento Ecumenico de Investigaciones), 1980. 여러 저자의 논문을 모은 이 탁월한 저서는 막스 베버를 인용하고 있지 않다.

| 차례 |

| 일러두기 |

1 이 책은 Michael Löwy의 *The War of Gods : Religion and Politics in Latin America*(Verso, 1996)를 번역한 것이다.

2 이 책의 영문판 '결론'에는 장 베스트랑 아리스티드(Jean Bertrand-Aristide)를 중심으로 하는 아이티의 사례가 소개되어 있었으나, 저자인 마이클 뢰비의 요청에 따라 브라질 무토지농민운 동(MST)의 사례를 다룬 논문("The Socio-Religious Origins of Brazil's Landless Rural Workers Movement", *Monthly Review*, June 2001)으로 대체하여 번역·수록했다(218~230쪽).

3 본문의 각주 중 옮긴이 주는 각주 끝에 "— 옮긴이"라고 명기하여 지은이 주와 구분했다.

4 독자의 이해를 돕기 위하여 옮긴이가 추가한 내용은 대괄호([ ])로 묶어서 표시했다.

5 단행본·정기간행물에는 겹낫표(『 』)를, 논문·단편·선언문에는 낫표(「 」)를 사용했다.

6 외국 인명이나 지명, 작품명은 2002년 국립국어원에서 펴낸 외래어표기법을 따랐다.

종교와 정치

: 맑스와 베버의 재해석

1장 | 종교와 정치 : 맑스와 베버의 재해석

1. 맑스주의와 종교 : 인민의 아편?

19세기에 맑스와 엥겔스가 생각했던 것처럼, 종교는 여전히 반동, 미몽迷
夢, obscurantism, 보수주의의 보루堡壘일까? 종교는 여전히 대중을 중독시키
고, 대중이 자기 자신의 관점에서 분별 있게 사고하고 행동하지 못하도록
방해하는 일종의 아편일까? 크게 보면 대답은 '그렇다'이다. 맑스와 엥겔
스의 관점은 주요 종교들(그리스도교, 유대교와 이슬람교)의 근본주의 분
파, 가톨릭 보수주의, 대다수의 복음주의 집단과 이 집단의 또 다른 표현
인, 이른바 '전자교회'Electronic Church, 그리고 대다수의 신흥 종교 분파(널
리 알려진 통일교와 같은 일부 분파는 재정 조작, 몽롱한 세뇌와 광신적인 반
공주의를 용의주도하게 조합한 것에 지나지 않는다)에 아주 잘 적용된다.

그럼에도 불구하고, 라틴아메리카(와 다른 지역)에서 혁명적 그리스
도교와 해방신학의 등장은 역사의 새로운 장을 열었고, 맑스주의적 종교
분석을 재검토하지 않고서는 답할 수 없는 새로운 문제들을 제기한다. 이
와 같은 새로운 현상을 처음 대하는 맑스주의자들은, 혁명을 지지하는 것
으로 볼 수 있는 그리스도교 노동자와 농민을 전적으로 반동적인 기구로

서의 교회(사제)와 대조했던 전통적인 해석 모델을 적용할 것이다. 따라서 맑스주의자들은 1966년 카밀로 토레스 신부의 죽음도 여전히 예외적인 경우로 본다. 토레스 신부는 콜롬비아 게릴라에 가담하였다가, 정부군과의 전투에서 사망하였다. 그러나 갈수록 (수도자와 사제들을 포함하여) 많은 그리스도교신자들이 민중 투쟁에 참여하고 있고, 또한 산디니스타 혁명Sandinista Revolution에 대거 참여했던 사실로 미루어볼 때, 명백히 새로운 접근이 필요함을 알 수 있다. 맑스주의자들은 이러한 새로운 사실들 앞에서 당황하고 혼란스러워 하면서도, 여전히 이 그리스도교인들의 타당한 사회적 실천들과 (반드시 반동적이고 이상주의적인 것으로 간주하는) 이들의 종교 이데올로기를 구분하는 전통적인 접근법을 따른다. 그러나 해방신학을 보면, 맑스주의적 개념을 사용하고, 사회 해방 투쟁에 영감을 불어넣는 새로운 종교 사상이 출현했음을 알 수 있다.

사실, 최근 몇 십 년 동안 라틴아메리카의 종교 현장에서 세계사적으로도 무척 중요한 새로운 현상이 일어났다. 라틴아메리카 교회의 중요한 부문이 (신자든 사제든) 사회 투쟁 영역에서 입장을 바꾸었고, 자신들의 물적·영적 자원들을 가지고 가난한 이들의 편을 들고, 새로운 사회를 위한 투쟁에 가담하였다. 예기치 않았던 이러한 사건을 설명하는 데, 맑스주의는 어떤 도움을 줄 수 있을까?

맑스주의 지지자뿐만 아니라 그 반대자들도 대부분 "종교는 인민의 아편이다"라는 [맑스의] 유명한 문장을, 종교 현상에 대한 맑스주의적 개념의 정수精髓로 간주하였다. 이것은 어느 정도까지 정확한 관점인가? 첫 번째로 이 주장은 **결코 맑스주의만의 독특한 개념이 아니라는 것**을 강조할 필요가 있다. 이와 같은 관점은 여러 가지 맥락에서, 다시 말하면 칸트, 헤르더[1], 포이어바흐, 브루노 바우어, 헤스, 그리고 하이네의 저작에서 발견할 수 있다. 예를 들면 하이네는 뵈르네[2]에 관한 글에서, (비록 비꼬는 투일지라도) 긍정적인 방식으로 이미 이와 같은 표현을 사용했다. "인간 고통이라는 쓰디쓴 잔에, 달콤하고 졸린 영적 아편 몇 방울, 사랑과 희망과 믿음 몇 방울을 붓는 종교는 환영받을지어다." 헤스는 1843년 스위스에서 출간한 한 논문에서, 이보다 더 비판적인 (그러나 여전히 애매모호한) 태도를 취한다. "아편이 고통스런 질병에 유용한 것과 같은 방식으로 …… 종교는 노예 상태에 대한 불행한 자각을 견딜 수 있게 해준다."[3]

이와 같은 표현은 얼마 뒤, 헤겔의 『법철학』에 관한 맑스의 논문[1844]에 나타난다. 이 표현이 들어 있는, 논문의 단락을 주의 깊게 살펴보면, 사람들이 흔히 생각하는 것보다 더 적절하고, 덜 일방적임을 알 수 있다. 맑스는 명백히 종교에 비판적이지만, 그래도 종교 현상이 갖고 있는 **이중적인 특성**을 고려한다. "종교적 고통은 현실 고통의 **표현**이면서 그와 동시에 현실 고통에 대한 **저항**이다. 종교는 억눌린 피조물의 한숨이고, 심장 없는 세계의 심장이며, 영혼 없는 상황의 영혼이다. 종교는 **인민의 아편**이다."[4]

이 논문 전체를 꼼꼼히 읽는다면, 맑스의 관점이 종교를 단순히 사제들의 음모라고 비난했던 계몽주의 철학보다는, 종교를 인간적 본질의 소

---

1) Johann Gottfried von Herder(1744~1803). 독일의 비평가, 신학자, 철학자 —옮긴이.

2) Karl Ludwig Börne(1786~1837). 독일의 작가이자 풍자시인—옮긴이.

3) Helmut Gollwitzer, "Marxistische Religionskritik und christlicher Glaube", *Marxismusstudien*, Tübingen : J. C. B. Mohr, 1962(fourth edition), pp. 15~16에서 재인용. 다른 인용도 이 논문에서 재인용한 것이다.

4) Karl Marx, "Towards the Critique of Hegel's Philosophy of Right"(1844), in Louis S. Feuer, ed., *Marx and Engels : Basic Writings of Politics and Philosophy*, London : Collins, 1969, p. 304.

외로 보았던 신新헤겔주의 좌파left neo-Hegelianism에 더 가깝다는 것을 명백히 알 수 있다. 사실 맑스는 앞에서 인용한 본문을 썼을 때, 아직 포이어바흐를 추종하는 상황이었고, 신헤겔주의자였다. 따라서 종교에 대한 그의 분석은 맑스주의 이전 단계의 것이고, 사회계급에 대한 어떤 언급도 없으며, 다분히 비非역사적이다. 그러나 종교적 '고통'의 모순적 성격(현존 조건의 정당화이든 이 조건에 대한 저항이든)을 파악하는, 변증법적 특성을 보여 주고 있다.

사회적·역사적 현실로서의 종교에 대한 진정한 의미의 맑스주의적 연구는 이보다 더 나중에, 특히 『독일 이데올로기』(1846)에서 시작된다. 이러한 새로운 종교 분석 방법의 핵심 요소는 종교를 다양한 이데올로기 형태(다시 말하면, 물질적 생산과 그에 상응하는 사회관계에 의해 조건 지어지는, 한 민족people의 영적 생산, 이념과 표상과 의식 생산) 가운데 하나로 보는 것이다. 가끔 맑스가 '반영'reflection이라는 개념을 사용할지라도, 이 책의 핵심 사상은 사회관계——"물론 이 관계를 통해, 사물 전체를 (그리고 또한 이러한 여러 측면들 사이의 상호 작용을) 그 총체적 관점에서 서술할 수 있다"[5]——의 관점에서 다양한 의식 형태(종교, 윤리, 철학 등)의 기원과 발전을 설명할 필요가 있다는 것이다. 맑스주의 문화사회학의 '비주류'(루카치, 골드만)는 반영 이론 대신에, 변증법적 총체성이라는 개념을 지지한다.

맑스는 엥겔스와 함께 『독일 이데올로기』를 쓴 뒤에는, 고유한 의미의 종교(다시 말하면, 특유한 문화적-이데올로기적 의미 체계로서의 종교)에 거의 관심을 기울이지 않았다. 그럼에도 불구하고 『자본론』 1권에서,

---

5) Karl Marx and Friedrich Engels, *The German Ideology*, in *ibid.*, p. 50.

아주 흥미로운 방법론적 성찰을 발견할 수 있다. 예를 들면 고대에는 정치가 중요했고, 중세 시대에는 종교가 중요했던 것으로 볼 때, 역사에 대한 유물론적 해석은 부적절하다는 주장을 반박하는 유명한 각주가 있다. "중세는 가톨릭 없이 살 수 없었고, 고대도 정치 없이 살 수 없었다. 그러나 사실 각각의 경제적 조건을 살펴보면, 왜 가톨릭이 중세에서, 그리고 정치가 고대에서 지배적인 역할^{Hauptrolle}을 수행했는지 알 수 있다."[6] 맑스는 중세 시대에 종교가 중요한 역할을 했던 경제적 이유를 밝히는 데 결코 큰 관심을 기울이지 않았다. 다만 일정한 역사적 상황 아래서 종교가 실로 사회생활에서 결정적인 역할을 수행할 수 있음을 인정했고, 이러한 이유에서 이 본문은 의미심장하다.

맑스는 일반적으로 종교에 관심을 기울이지 않았음에도 불구하고, 개신교와 자본주의 사이의 관계에 대해서는 일정한 관심을 표명했다. 『자본론』을 보면, 예를 들어 개신교가 교회 소유지와 공동 목초지의 수용을 자극하면서 자본의 원시적 축적에 기여했음을 여러 곳에서 언급한다. 그는 (막스 베버의 유명한 시론보다 50년 전에 나온) 『정치경제학 비판 요강』 *Grundrisse*에서, 개신교와 자본주의 사이의 밀접한 관계에 대해 다음과 같이 뛰어난 논평을 한다.

> 돈 숭배에는 나름의 금욕주의, 극기, 자기희생(절약과 검소, 세속적이고 일시적이며 덧없는 쾌락에 대한 경멸, 그리고 영원한 보물의 추구)이 있다. 여기서 영국 청교도나 네덜란드 개신교와 돈벌이^{Geldmachen} 사이의 일정한 연계^{Zusammenhang}를 찾아볼 수 있다.[7]

---

6) Karl Marx, *Das Kapital*, vol. 1, Berlin : Dietz Verlag, 1968, p. 96.

베버의 테제와 (똑같지는 않지만) 놀랍도록 유사하다. 특히 『개신교 윤리와 자본주의 정신』의 저자가 이 본문을 읽을 수 없었다는 사실을 감안한다면(『정치경제학 비판 요강』은 1940년에 처음 출간되었다) 더욱 그러하다.

다른 한편으로 맑스는 자본주의에 대해, 상품 물신숭배에 바탕을 둔 '일상성의 종교'religion of daily life라고 자주 말했다. 그는 또한 자본을, "자신이 마땅히 받아야 할 희생 제물로 세계 전체를 요구하는 몰록Moloch"으로, 그리고 자본주의적 진보를, "오직 죽은 자들의 해골로 감로주를 마시고자 하는 괴물 같은 이교도 신"으로 서술했다. 그는 정치경제를 비판하면서, 곧잘 우상숭배(바알, 몰록, 맘몬, 황금송아지, 그리고 말할 나위 없이 '물신' 개념)를 언급했다. 그럼에도 불구하고 그의 언어는 (종교사회학적 관점에서 보면) 실체적인 의미보다는 비유적인metaphorical 의미에 더 가깝다.[8]

프리드리히 엥겔스는 (어쩌면 경건주의적 교육을 받은 탓에) 종교 현상과 그 역사적 역할에 대해 맑스보다도 훨씬 더 큰 관심을 보였다. 엥겔스는 주로 종교적 표상과 **계급투쟁**의 관계를 분석하면서, 맑스주의적 종교 연구에 이바지하였다. 그는 '관념론 대 유물론'의 철학적 논쟁 외에, 구체적인 사회적·역사적 종교 형태를 이해하고 설명하는 데 관심을 가졌다. 그는 (포이어바흐와 달리) 그리스도교를 무한한 '본질'이 아니라, 다양한 역사적 시기를 거치면서 변화하는 문화적 체계로 보았다. 다시 말하면 처

---

7) Karl Marx, *Das Kapital*, vol. 1, pp. 749~750 ; *Foundations of the Critique of Political Economy(Rough Draft)*, Harmondsworth : Penguin, 1973, p. 232, 그리고 *Grundrisse der Kritik der Politischen Ökonomie*, Berlin : Dietz Verlag, p. 143.

8) Karl Marx, *Werke*, vol. 9, Berlin : Dietz Verlag, 1960, p. 226 and vol. 26, p. 488. 일부 해방신학자들(엔리케 두셀, 우구 아스만)은 이 언급을 폭넓게 사용하여 자본주의를 우상숭배로 정의한다.

음에는 노예들의 종교였으나, 나중에는 로마 제국의 국가 이데올로기가 되었고, 그 다음에는 봉건적 위계에 맞게 수정되었으며, 마지막으로는 부르주아 사회에 적응하였다. 이처럼 그리스도교는 적대적인 사회세력들이 투쟁하는 상징적인 영역으로서 나타난다. 예를 들면 16세기에는 봉건주의적 신학, 부르주아 개신교 그리고 민중적 이단 운동이 이 영역을 둘러싸고 각축을 벌였다.

때때로 엥겔스의 분석은 종교운동에 대한 협소한 공리주의적^{utilitarian}이고 도구주의적인 해석에 빠진다. "…… 다양한 계급들 가운데에서 각각의 계급은 자신에게 적절한 종교를 활용하고…… 이 신사 분들이 각자의 종교를 믿는지 또는 그렇지 않은지는 큰 차이가 없다."[9] 엥겔스는 다양한 믿음 형태 가운데에서, 단지 계급 이해를 '종교적으로 위장하는 것'만 발견하는 것 같다. 그럼에도 불구하고, 그는 계급투쟁에 초점을 맞춘 방법론 덕분에, (계몽주의 철학자들과 달리) 사제가 사회적으로 동질적인 집단이 아니라는 것, 그리고 종교가 일정한 역사적 상황에서 계급적 구성에 따라 분열하였다는 점을 파악했다. 이런 관점에서 종교개혁 시대를 보면, 한편으로는 봉건적 위계의 정상을 차지하는 고위 사제가 있고, 다른 한편으로는 종교개혁, 혁명적 농민운동에 이데올로기를 제공했던 하위 사제들이 존재했음을 알 수 있다.[10]

엥겔스는 유물론자였고 무신론자였으며, 종교 쪽에서 보면 타협할 수 없는 적이었으나, 그럼에도 불구하고 청년 맑스처럼 종교 현상이 갖는

---

9) Friedrich Engels, "Ludwig Feuerbach and the End of Classical German Philosophy", in Louis S. Feuer, ed., *Marx and Engels: Basic Writings of Politics and Philosophy*, p. 281.
10) Friedrich Engels, "The Peasant War in Germany", in *ibid*., pp. 422~475.

이중적 특성을 파악하였다. 다시 말하면, 종교는 기존 질서에 정당성을 부여하는 역할을 하나, 또한 다른 한편으로 사회적 상황에 따라 비판적, 저항적, 그리고 심지어 혁명적 역할을 수행하기도 한다. 게다가 그의 구체적인 연구들은 대부분 **반역적인** 종교 형태들에 초점을 맞추고 있다.

무엇보다도 엥겔스의 관심은 **원시그리스도교**였고, 그는 이 그리스도교를 가난한 이들, 추방당한 이들, 저주받은 이들, 박해 받는 이들, 억눌린 이들의 종교로 정의한다. 그에 따르면, 초기 그리스도교인들은 가장 낮은 사회 계층의 사람들이었다. 다시 말해 노예, 자신의 권리를 빼앗긴 자유인, 빚에 발목이 잡힌 소농들이었다.[11] 엥겔스는 심지어 놀랍게도 이러한 초기 그리스도교와 근대 사회주의를 비교하기도 한다. ① 이 두 위대한 운동은 지도자나 예언자들의 창조물이 아니다. 물론 이 운동들에 예언자들이 없었던 것은 아니지만, 무엇보다도 대중들의 운동이다. ② 이 두 운동 다 억눌린 이들, 박해 받는 이들의 운동이다. 지배층의 당국자들은 이 두 운동의 성원들을 배척하고 탄압했다. ③ 이 두 운동 다 노예상태나 비참으로부터의 해방이 절박함을 전도한다. 엥겔스는 이러한 비교를 윤색하기 위해, 다소 도전적인 방식으로 프랑스 역사가 르낭의 문장을 인용했다. "초기 그리스도교 공동체가 어떠했는지 알고자 한다면, 가장 가까이에 있는 국제노동자협회International Workingmen's Association 지부를 눈여겨보라."

엥겔스에 따르면, ('영광스러운 기억을 가진') 얀 지슈카[12]의 타보르파[13]와 토마스 뮌처의 재세례파Anabaptists에서부터, (1830년 이후) 프랑스

---

11) Friedrich Engels, *Anti-Dühring*, London : Lawrence & Wishart, 1969, pp. 121~122, 407.
12) Jan Žižka z Trocnova a Kalicha(1360~1424). 체코의 장군이자, 후스파의 지도자——옮긴이.
13) 타보르파(Taborites)는 중세 가톨릭에서 이단시했던 종교운동으로, 15세기 후스파 전쟁 동안 보헤미아의 타보르(Tábor) 시(市)를 중심으로 일어났다. 타보르파는 가톨릭 교회의 부패

혁명의 공산주의자들과 독일 유토피아적 공산주의자 바이틀링의 추종자들에 이르기까지, 역사적으로 원시그리스도교의 복원을 꿈꾸었던 모든 운동들이 사회주의와 원시그리스도교를 비교하였다. 그럼에도 불구하고, 엥겔스는 이 두 운동 사이에 본질적인 차이가 존재한다고 본다. 다시 말하면, 원시그리스도교인들은 구원을 내세에 자리매김하지만, 사회주의는 이 세상에서의 구원을 이야기한다.[14]

　　그러나 이러한 차이는 얼핏 보기에 그러한 것만큼 명확한 것일까? 독일의 위대한 농민전쟁에 대한 엥겔스의 연구를 보면, 이러한 차이는 그렇게 명확하게 나타나지 않는다. 16세기 혁명적 농민들과 이단적 평민들(재세례파)의 신학자이고 지도자였던 토마스 뮌처는 하느님 나라, 예언자들의 천년왕국millenarian Kingdom을 즉각적으로 **지상**에 건설하기를 원했다. 엥겔스에 따르면, 뮌처가 본 하느님 나라는 계급적 차이, 사적 소유, 사회 구성원에 독립적이거나 낯선 국가적 권위가 없는 사회였다. 그러나 엥겔스는 종교를 전략stratagem으로 환원하고자 하는 유혹에 빠진다. 다시 말하면, 그는 뮌처의 그리스도교적 '말투'phraseology, 성서적 '외투'cloak에 대해 이야기한다.[15] 엥겔스는 뮌처의 천년왕국설millenarianism이 갖는, 특유한 종교적인 차원(그 영적·도덕적 힘, 진실로 느껴지는 그 신비적 깊이)을 충분히 파악하지 못한 것 같다.

　　엥겔스는 독일의 천년왕국설적chiliastic 예언자들에 대한 칭송을 숨기

와 허례의식을 거부하면서, 그리스도의 천년왕국을 선포하고, 성서의 규범성을 주장하며, 주인도 노예도 없는 공산 사회를 꿈꾸었다──옮긴이.

14) Friedrich Engels, "Contribution to a History of Primitive Christianity", in Marx and Engels, *On Religion*, London: Lawrence & Wishart, 1960, ch. 25.

15) Friedrich Engels, "The Peasant War in Germany"(1850), in Louis S. Feuer, ed., *Marx and Engels: Basic Writings of Politics and Philosophy*, p. 464.

지 않는다. 그는 이들의 사상을 '거의 공산주의적인' 것, '혁명적으로 종교적인' 것으로 간주한다. 다시 말하면, 이 사상은 당시 평민들의 요구를 종합한 것이라기보다는 오히려 프롤레타리아 해방의 미래 목표에 대한 '뛰어난 예기豫期'라고 본다. 그러나 엥겔스는 ('반영 이론'의 관점에서 설명할 수 없는) 종교의 이러한 **예기적, 유토피아적** 차원에 대한 탐구를 더 이상 진척시키지 않았으나, 에른스트 블로흐는 (나중에 보겠지만) 이 차원을 밀도 있고 상세하게 탐구하였다.

엥겔스에 따르면, 종교의 기치 아래 일어난 마지막 혁명 운동은 17세기 영국의 청교도운동이었다. 유물론이 아니라 종교가 이 청교도혁명에 이데올로기를 제공했다면, 그것은 절대왕권주의royal absolutism의 홉스나 그 추종자들이 이끌었던 영국 유물론이 정치적으로 반동적인 성격을 띠었기 때문이다. 보수적인 이러한 유물론이나 이신론deism과 달리, 개신교 교파들은 스튜어트 왕조에 대한 전쟁에 자신들의 종교적 깃발과 전사戰士들을 제공하였다.[16] 엥겔스의 이러한 분석은 아주 흥미롭다. 그는 계몽주의로부터 물려받은 역사에 대한 단선적인 관점과 결별하면서, 유물론과 종교 사이의 투쟁이 혁명과 반혁명, 진보와 퇴보, 자유와 독재, 억눌린 계급과 지배계급 사이의 전쟁과 반드시 일치하지 않는다는 것을 인정한다. 청교도운동이라는 이 구체적인 사례를 보면, 오히려 이 관계는 정확히 정반대이다. 다시 말하면 절대주의적 유물론과 혁명적인 종교의 대립이다.

엥겔스는 프랑스혁명 이래로 종교가 더 이상 혁명적 이데올로기로서 기능할 수 없었다고 확언한다. 따라서 그는 (카베[17]나 바이틀링과 같은) 프

---

16) Friedrich Engels, "On Materialism", in *ibid.*, p. 99.
17) Étienne Cabet(1788~1856). 프랑스 철학자이자 유토피아 사회주의자 — 옮긴이.

랑스와 독일의 공산주의자들이 "그리스도교는 공산주의이다"라고 주장했을 때, 놀랍다는 반응을 보인다. 이처럼 종교에 대한 서로 다른 생각은, 프랑스 공산주의자들이 『독불연감』_Deutsch Frnzöschen Jahrbüchen, 1844_에 불참한 중요한 이유 가운데 하나였고, 1846년 바이틀링과의 결별에도 중요한 이유 가운데 하나로 작용했다.

엥겔스는 해방신학을 예견할 수 없었으나, 계급투쟁의 관점에서 종교 현실을 분석한 덕분에 종교가 갖는 저항의 잠재력을 보여 주었고, 이는 종교와 사회의 관계에 대한 새로운 접근법을 제시하는 단초를 마련하였다. 이러한 종교 이해는 한편으로 계몽주의의 철학(사제들의 음모로서의 종교)과 다르고, 다른 한편으로 독일의 신헤겔주의(소외된 인간 본질로서의 종교)와도 차이가 있다.

20세기의 맑스주의적 종교 연구는 대부분 맑스와 엥겔스가 밑그림을 그려 놓은 개념을 논평하거나 발전시키는 데 머물거나, 이 개념을 구체적인 현실에 적용하는 데 제한되어 있다. 예를 들면 원시그리스도교, 중세 이단, 토머스 모어와 토마스 뮌처에 대한 카를 카우츠키의 역사적 연구가 그 경우이다. 카우츠키는 이러한 종교적 흐름들을 모두 공산주의 운동, '근대 사회주의의 선구자'(그리고 이것이 그의 책 제목이다)로 간주하였다. 이 종교적 흐름들의 목표는 일종의 **분배적 공산주의**로, 근대 노동운동의 생산적 공산주의와 다르다. 카우츠키는 이 운동들의 사회적·경제적 토대나 공산주의적 열망에 대한 흥미로운 통찰과 상세한 연구를 제공한다. 그러나 그는 이러한 종교적 믿음을, 사회적 내용을 '숨기는' 단순한 '봉투'_Hülle_나 '의복'_Gewand_으로 환원한다. 그에 따르면, 중세 이단 운동이 신비적, 묵시록默示錄적, 그리고 천년왕국설적 형태로 출현한 것은 공산주의적 이념을 실현할 수 없는 데서 오는 절망의 표현에 지나지 않는다.[18] 카우츠키는 독일 종교개혁에 관한 책을 쓰면서, 가톨릭, 루터교 그리고 재세례파 사이의 투쟁이 갖는 종교적 차원에 초점을 맞추지 않는다. 이처럼 자신이 종교 운동들 사이의 '신학적 다툼'theologischen Zänkereien이라고 부른 것을 경시하고, 역사가의 유일한 소임은 "그 당시의 투쟁으로 거슬러 올라가, 물질적 이해의 모순을 찾는 것"이라고 생각한다. 루터의 '95개조 논제'는 교의에 대한 싸움이라기보다는 오히려 경제적 문제에 대한 갈등이었다. 그것은 로마 당국이 교회세의 형태로 독일에서 빼앗아 갔던 돈지갑Geldbeutel의 문제였다.[19]

토머스 모어에 관한 카를 카우츠키의 책은 더 독창적이다. 이 책은 유쾌하고 행복한 종교, 생명력이나 활기찬 의례와 축제로 가득 찬 종교로서의 중세 대중 그리스도교를 강렬하면서도 목가적으로 서술한다. 카우츠키는『유토피아』의 저자를 이 봉건적 대중 가톨릭의 마지막 대표자로 간주한다. 이 대중적 가톨릭은 근대 예수회적 가톨릭과는 아주 다르다. 카우츠키에 따르면, 토머스 모어는 자신의 종교로 개신교가 아니라 가톨릭을 선택했다. 왜냐하면 토머스 모어는 영국의 개신교 개혁이 전통적인 교회와 공동체적 토지 소유를 파괴하였고, 이것이 농민들의 프롤레타리아화를 강요한 것으로 보기 때문이다. 그러나 다른 한편으로 토머스 모어가 '유토피아' 섬의 종교 제도를 서술한 것을 볼 때, 그의 입장은 기존의 가톨릭적 권위주의를 추종하는 자들과 거리가 멀다는 것을 알 수 있다. 토머스 모어는 종교적 관용, 사제 독신제 폐지, 공동체에 의한 사제 선임, 그리고

---

18) Karl Kautsky, *Die Vorläufer des neueren Sozialismus. Ester Band. Kommunistische Bewegungen im Mittelalter*, Stuttgart : Dietz Verlag, 1913, pp. 170, 198, 200~202.

19) Karl Kautsky, *Der Kommunismus in der deutschen Reformation*, Stuttgart : Dietz Verlag, 1921, pp. 3, 5.

여성 사제 서품을 옹호했다.[20]

유럽 노동운동에서 활동했던 많은 맑스주의자들은 근본적으로 종교에 반대하였으나, 종교 이데올로기에 대한 무신론적 투쟁은 계급투쟁이라는 구체적인 필요에 종속되어야 하고, 계급투쟁은 하느님을 믿는 노동자든, 하느님을 믿지 않는 노동자든, 노동자들의 단결을 요청한다고 생각했다. 종교를 자주 '신비적인 안개'mystical fog라고 비난했던 레닌조차도, 그의 논문 「사회주의와 종교」1905에서 무신론이 공산당 프로그램의 일부가 되어서는 안 된다고 주장했다. "왜냐하면 억눌린 계급이 지상에 천국을 건설하기 위해 실제적으로 혁명적인 투쟁을 하고 단결하는 것이 프롤레타리아들이 천상 낙원에 대해 의견 일치를 이루는 것보다 더 중요하기 때문이다."[21]

로자 룩셈부르크는 이러한 전략을 공유하면서도, 이와 다른 독창적인 접근법을 보여 주었다. 그녀는 자신이 확신에 찬 무신론자였을지라도, 종교 자체보다는 교회가 교회 전통의 이름으로 행한 반동적인 정책을 더 비판하였다. 로자 룩셈부르크는 1905년에 쓴 한 논문(「교회와 사회주의」)에서, 근대 사회주의자가 오늘날의 보수적인 사제보다 더 그리스도교의 근본 원칙에 충실하다고 주장했다. 사회주의자들은 평등과 자유와 형제애에 기반을 둔 사회질서를 위하여 투쟁하고, 따라서 사제들이 "네 이웃을 네 몸과 같이 사랑하라"는 그리스도교의 원칙을 인류의 삶 속에서 구체화하기를 진정으로 바란다면 사회주의를 기꺼이 받아들여야 한다. 사

---

20) Karl Kautsky, *Thomas More und seine Utopie*, Stuttgart : Dietz Verlag, 1890, pp. 101, 244~249, 325~330.
21) V. I. Lenin, "Socialism and Religion"(1905), in *Collected Works*, vol. 10, Moscow : Progress, 1972, p. 86.

제가 부자들이나 가난한 이들을 착취하고 억누르는 이들을 지지할 때, 그는 명백히 그리스도의 가르침에 거슬러 행동하고 있는 것이다. 다시 말하면, 그리스도가 아니라 황금송아지를 섬기고 있는 것이다. 그리스도교의 초기 사도들은 헌신적인 공산주의자들이었고, 대^ᄎ 바실리오, 요한 크리스토모와 같은 교부들은 사회 불의를 규탄하였다. 오늘날 사회주의 운동이 그리스도교의 이러한 대의를 이어받았다. 왜냐하면 이 운동은 가난한 이들에게 형제애와 평등의 복음을 전하고, 자유와 이웃 사랑의 왕국을 이 땅에서 건설하도록 요청하기 때문이다.[22] 룩셈부르크는 유물론의 이름으로 철학적 전투를 벌이는 대신에, 노동운동을 위하여 그리스도교 전통의 사회적 차원을 복원하려고 하였다.

오토 바우어, 막스 아들러와 같은 오스트리아 맑스주의자들은 독일이나 러시아의 동료들보다 종교에 훨씬 덜 적대적이었다. 이들은 맑스주의가 일정한 형태의 종교와 양립할 수 있다고 생각했던 것 같다. 그러나 이것은 주로 '철학적 신념'으로서의 종교를 말한 것이지, 구체적이고 역사적인 종교 전통을 언급한 것이 아니다.[23]

공산주의 인터내셔널은 종교에 많은 관심을 기울이지 않았다. 비록 상당한 수의 그리스도교인들이 이 운동에 가담했고, 스위스의 개신교 목사 출신인 홈베르트-드로즈가 1920년대 코민테른의 지도자 가운데 한 사람이었음에도 불구하고 그러하였다. 당시 맑스주의자들 사이에서 지배적인 생각은 그리스도교인이 사회주의자나 공산주의자가 되면, 반드시 그

---

22) Rosa Luxemburg, "Kirche und Sozialismus"(1905), in *Internationalismus und Klassen kampf*, Neuwied : Luchterhand, 1971, pp. 45~47, 67~75.
23) 이 점에 대해서는 데이비드 맥렐런(David McLellan)의 흥미롭고 유용한 책, *Marxism and Religion*(New York : Harper & Row, 1987, ch. 3) 참조.

의 종교적 믿음을 포기해야 한다는 것이었다. 종교적 믿음을 '반과학적인', '관념론적인' 것으로 간주하였기 때문이다. 브레히트의 뛰어난 작품 『도살장의 성녀 요한나』*Die heilige Johanna der Schlachthöfe, 1932*는 이러한 방식으로 그리스도교인들이 프롤레타리아의 해방 투쟁을 위해 전향하는 것을 보여 주는 좋은 예이다. 브레히트는 구세군의 지도자인 요한나가 착취와 사회 불의에 대한 진실을 발견하고, 자신의 이전 관점을 비판하면서 죽는 과정을 명료하게 서술한다. 브레히트는 그리스도교에 대한 그녀의 이전 믿음과 혁명 투쟁에 대한 그녀의 새로운 신념 사이에 절대적이고 총체적인 단절이 있어야 한다고 생각한다. 죽기 직전에 요한나는 민중들에게 다음과 같이 말한다.

눈에 보이지 않으나
도움을 받을 수 있는 신이
존재한다고
만일 누군가 당신한테 말한다면
돌을 들어 그가 죽을 때까지
그의 머리를 때려라.

원原그리스도교의 참된 가치의 이름으로 사회주의를 위해 투쟁할 수 있다는 로자 룩셈부르크의 통찰은 이런 유의 거칠고 다소 불관용적인, '유물론적' 관점이 지배하면서 설 자리를 잃었다. 사실 브레히트가 이 작품을 발표하고 얼마 지나지 않아(1936~1938), 프랑스에서 수천 명의 회원을 거느린 혁명적 그리스도교 운동이 일어났다. 이 운동은 노동운동, 특히 노동운동 가운데에서도 보다 더 급진적인[24] 경향(사회당 좌파 진영)을 적극적으로 지지했다. 이 운동의 핵심 **슬로건**은 "우리는 그리스도교인이기 때문에 사회주의자이다"였다.[25]

공산주의 운동의 지도자나 사상가들 사이에서 종교 문제에 더 많은 관심을 쏟은 사람은 아마 그람시일 것이다. 엥겔스나 카우츠키와 달리, 그람시는 원시그리스도교나 중세의 공산주의적 이단이 아니라, 오히려 **가톨릭 교회**의 작동 방식에 관심을 가졌다. 그는 현대 교회의 역할, 종교 문화가 민중계급에 미치는 영향을 이해하려고 한 최초의 맑스주의자들 가운데 한 사람이었다. 그람시는 초기 저작에서 진보적인 종교 형태에 호의를 표명하였다. 예를 들면, 그는 그리스도교 사회주의자 샤를 페기에 매료되었디. "페기라는 인물의 가장 명백한 특성은 종교성, 강렬한 믿음……이다. 그의 책들은 모두 가장 순수하고 설득력 있는 열정이 고무하는 이러한 신비주의로 가득 차 있고, 바로 개인적인 산문 형태, 성서적 어조^{intonation} 형태를 채택한다." 페기의 『우리들의 젊음』$^{Notre Jeunesse}$을 읽으면, "우리는 곳곳에 …… 스며 있는 **사회주의에 대한**, 정의에 대한 **신비적인 종교적 감정**에 취하게 된다 …… 우리는 우리 자신 안에서 새로운 생명, 보다 더 강한 믿음을 느낀다. 그리고 그것은 편협하고 통속적인 유물론적 정치인들의 일상적이고 초라한 논쟁을 뛰어넘는다."[26]

---

24) 여기서 '급진적'이란 말은 영어의 'radical'을 옮긴 것이다. 이 말을 흔히 '과격하다'는 뜻으로 사용하고 있으나, 이 책에서는 그런 뜻보다는 문제의 뿌리에 대한 근본적인 이해를 통해 문제를 해결하려는 자세를 지칭한다("이른바 '좌파'의 자세를 아우르며, 과격하다는 뜻으로 사용되는 영어 '래디컬'radical의 어원은, '뿌리째 파고든다'는 의미를 가진, '라딕스'라는 라틴어이다. 말하자면 뿌리까지 파고들어 속속들이 따지고 드는 단호한 태도를 일컫는 말이다.[박호성, 「대한민국은 자유민주주의 국가인가」, 『한겨레신문』, 2010년 6월 21일자]) ─옮긴이.

25) 로슈포르-뒤르켕(Agnès Rochefort-Turquin)의 뛰어난 연구, *Socialistes parce que chrétiens*, Paris : Cerf, 1986 참조.

26) Antonio Gramsci, "Carlo Péguy ed Ernesto Psichari"(1916), in *Scritti Giovanili 1914-*

그러나 종교에 관한 안토니오 그람시의 가장 중요한 저작들은 『옥중수고』 *Quaderni del carcere*에서 발견할 수 있다. 이 저작들은 파편적이고, 덜 체계적이며, 암시적인 성격을 갖고 있음에도 불구하고, 가장 통찰력 있는 논평를 포함하고 있다. 그는 보수적인 종교 형태를 (특히 그가 마음속 깊이 혐오했던 예수회적 형태의 가톨릭에 대해) 날카롭고 풍자적으로 비판하지만, 그럼에도 불구하고 다른 한편으로 종교 사상이 갖고 있는 유토피아적 차원을 인지한다.

> 종교는 역사 속에서 늘 존재했던 가장 거대한 유토피아, 다시 말해 가장 거대한 '형이상학'이다. 왜냐하면 그것은 역사적 삶의 실제적 모순을 신화적인 형태로 화해시키려 하는 가장 웅대한 시도이기 때문이다. 종교는 인류가 사실상 같은 '본성'을 가지고 있다고 단언한다. 그리고 신이 사람을 창조했기 때문에 …… 사람은 신의 아들이고, 따라서 다른 사람들의 형제이고 다른 사람과 동등하며 다른 사람들 사이에서, 그리고 다른 사람으로서 자유롭다고 확언한다. 그러나 종교는 또한 이 모든 것이 이 세상의 것이 아니라, 다른 세상(유토피아)의 것이라고 단정한다. 이와 같이 사람들 사이에서 평등, 형제애, 그리고 자유의 이념이 싹튼다. …… 이처럼 이런저런 방식으로 특수한 형태나 이데올로기를 띠는 모든 급진적인 집단적 움직임은 늘 이러한 요구들을 제기하게 된다.

1918, Turin : Einaudi, 1958, pp. 33~34 ; "I movimenti e Coppoleto"(1916), in *Sotto la Mole*, Turin : Einaudi, 1972, pp. 118~119. 또한 그람시는 1920년대 초반 가톨릭 좌파 미글리올리(G. Miglioli)가 이끄는 농민운동에 관심을 가졌던 것 같다. 이 점에 대해서는 디아스-살라사르(Rafael Díaz - Salazar)의 주목할 만한 저작, *El proyecto de Gramsci*, Barcelona : Anthropos, pp. 96~97 참조.

그람시는 또한 이데올로기적 지향(가톨릭 문화 내에서 자유주의 분파, 근대주의 분파, 예수회적 분파, 근본주의적 분파 등)이나, 다양한 사회 계급에 따른 교회 내적인 분화를 강조하였다. "모든 종교는 …… 사실상 서로 다르고, 가끔은 모순적인 종교들의 복합체이다. 농민을 위한 가톨릭이 있고, 프티 부르주아를 위한 가톨릭이 있으며, 도시 노동자들을 위한 가톨릭이 있고, 여성들을 위한 가톨릭이 있으며, 지식인들을 위한 가톨릭이 있다." 게다가 그람시는 그리스도교가 특정한 역사적 조건 아래서 "필요한 민중적 의지 형태, 특수한 세계 내적 합리성 형태, 삶의 특수한 형태"라고 생각했다. 그러나 단지 순수한 민중적 종교만 이에 해당하고 '예수회적 그리스도교'는 이에 해당하지 않는다. 후자는 "단지 민중계급의 아편일 뿐이다."[27]

그람시의 글은 대부분 이탈리아 가톨릭 교회의 역사와 현재적 역할과 관련 있다. 다시 말하면, 교회가 가톨릭액션[28]이나 인민당[29]을 통해 사회적·정치적으로 자신을 표현하는 것, 교회가 국가나 하층계급과 맺는 관계 등을 다루고 있다. 그람시는 비록 교회 내 계급적 분열에 초점을 맞출지라도, 늘 '전통적인 지식인'(사제와 평신도 지식인)——다시 말하면 봉건적 과거와 관련 있고, 근대적인 어떤 사회 계급과도 '유기적으로' 연결되

---

27) Antonio Gramsci, *Selections from the Prison Notebooks*, ed., Quintin Hoare and G. Nowell Smith, London : New Left Books, 1971, pp. 328, 397, 405 ; *Il Materialismo Storico*, Rome : Editori Riuniti, 1979, p. 17.

28) 가톨릭액션(라틴어 : Actio Catholica)은 교황 비오 10세가 처음 사용한 말로, 가톨릭 교회에서 평신도 사도직을 수행하는 다양한 형태의 조직적 활동이나 단체를 가리킨다. 예를 들면, 가톨릭농민회, 가톨릭노동청년회 등이 있다.——옮긴이.

29) 이탈리아 인민당(Partito Popolare Italiano)은 이탈리아 기독교민주당의 전신으로 1919년 교황청의 후원을 받아 결성된 중도파 보수 정당이다——옮긴이.

어 있지 않은 지식인——으로 구성된 기구로서, 교회 제도의 상대적인 자율성을 인지하고 있다. 그래서 교회가 정치 행동을 하고 이탈리아 부르주아지와 갈등 관계를 갖는 주요한 동기는 자신의 제도적 이해利害, 자신의 권력과 특혜를 옹호하려는 것이다.

그람시가 보다 더 큰 관심을 기울인 것 가운데 하나는 개신교 개혁이었다. 그럼에도 불구하고 엥겔스나 카우츠키와 달리, 토마스 뮌처나 재세례파보다는 오히려 루터와 칼뱅에 더 큰 관심을 가졌다. 그람시는 막스 베버의 『개신교 윤리와 자본주의 정신』을 정독한 독자로서, 운명예정설을 "세계 역사에서 일어난, 실천적 이니셔티브의 주요한 추진력 가운데 하나"로 바꾼, 칼뱅교의 교의 변화가 세계관에서 실천적 행위 규범으로 이행移行한 고전적인 예라고 생각했다. 어떤 점에서 그람시는 역사에서의 관념과 표상의 생산적인 역할에 초점을 맞춤으로써, 통속적인 맑스주의의 경제주의적 접근을 대체하기 위해, 베버를 활용하였다고 할 수 있다.[30]

그러나 그람시의 개신교 논의는 이러한 방법론적인 문제보다 훨씬 더 많은 것을 포괄한다. 그람시에 따르면, 대중을 동원할 수 있는 진정으로 민족적/민중적 운동으로서의 개신교 개혁은 맑스주의가 실현하고자 하는 위대한 '도덕적·지적 개혁'을 위한 일종의 패러다임이었다. 다시 말해 맑스주의적 실천praxis 철학은 개신교 개혁과 프랑스혁명을 결합한 것이다. 철학이 또한 정치이고, 정치가 또한 철학이다. 개신교적 독일에서 살았던 카우츠키가 이탈리아 르네상스를 이상시하고, 종교개혁을 '야만

---

30) Gramsci, *Il Materialismo Storico*, pp. 17~18(베버에 관한 직접적인 언급), 50, 110. 또한 M. Montanari, "Razionalità e tragicità del moderno in Gramsci", *Critica Marxista*, 2-3, 1987, p. 58 참조.

적인 것'으로 경시한 반면, 이탈리아 맑스주의자인 그람시는 루터와 칼뱅을 칭송했고, 르네상스를 귀족적이고 반동적인 운동이었다고 규탄했다.[31]

그람시의 논의는 소중하고 고무적인 것이나, 결국 고전적인 맑스주의가 종교를 분석하는 형태를 따르고 있다. 맑스주의적·혁명적 관점을 포기하지 않으면서도, 이론적 틀을 급진적으로 변경한, 최초의 맑스주의자는 에른스트 블로흐였다. 블로흐는 엥겔스와 비슷하게, 사회적으로 대립적인 두 가지 흐름을 구별했다. 한편으로 공식적인 교회의 신정적인 종교, 인민의 아편, 권력 있는 자들을 섬기는 신비적인 장치가 있고, 다른 한편으로 알비파Albigenses, 후스파Hussitas, 플로리스의 요아킴,[32] 토마스 뮌처, 프란츠 폰 바더, 바이틀링과 톨스토이와 같은 반체제적이고 저항적이며 이단적인 종교가 있다. 그러나 블로흐는 엥겔스와 달리, 종교를 단지 계급이해利害의 '외투'cloak로만 보지 않는다. 그는 사실상 이러한 관점을 명시적으로 비판하면서, 그것을 단지 카우츠키의 탓으로만 돌렸다. 종교는 항의와 반역의 형태에 있어서, **유토피아** 의식의 가장 중요한 형태 가운데 하나이고, **희망의 원리**principle of hope의 가장 풍부한 표현 가운데 하나이다. 유대-그리스도교 종말론(블로흐가 선호하는 종교 세계)은 창의적인 예기 능력을 통하여, '아직 오지 않은 것'not-yet-being에 관한 상상적 공간을 형성하는 데 기여한다.[33]

---

31) Gramsci, *Il Materialismo Storico*, p. 105. 또한 Kautsky, *Thomas More und seine Utopie*, p. 76 참조.

32) Joachim of Floris(또는 Fiore, 1135~1202). 이탈리아 출신 신비가이자 신학자로, 산조반니인 피오레(San Giovanni in Fiore) 수도원을 창설했다──옮긴이.

33) Ernst Bloch, *Das Prinzip Hoffnung*, Frankfurt/Main : Suhrkamp Verlag, 1959, 3 vols; *Atheismus im Christentum : Zur Religion des Exodus und des Reichs*, Frankfurt/ Main : Suhrkamp Verlag, 1968.

블로흐는 이러한 철학적 전제를 바탕에 깔고, 구약성서와 신약성서에 관한 이설적異說的, heterodox이고 도상학적인iconoclastic 해석을 전개한다. 이를 위해 파라오를 단죄하고, 각자와 모든 사람에게 카이사르냐 그리스도냐aut Caesar aut Christus를 선택하도록 요구하는 **빈자의 성서**Biblia pauperum를 끌어들인다.

종교적 무신론자(블로흐에 따르면 단지 무신론자만이 선한 그리스도교인이 될 수 있고, 그 역도 마찬가지이다)이면서, 혁명의 신학자인 그는 단지 (엥겔스를 좇아) 천년왕국설을 맑스주의적으로 해석했을 뿐만 아니라, 또한 **맑스주의를 천년왕국설의 관점에서 해석하였다**(그리고 이것은 새로운 시도이다). 그리고 이 후자의 해석 방식을 통해, 자유의 왕국을 위한 사회주의적 투쟁이, 과거의 종말론적·집산주의적collectivist 이단을 직접 승계한다고 보았다.

물론 블로흐는 앞서 인용한 바와 같이 맑스가 1844년의 저작에서 말한 것처럼 종교 현상의 이중적 특성, 다시 말하면 종교의 반역적 잠재력뿐만 아니라 그 억압적 측면도 인정했다. 후자의 측면을 분석할 때, 블로흐가 '맑스주의의 차가운cold 흐름'이라 부른 것을 사용할 필요가 있다. 다시 말하면 이데올로기, 우상 그리고 우상숭배에 대한 가차 없는 유물론적 분석이 요구된다. 다른 한편으로 전자의 측면을 분석할 때, '맑스주의의 따뜻한warm 흐름'을 사용해야 한다. 이 흐름은 종교가 가지고 있는 유토피아 문화적 잔재, 비판적이고 예기적인 힘을 복원하고자 한다. 블로흐는 그리스도교와 혁명 사이의 단순한 '대화'를 뛰어넘어 16세기 농민전쟁 동안 일어났던 것과 같은, 이 둘 사이의 진정한 결합을 꿈꾸었다.

프랑크푸르트학파의 일부 성원들은 어느 정도까지는 블로흐의 관점을 공유하였다. 막스 호르크하이머는 "종교란 셀 수 없는 세대들의 욕구,

노스탤지어^{Sehnsüchte}와 고발을 등록하는 장치"[34]라고 생각했다. 에리히 프롬은 그의 저서 『그리스도의 도그마』[35]에서, 원시그리스도교의 메시아 적, 평민적, 평등주의적 그리고 반권위주의적 본질을 조명하기 위해 맑스 주의와 정신분석학을 사용하였다. 그리고 발터 벤야민은 독특하고 독창 적인 방식으로 신학과 맑스주의, 유대교적 메시아주의와 사적 유물론, 그 리고 계급투쟁과 구원을 조합하고자 했다.[36]

뤼시앙 골드만의 저서는 맑스주의적 종교 연구를 쇄신할 수 있는 새 로운 가능성을 여는 또 다른 시도였다. 그는 비록 블로흐와 아주 다른 영 감에서 출발했지만, 종교 전통의 도덕적·인간적 가치를 복원하는 데 관심 을 가졌다. 골드만은 그의 저서 『숨은 신』[37]에서 비극적인 세계관으로서 의 (라신[38]의 연극과 파스칼의 철학을 포함한) 얀센파 이단$^{jansenist\ heresy}$에 대하여 극히 섬세하고 창의적인 사회학적 분석을 발전시키면서, 17세기 프랑스의 한 사회계층[39]의 특수한 상황을 표현했다. 그의 방법론에서 새

---

34) Max Horkheimer, "Gedanke zur Religion"(1935), in *Kritische Theorie*, Frankfurt/ Main : S. Fischer Verlag, 1972, vol. 1, p. 374.

35) Erich Fromm, *The Dogma of Christ : And Other Essays on Religion, Psychology and Culture*, Henry Holt & Company, 1992—옮긴이.

36) Michael Löwy, "Revolution against Progress : Walter Benjamin's Romantic Anarchism", *New Left Review*, no. 152, November-December, 1985 ; 그리고 "Religion, Utopia and Countermodernity : The Allegory of the Angel of History in Walter Benjamin", in Michael Löwy, *On Changing the World*, Atlantic Highlands, NJ : Humanities Press, 1993 참조.

37) Lucien Goldmann, *Le Dieu caché*, Paris : Gallimard, 1955 [뤼시앙 골드만, 『숨은 신』, 송기형 외 옮김, 연구사, 1986]—옮긴이.

38) Jean Racine(1639~1699). 몰리에르, 피에르 코르네유와 함께 17세기 프랑스의 3대 극작 가—옮긴이.

39) 법복(法服) 귀족(Nobility of the Robe). 17세기와 18세기 프랑스에서 고위 관직을 통해 신분 을 획득했던 새로운 세습귀족계급을 일컫는 말이다. 이 이름은 이 관리들이 입는 법복에서 유래했다—옮긴이.

로운 것 가운데 하나는 종교를 단지 계급 이해만이 아니라, 또한 그 전반적인 **실존적 조건**과 결부 지었다. 따라서 골드만은 이 법적이고 행정적인 계층이 절대 왕조에 대한 복종과 반대를 둘러싸고 어떻게 분열하고, 얀센파의 비관적인 세계관에서의 딜레마에 어떻게 종교적 표현을 부여하였는지 검토하였다. 맥렐런에 따르면, 골드만의 이러한 논의는 "서구 맑스주의에서 나온, 가장 인상적이고 특유한 종교 분석이다".[40]

그러나 골드만의 저작에서 가장 놀랍고 독창적인 부분은 **종교적 믿음과 맑스주의적 믿음**을 (어느 하나를 다른 것에 흡수하려 하지 않고) 비교하려는 시도이다. 이 둘의 공통점은 (합리주의적 또는 경험주의적) 순수한 개인주의를 거부하고 **초개인적**trans-individual **가치**(종교의 경우 하느님, 사회주의의 경우 인간 공동체)에 대한 믿음을 갖고 있다는 것이다. 두 경우에 있어서, 믿음은 리스크, 즉 실패의 위험과 성공의 희망을 전제하는 내기wager(신의 존재에 대한 파스칼적 내기와 인류의 해방에 대한 맑스주의적 내기)에 바탕하고 있다. 둘 다 사실적 판단이라는 배타적인 차원에서 입증할 수 없는 몇몇 기본 믿음을 포함하고 있다. 물론 이 둘을 구별 짓는 것은 종교적 초월성의 초역사적 특성이다. "맑스주의적 믿음은 인간이 스스로 건설할 역사적 미래에 대한 믿음, 더 정확하게 말하면 인간이 활동을 통해 건설해야 하는 역사적 미래에 대한 믿음, 즉 인간 행위의 성공에 대한 '내기'이다. 이 믿음의 목표인 초월성은 초자연적인 것도 아니고 초역사적인 것도 아니다. 이 초월성은 초개인적인supra-individual 것이고, 그 이상도 그 이하도 아니다."[41] 뤼시앙 골드만은 결코 "맑스주의를 그리스도교화"하

---

40) McLellan, *Marxism and Religion*, p. 128.
41) Goldmann, *Le Dieu caché*, p. 99.

려고 하지 않고, **믿음**이라는 개념을 빌려, 종교적 믿음과 맑스주의적 유물론 사이의 갈등적 관계를 바라보는 새로운 방식을 제시했다.

혁명가들과 종교적 사고를 가진 이들 사이에 공통적인 토대가 존재한다는 생각은 라틴아메리카 맑스주의자들 가운데에서 가장 독창적이고 창의적인 페루의 마리아테기가 (비록 체계화된 형태는 아니지만) 이미 제시한 바 있다. 그는 1925년에 쓴 논문 「인간과 신화」^{Man and the Myth}에서, 혁명적인 가치에 대해 아주 이설적인 관점을 제안했다.

> 부르주아 지식인들은 혁명가의 방법, 이론, 그리고 테크닉에 대한 합리주의적인 비판으로 바쁘다. 얼마나 잘못된 생각인가! 혁명가들의 힘은 그들의 과학에 있는 것이 아니라, 그들의 믿음, 열정, 의지에 있다. 그것은 종교적·신비적·영성적 힘이다. 그것은 신화의 힘이다. …… 혁명적 감성은 …… 종교적 감성이다. 종교적 동기부여는 하늘에서 땅으로 움직인다. 그러한 동기부여는 더 이상 신적인 게 아니라 인간적이고 사회적인 것이다.

마리아테기는 소렐을 '사회주의의 종교적·신비적·형이상학적 특성'을 이해한, 최초의 맑스주의 사상가로 치켜세웠고, 몇 년 뒤 마지막 저서, 『맑스주의의 옹호』¹⁹³⁰에서 다음과 같이 썼다.

> 맑스주의는 소렐 덕분에, 맑스의 뒤를 잇는 철학적 흐름의 실체적인 요소와 성과를 받아들일 수 있었다. 소렐은 당대 사회주의의 합리주의적·실증주의적 토대를 버리고, 베르그손과 실용주의자들한테서 사회주의 사상의 혁명적 사명을 복원하여 강화할 수 있는 이념들을 발견하였다

…… 혁명적 신화 이론은 종교운동의 경험을 사회운동에 적용하면서, 혁명의 철학을 위한 토대를 마련하였다.[42]

사적 유물론의 지배적 (반⁴실증주의적) 해석에 대한 낭만주의적/맑스주의적 반란의 표현인 이러한 공식화는 지나치게 급진적인 것으로 보일 수 있다. 어쨌든 마리아테기가 사회주의를 교회 또는 종파[sect]로 만들고자 하지 않았음을 명백히 할 필요가 있다. 그는 단지 혁명 투쟁의 영적·윤리적 차원——믿음('신비적인 것'), 연대성, 도덕적 분노, 목숨을 건 전적인 투신(그는 이것을 '영웅적인 일'이라고 하였다)——을 끄집어내고자 하였다. 마리아테기에 따르면, 사회주의는 혁명적 행동을 통해 세계를 재신성화하는 시도와 뗄 수 없는 관계를 갖고 있다. 따라서 해방신학의 창립자인 페루의 구스타보 구티에레스가 마리아테기를 가장 중요한 맑스주의적 준거 가운데 하나로 삼았다는 것은 그리 놀랄 일이 아니다.

맑스와 엥겔스는 종교의 반역적인 역할이 과거의 일이고, 근대 계급 투쟁의 시기에 와서는 어떤 의미도 없는 것이라고 생각했다. 이러한 예언은 몇 가지 중요한 사례들을 예외로 한다면, 대체로 한 세기 동안의 역사 속에서 확인할 수 있다. 이 예외 사례는 특히 프랑스를 중심으로 활동한 1930년대 그리스도교적 사회주의자들, 40년대 노동 사제, 50년대 그리스도교 노조(프랑스 그리스도교 노동자 연맹)의 좌파 진영 등이다. 그러나 해방신학의 문제를 중심으로, 라틴아메리카(그리고 보다 더 작은 규모로 다른 대륙)에서 최근 30년 동안 일어난 일들을 이해하려면, 우리의 분석에

---

42) José Carlos Mariátegui, "El hombre y el mito" (1925), in *El alma matinal*, Lima : Amauta, 1971, pp. 18~22. 그리고 *Defensa de Marxismo* (1930), Lima : Amauta, 1971, p. 21.

유대-그리스도교 전통의 유토피아적 잠재력에 관한 블로흐와 골드만의 분석을 통합시킬 필요가 있다.

2. 가톨릭 윤리와 자본주의 정신 : 막스 베버의 종교사회학에 빠져 있는 장(章)

『개신교 윤리와 자본주의 정신』에서 막스 베버의 주요한 주장은 (흔히 말하는 것처럼) 종교가 경제 발전의 결정적인 원인이라는 것이 아니라, 특정한 종교 형태와 자본주의 생활양식 사이에 선택적 친화성^{elective affinity,} ^{Wahlverwandtschaft}의 관계가 존재한다는 것이다. 베버는 이 개념이 정확히 무엇을 뜻하는지 정의하지 않았다. 그러나 그의 저작들을 통해 추론해 보면, '서로 끌어당기고, 서로 보강하고 이끌어주는 관계', 그리고 특정한 경우에는 일종의 문화적 공생^{symbiosis}을 가리킴을 알 수 있다.[43]

　　그러면 가톨릭 윤리의 경제적 의미는 어떠한가? 막스 베버는 그의 저작에서 가톨릭과 자본주의적 에토스 사이의 관계를 체계적으로 평가하지 않았다. 그러나 명백한 '언외^{言外}의 의미'^{subtext}가 있다. 『개신교 윤리와 자본주의 정신』의 바로 그 구조 안에서 이야기할 수 있는, 그가 쓰지 않은 반대 주장^{contra-argument}이 존재한다. 다시 말하면 가톨릭 교회는 자본주의 발전에 (완전히 적대적인 환경은 아닐지라도) 칼뱅교파나 감리교파보다 훨씬 더 불리한 환경이라는 것이다. 왜 그런가? 사실 베버의 이 책이나, 또는 다른 일부 저작들에서, 이러한 질문에 대한 일종의 (부분적인) 답을 찾

---

43) 이 개념에 대한 상세한 논의나 이 개념이 갖는 문화사회학적인 방법론적 유용성을 보려면, Michael Löwy, *Redemption and Utopia : Libertarian Judaism in Central Europe*, Stanford, CA : Stanford University Press, 1993 참조.

을 수 있는 몇 가지 통찰들이 존재한다. 비록 이러한 주장들이 베버의 서로 다른 저작들 사이에 흩어져 있고, 결코 그가 이러한 주장들을 발전시키거나 체계화하지 않았을지라도, 가톨릭과 자본주의 사이의 긴장을 이해하는 데 필요한 몇 가지 아주 소중한 실마리를 제공한다. 아주 흥미롭게도 최근 80년 동안 출간된 베버 테제에 관한 엄청난 양의 저작들 가운데에서 이 문제를 충분히 다룬 저작은 사실상 (적어도 내가 아는 한) 존재하지 않는다. 우리는 이 긴장에 관한 베버의 모든 언급들을 활용하면서 베버가 쓰지 않은 글을 재구성하고, 그 다음에 다른 몇 가지 역사적·종교적 자료들에 비추어 그의 가설을 확인하고자 한다.

역설적으로 『개신교 윤리와 자본주의 정신』은 이 문제에 대해 별로 이야기할 게 없는 베버의 저작 가운데 하나이다. 비록 그는 이 책의 첫 장에서 독일에서 가톨릭이 지배적인 지역의 경제 발전과 개신교가 지배적인 지역의 경제 발전의 차이를 폭넓게 다루지만, 가톨릭 문화가 자본주의 성장에 어떤 장애가 되는지 충분히 검토하지 않는다. 그저 "토마스 아퀴나스가 이윤 욕구를 간악한 행위turpitude(피할 수 없는, 따라서 윤리적으로 정당성을 갖는 이윤 추구도 여기에 포함된다)로 규정지었다"고 언급하는 데 그친다. 그는 이 문제를 보다 더 명백하게 언급하면서, 다음과 같이 주장한다. 가톨릭 전통은 "결코 감정을 전적으로 극복하지 못했고, 획득acquisition 자체를 목표로 하는 활동은 단지 이 세상 생활의 불가피한 필요를 위해서만 용인할 필요가 있는 수치pudendum였다 …… [가톨릭의] 지배적인 교의는 자본주의적 획득의 정신을 간악한 행위로 보고 거부했거나, 적어도 그것을 긍정적인 윤리로 재가裁可하지 않았다."[44]

베버는 『개신교 윤리와 자본주의 정신』 출간 이후에 이어진 논쟁에서 새로운 의견을 제시했다. 그것은 진지한 가톨릭 신자의 생각과, 획득을 위한 '상업적' 투쟁이 양립할 수 없다는 것이다. 그러나 그는 이러한 양립 불가능성에 대해 윤리적 또는 종교적인 어떤 이유도 말하지 않았다.[45]

다만 몇 년 후에 「중간고찰」 "Zwischenbetrachtung", 1915~1916에서 베버는 다소 설명적인, 아주 흥미로운 가설을 제시한다. 그는 애초에 가톨릭을 구체적으로 다루지 않았고, 다만 구원론적 형제애 윤리와 세속적 가치들 사이에 나타나는 일반적인 긴장 관계를 다루었다. 이 관계는 **화해할 수 없는 분열**이고, 이 분열은 경제적 영역에서 가장 가시적으로 드러난다. 구원적 종교성은 이 영역에서 돈, 시장, 경쟁, 그리고 추상적이고 비인격적인 계산에 바탕한 합리적인 경제와 충돌한다. "근대의 합리적인 자본주의 경제 세계가 이 세계에 내재하는 내적 법칙에 따르면 따를수록, 이 세계가 종교적 형제애 윤리와의 그 어떤 관계에 도달하기는 더욱 어려워진다. …… 여기에서 형식적인 합리성과 실체적인 합리성이 상호 갈등 관계에 놓이게 된다."

아주 흥미로운 것은, 베버가 종교 윤리를 (자본주의의) 합리적 경제 체계와 대립하는, 불합리한 어떤 것으로 보지 않고, 오히려 이 둘을 서로 다른 두 가지 형태의 합리성으로 간주한 점이다. 즉 나중에 프랑크푸르트학파에서 사용하는 개념들('도구적', '실체적')과 크게 다르지 않은 개념 ('형식적', '실체적')으로 이 두 가지 합리성을 서술한다.

형제애 윤리에 적대적인, 비인격적인 경제적 힘들에 대한 이러한 종교적 불신의 (「중간고찰」에서 언급한) 주요한 예는 가톨릭 교회에서 찾

---

44) Max Weber, *The Protestant Ethic and the Spirit of Capitalism*, London : Unwin, 1967, pp. 73~74.

45) Max Weber, *Die protestantische Ethik II : Kritiken und Antikritiken*, Gütersloh : GTB, 1972, p. 168.

아볼 수 있다. "'하느님을 기쁘게 할 수 없다'[46]는 말은 아주 오랫동안 경제생활에 대한 가톨릭 교회의 특징적인 태도를 보여 주었다." 물론 교회 자체가 경제 활동에 종속되어 있기 때문에, 교회는 예를 들어 대부이자Zinsverbot의 금지와 관련된 역사에서 볼 수 있는 것처럼 일정한 타협을 하지 않을 수 없었다. 그럼에도 불구하고 "궁극적인 차원에서 결코 이러한 긴장 관계 자체를 극복할 수 없었다".[47]

베버는 이 문제를 『경제와 사회』에서 다시 한 번 다루면서 분석에 깊이를 더한다. 이 책에서 베버는 가톨릭 윤리와 자본주의의 관계를 직접적으로 다룬다. 그는 이자율에 대한 가톨릭 교회의 완고하고 오래된 싸움을 언급하면서, "경제의 윤리적 합리화와 경제적 합리화 사이의 원칙적인 투쟁"에 대해 이야기한다. 그리고 가톨릭 교회의 동기부여에 대해 다음과 같이 서술한다.

무엇보다도 순수한 상업 관계 자체가 갖고 있는, 비인격적이고, 경제적으로는 합리적이나 윤리적으로는 불합리한 특성 때문에, 윤리적인 종교들은 이 관계를 불신하게 되었고, 이러한 불신감을 결코 명시적으로 드러내지 않았으나 한층 더 불신하게 되었다. 인간과 인간 사이의 순수하게 인격적인 각각의 관계는 (가장 완벽한 노예상태를 포함하여 그것이 어떤 관계이든) 윤리적으로 규제할 수 있고, 윤리적 규범을 세울 수 있다. 왜냐하면 이 구조는 참여자들의 개인적 의지에 의존하고, 따라서 자

---

46) "Deo placere non potest". 이 구절에 대해서는 각주 49 참조—옮긴이.
47) Max Weber, "Zwischenbetrachtung", in *Die Wirtschaftsethik der Weltreligionen : Konfuzianismus und Taoismus*, Tübingen : J. C. B. Mohr, 1989, pp. 487~488.

선적인 미덕을 펼칠 여지가 있기 때문이다. 그러나 합리적인 상업 관계에서는 그럴 여지가 없고, 그럴 여지가 없을수록 이 관계는 합리적으로 더 분화된다. …… 시장에 의한 사회화에 바탕을 둔 경제의 물화物化, Versachlichung는 전적으로 고유의 객관화된 법칙을 따른다. …… 결국 물화된 자본주의 세계에서는 어떤 자선적 지향도 들어설 자리가 없다. …… 따라서 사제들은 늘 그 특유의 모호함 속에서 (그리고 또한 전통주의의 편에 서서) 비인격적인 종속 관계에 대항하여 가부장주의를 지지했다. 물론 다른 한편으로 예언이 이러한 가부장적 연계를 무너뜨리기도 했다.[48]

이것은 매우 통찰력 있는 분석이다. 다시 말하면 이 분석은 진보적인 라틴아메리카 가톨릭 신자들이 자본주의 관계의 냉정하고 비인격적인 성격을 비판할 뿐만 아니라, 또한 예언자적 정의의 이름으로 농촌 공동체의 전통적인 가부장제를 비판하는 투쟁을 이해하는 데 도움을 준다. 뒤에서 좀더 자세하게 살펴보겠지만, 라틴아메리카의 이 운동은 전적으로 새로운 모습을 취하면서도, 가톨릭 교회의 그러한 이중적 (또는 '모호한') 전통에 깊이 뿌리내리고 있다.

---

48) Max Weber, *Wirtschaft und Gesellschaft*, Tübingen : J. C. B. Mohr, 1923, p. 305. 베버는 이 책의 다른 장에서, (가톨릭을 포함하여) 모든 성직자주의적 종교(hierocratic religions)가 갖는, 자본주의에 대한 '깊은 반감'에 대해 이야기한다. 이러한 반감은 체제에 대한 어떤 윤리적 통제도 불가능하다는 데서 나온 것이다. "다른 모든 지배 형태와 대조적으로, 자본의 경제적 지배는 '그 비인격적 특성' 때문에, 윤리적으로 통제할 수 없다 …… 경쟁, 시장, 노동시장, 통화시장, 상품시장, 한마디로 '객관적인' 고려, 윤리적인 것도 아니고 반윤리적인 것도 아닌, 단순히 비윤리적인 이 고려가 …… 결정적인 순간에 행동을 결정하고, 관련된 사람들에게 비인격적인 요구(instances)를 강요한다"(Ibid., pp. 708~709).

베버는 『사회경제사』라는 저서에서 가톨릭 교회가 자본주의 체제의 추상적이고 물화된 논리를 도덕적으로 적대시하였음을 강조해서 말한다. 여기서 그는 하나의 역설, 자본주의가 서구에서, 다시 말하면 '자본에 전적으로 적대적인 경제 이론'을 지배 이데올로기로 삼았던 지역에서 출현하였다는 역설을 언급하면서, 다음과 같은 논평을 덧붙인다.

> 교회 경제 윤리의 에토스는 어쩌면 아리안주의에서 취한, 상인에 대한 판단에 잘 요약되어 있다. **상인은 거의 또는 결코 하느님을 기쁘게 할 수 없다**homo mercator vix aut numquam potest Deo placere …… 가톨릭 윤리가, 그리고 나중에 루터교 윤리가 모든 자본주의 이니셔티브에 대해 갖는 심오한 혐오Abneigung는 본질적으로 자본주의가 촉진하는 관계의 비인격적 성격에 대한 두려움에서 비롯된 것이다. 이러한 비인격성은 교회가 인간관계에 영향을 미치지 못하도록 교회로부터 떼어 놓고, 교회가 그 관계에 침투하거나, 그 관계를 윤리적 관점으로 틀 짓는 것을 막는 결과를 가져온다.[49]

"불가피한 경제적 요구와 삶에 대한 그리스도교적 이상 사이의 이러한 깊은 분열"이 낳은 결과 가운데 하나는 합리적인 경제적 정신을 '윤리적으로 강등降等하는 것'이었다.[50] 여기서 주목할 필요가 있는 것은 베버가 자본주의적 에토스의 반대라는 맥락에서, 가톨릭 윤리뿐만 아니라 루

---

49) Max Weber, *Wirtschaftsgeschichte*, Munich : Dunker & Humbolt, 1923, p. 305. 이 라틴어 인용문은 다음과 같이 번역할 수 있다. "상인은 성공할 수 있으나, 결코 하느님을 기쁘게 할 수 없다."

50) *Ibid.*, p. 306.

터교 윤리를 들었다는 점이다. 그는 초기 저작에서 이미 루터교적 개신교 형태와 (자본주의적 축적과 발전에 가장 유리한 것으로 간주했던) 칼뱅교 형태 또는 감리교 형태를 구별한 적이 있지만, 이는 『개신교 윤리와 자본주의 정신』에서 논의한 것과 다소 다른 접근법이다.

어쨌든 베버는 가톨릭 교회 (그리고 아마도 일부 개신교 교파) 내에는 자본주의 정신과 화해할 수 없는 기본적인 혐오 또는 거부가 존재한다는 것을 암시한다. 이는 일종의 문화적 **반감**^{antipathy}('두 물질 사이의 친화성 부재'라는 오래된 연금술적 의미에서의 반감)이라고 할 수 있다. 다른 말로 하자면, 이 반감은 개신교 (일부 개신교) 윤리와 자본주의의 정신 사이의 **선택적 친화성**^{Wahlverwandtschaft}을 거꾸로 뒤집어 놓은 것이다. 이처럼 가톨릭 윤리와 자본주의 사이에 (베버가 인도 불가촉천민^{不可觸賤民, pariah} 공동체의 '부정적인 특권'에 대해서 말할 때 사용했던 개념을 원용한다면) 일종의 '부정적 친화성'^{negative affinity}이 존재한다고 할 수 있다.

그러나 베버 자신이 말한 것처럼, 가톨릭 제도들이 이러한 부정적 친화성 때문에 자본주의 체제에 '현실주의적으로' 순응하거나 적응할 수 없다는 것은 아니다. 특히 자본주의 체제가 갈수록 더 강력해짐에 따라, 교회의 비판도 흔히 자본주의의 토대 자체가 아니라, 자유주의의 지나침^{excess}을 겨냥한다. 게다가 자본주의보다 훨씬 더 큰 위험(사회주의적 노동운동)이 등장하면서, 교회는 부르주아적 자본주의 세력과 연합하여 공동의 적에 대항하는 것도 주저하지 않았다. 일반적으로 교회는 자본주의의 폐지가 가능하다거나 또는 바람직하다고 생각하지 않았다고 할 수 있다. 교회의 목표는 늘 그리스도교의 창의적이고 '사회적인' 행위들을 통해 자본주의의 가장 부정적인 측면들을 바로잡는 것이었다. 그럼에도 불구하고, 자본주의에 대한 윤리적 반감 또는 자본주의와의 '부정적인 친화성'이

(어떤 경우는 묵시적 형태로, 다른 경우는 명시적 형태로) 가톨릭 문화 안에 깊이 뿌리내렸고, 아직도 지속되고 있다.

　이러한 (아주 함축적인) 베버적 가설은 역사적 연구를 통해 어느 정도까지 입증하거나 또는 부인할 수 있는가? 보다 더 심도 있게 이 문제를 논의하는 것은 이 책의 범위를 넘어선다. 이 책에서는 단지 베버의 이러한 논의를 지지하는 것처럼 보이는 몇 가지 중요한 연구를 언급하려 한다. 예를 들어, 그루아튀상은 프랑스 부르주아 사회의 기원에 관한 유명한 저서 『부르주아:18세기 프랑스에서의 가톨릭 교회 대 자본주의』에서, 교회가 자본주의의 출현에 대해 비판적이었음을 명백하게 보여 준다. 그는 토마셍 신부의 『상업과 고리대에 관한 논고』*Traité du négoce et de l'usure*, 1697, 또는 피에르 베일의 저명한 『역사와 비평 사전』*Dictionnaire historique et critique*, 1695 과 같은 17~18세기 가톨릭 신학자들의 저작들을 두루 섭렵하면서, 그들이 가지고 있는 반자본주의적이고 반부르주아적인 편견을 체계적으로 지적한다.

　　이처럼 전체 사회 계급이 표적이었다. 신의 성직자들이 공격한 것은 신흥 부자들 또는 부자 일반……이 아니었다. 이 성직자들이 일일이 이름을 들면서 지적했던 자들은 대규모 산업가, 대규모 은행가, 상업적 계약자였다…… 그들을 모두 '자본가'와 '고리대금업자'로, 고의적으로 신의 계명을 무시한 사람들로 분류하였다.

　그러나 베버의 가설과 달리, 대부분의 도덕적 문란을 야기했던 것은 새로운 경제 체제의 비인격성이라기보다는 오히려 이 체제의 불의였다(체제의 비인격성과 불의는 꼭 모순되는 것은 아니다). 프리장은 『상업의 이자 대부에 관한 고찰』*Observations sur le prêt à interêt dans le commerce*, 1783에서 이 점을 잘 지적했다.

산업 자본은 몇 배로 늘어났으나, 그 혜택이 누구에게 돌아가는가? 아낌없이 자신의 노동을 바친 기술공들에게 혜택이 돌아가는가? 이들은 대부분 자신의 몫으로 단지 노동, 빈곤과 초라함만을 얻는다. 축적된 자금은 소수 사업가의 돈궤로 들어가고, 이들은 음울한 제조업에 자신을 소진하는 수많은 노동자들의 땀 위에서 스스로를 살찌운다.[51]

그루아튀상의 연구, 그리고 다른 여러 역사가들의 연구는 베버가 소홀히 한 것처럼 보이는 가톨릭적 반자본주의의 원천을 지적한다. 이 원천은 (마태복음 25장 31절에서 영감을 받아) 그리스도를 가난한 이들과 윤리적으로, 종교적으로 동일시한 것이다. 수세기 동안 가톨릭의 신학과 대중적 전통은 가난한 이들을 그리스도 고통의 지상적 이미지로 보았다. 신학자 본느푸가 『자선적 그리스도교인』*Le Chrestien charitable*, 1637에서 말한 것처럼, "우리가 돕고 있는 가난한 사람들은 어쩌면 예수 그리스도 자신일 수 있다".[52] 물론 이러한 태도는 주로 자선의 맥락에서 가난한 이들에게

---

51) Bernard Groethuysen, *The Bourgeois: Catholicism vs. Capitalism in Eighteenth-Century France*, New York: Holt, Rinhart & Winston, 1968, pp. 192~193, 217 참조. 그루아튀상의 연구는 17세기 이후부터 다루고 있으나, 그 이전 시기를 언급하는 다른 연구들도 많이 있다. 슈트리더(J. Strieder)에 따르면, 17세기에도 자본주의 정신(früh kapitalistischen Geist)의 초기 형태를 열정적으로 반대했던, 가톨릭 쪽의 표현들이 광범위하게 나타났다. 그의 저서 *Studien zur Geschichte kapitalistischer Organisationsformen*, Munich: Duncker & Humblot, 1925, p. 63 참조.

52) Jean-Pierre Gutton, *La Société et les pauvres: l'exemple de la généralité de Lyon 1534~1789*, Paris: Les Belles Lettres, 1971 참조.

주목했고, 반드시 현행 경제 체제를 거부하지는 않았다. 그럼에도 불구하고, 교회는 전체 역사를 통해 가난한 이들의 이름으로 사회 불의에 도전했던 반역적 운동과 교의에 자양분을 제공하였고, 근대에서는 자본주의를 악의 뿌리와 빈곤화의 원인으로 단죄하였다. 나중에 좀더 자세히 보겠지만, 이것은 특히 라틴아메리카의 해방신학에 맞는 이야기이다.

19세기와 20세기 초에는, 에밀 풀라가 그의 저서 『부르주아지에 대항하는 교회』에서 그루아튀상과 비슷한 분석을 했다. 그는 특히 이탈리아 자료들을 사용하면서 자신이 **비타협적 가톨릭**intransigent Catholicism이라고 이름 지은, 유럽 지역에 광범위하게 나타났던 경향에 대해 서술한다. 교회는 이 경향의 영향을 받아 근대 부르주아 문명을 지속적으로 반대했다. 이 비타협적 가톨릭은 사회주의에 대해서도 근본적으로 적대적인 태도를 취하지만, "이 둘은 부르주아 사회와 자본주의 경제를 지배하는 자유주의의 정신과 양립할 수 없다고 선언한다". 그러나 1888년 프랑스의 가톨릭 저자 에밀 드 라블르예가 말한 것처럼 "자유주의 부르주아지라는 공동의 적에 대항하여 가톨릭과 사회주의가 동맹할" 것을 요청했던 목소리는 소수에 지나지 않았다.[53]

라틴아메리카 가톨릭의 역사와 관련해서 이와 비슷한 연구가 없었으나, 최근 멕시코의 볼리바르 에체바리아는 17, 18세기 히스파노-아메리카Hispanic-American 문화의 바로크적 가톨릭 **에토스**를 탁월하게 다룬 논문에서 이 에토스가 (자본의 활력에 토대한, 추상적이고 개인주의적인 근대성

---

53) Émile Poulat, *Église contre bourgeoisie : Introduction au devenir du catholicisme actuel*, Paris : Castermann, 1977. 라블르예의 책, *Le Socialisme contemporain*(Paris : Alcan, 1888, p. 167)에서 인용한 글은 Émile Poulat, *Journal d'un prêtre d'après demain*, Paris : Castermann, 1961, p. 187에서 재인용한 것이다.

에 대한 하나의 대안으로서) "신앙의 재활성화에 기초하여, 근대성의 종교적 형태를 수립하려는 가톨릭 교회의 시도와 관련 있는" 역사적 세계였다고 주장했다.[54]

근대 가톨릭 사상가들은 (개신교적 측면에 관하여) 베버의 저작이나 그루아튀상의 저작에 근거하여, "가톨릭 에토스가 반자본주의적"이라고 주장하였다. 이러한 주장은 아민토레 판파니의 저서, 『가톨릭, 개신교와 자본주의』*Cattolicesimo e protestantesimo nella formazione storica del capitalismo*, 1935 에도 나타난다. 그는 당시 젊은 가톨릭 지식인(나중에 기독교민주당의 지도자, 그리고 이탈리아의 수상이 되었다)으로서, 베버의 논의에 입각하여 자본주의를 외적 영향이 스며들 여지가 없는 경제적 합리화 체계로 정의한다. 그는 이러한 전제에서 다음과 같이 결론을 짓는다.

자본주의와 같은 체제에 대한 비판의 토대가 되는 원리를 이 체제 안에서 발견하는 것은 불가능하다. 비판은 오직 또 다른 차원의 이념으로부터, 비자본주의적 목표를 가지고 사회활동을 조직할 수 있는 체제로부터 나올 수밖에 없다. 가톨릭은 사회적 윤리를 통해 결정적으로 비자본주의적인 방향으로 목표들을 수렴하면서 이러한 역할을 한다.

게다가,

가톨릭의 삶 개념이 실제적으로 사람들의 마음을 장악하였던 시대에, 자본주의적 행동은 단지 잘못되고, 비난할 만하고, 발작적이고, 죄 많은

---

54) Bolívar Echevarría, "El ethos barroco", *Nariz del diablo*, no. 20, Quito(Equador), p. 40.

어떤 것, 행위자 자신의 믿음과 지식으로 단죄하여야 하는 어떤 것으로
간주되었다. …… 15세기와 16세기에 아주 강렬했던, 교회의 반자본주
의적 행동은 그루아튀상이 지적한 것처럼 18세기에도 엄연히 존재하고
있었다.[55]

판파니에 따르면, 비록 개신교가 자본주의 정신의 지배력에 이롭게
작용했을지라도, 또는 더 정확히 말하면 자본주의 정신을 정당화하고 신
성화(로버트슨이 재검토하여 수정한 베버의 테제)했을지라도, "삶에 대한
가톨릭적 개념과 자본주의적 개념 사이에 건널 수 없는 간격이 존재한
다". 이러한 차이를 이해하려면, 개신교 윤리와 달리 "가톨릭 사회윤리는
그 일반적인 노선에 있어서 늘 자본주의의 반대편에 섰다"는 사실을 고려
해야 한다. 이러한 모순의 결과로서, 가톨릭은 자본주의에 대하여 가장 확
고한 반감을 보인다. 이러한 반감은 자본주의의 이런저런 측면(거의 모든
측면들이 우발적이다)이 아니라, 체제의 본질에 대한 것이다.[56]

물론 모든 가톨릭 지식인들이 이러한 급진적인 관점을 공유하는 것
은 아니다. 판파니 자신도 결국 전후에 이탈리아의 수상이 되어, 자본주의
경제의 전형적인 관리자가 되었다. 그럼에도 불구하고,『가톨릭, 개신교
와 자본주의』의 1984년판에 마이클 노박이 쓴 새로운 서문에 따르면, 이
책은 "가톨릭 지식인들 사이에서 반자본주의적 감정의 표준구標準句, locus
classicus"가 되었다.

---

55) Amintore Fanfani, *Catholicism, Protestantism and Capitalism*(1935), Notre Dame, IN :
    University of Notre Dame Press, 1984.
56) *Ibid.*, pp. 142~151, 208.

미국의 종교적 신보수주의자로 알려진 마이클 노박은 친자본주의적 가톨릭 사상의 전형적인 예를 보여 준다. 노박은 자신이 '가톨릭의 반자본주의적 편견'이라고 부르는 것에 대해 끊임없이 불평하고, 자신이 속한 종교적 전통의 심각한 결점으로 간주하는 것에 대해 공개적인 불만을 표출한다. 그러나 노박 자신은 의식하지 못했을지라도, 이러한 불평과 불만 자체가 가톨릭 윤리와 자본주의 정신 사이에 일종의 **부정적인 친화성, 또는 문화적 반감**이 존재한다는 또 다른 증거가 된다. 노박은 판파니의 저서와 같은 책들을 다음과 같이 평가한다.

> (이 책을 보면) 가톨릭 국가들이 왜 오랫동안 발전, 발명, 저축, 부자, 기업가 정신, 그리고 일반적으로 경제적 역동성을 고무함에 있어 남들보다 뒤떨어졌는지 알 수 있다. 가톨릭 사상의 이름하에 자신의 편견에 맹목적이다. 자본주의적 이념을 정확히 서술하지 못한다. 또한 가톨릭 사회사상이 갖고 있는 몇몇 결점이나 후진적인 부분을 보지 못한다.[57]

해명의 성격을 띤[apologetic], 널리 알려진 『민주적 자본주의의 정신』과 같은 노박의 주요한 저작에서도 '가톨릭의 반자본주의 전통', 그리고 '민주적 자본주의에 대한 가톨릭적 편견'에 대한 이와 비슷한 비판을 찾을 수 있다. 노박에 따르면, 돈과 관련된 가톨릭적 태도는 "전근대적 현실에 바탕을 두고" 있고, 가톨릭 사상은 "현명하게 투자된 자본의 창의성과 생산성을 이해하지 못했다". 또한 분배 윤리에 사로잡혀 "자유민주주의적

---

57) Michael Novak, "Introduction : The Catholic Anti-capitalist Bias", in Amintore Fanfani, *Catholicism, Protestantism and Capitalism*, p. xlviii.

자본주의 혁명을 잘못 해석했으며", 특히 영국과 미국에서 그랬다.[58]

　노박은 가톨릭 교회가 지나치게 보수적이라고 비난했다. 사실 가톨릭의 이러한 반자본주의적 편견, 근대 부르주아 사회에 대한 적대감은 처음부터 압도적으로 보수적이고, 복고적이며, 퇴행적인 (한마디로 하면, **반동적인**) 경향을 띠었다. 이러한 경향은 명백히 교회가 봉건적이고 조합주의적 과거에 대해 가지는 향수, 대단한 권력과 특권을 누렸던 전前자본주의적 위계 사회에 대한 향수를 표현했다. 이러한 태도는 흔히 반反셈족주의라는 재앙적 형태를 취했고, 유대인들을 고리대금의 악, 돈의 파괴적인 권력, 그리고 자본주의의 발흥에 대한 속죄양으로 삼았다. 그럼에도 불구하고, 이러한 지배적인 지향과 별개로 (그리고 이 지향과 대략 갈등적 관계에 있는) 또 다른 가톨릭적 감수성이 존재했다. 이 감수성의 주된 동기 부여는 가난한 이들의 어려운 처지에 대한 공감이었고, 이 감수성은 (적어도 어느 정도는) 사회주의적 또는 공산주의적 유토피아에 매료되었다. 물론 이 두 가지 감수성이 늘 모순적인 것은 아니었고, 진보적인 유토피아와 퇴행적 복고라는 양극단 사이에 모호하고, 양가兩價적이며, 또는 매개적인 입장들의 스펙트럼이 존재한다. 비록 베버가 주로 근대 산업 경제의 발흥과 성장에 대한 가톨릭 윤리의 (특히 부정적인) 결과들에 관심을 가졌을지라도, 같은 유형의 종교적 반자본주의는 또한 가톨릭 신자들이 가난한 이들의 사회적 해방에 적극적으로 뛰어들도록 고무했음도 쉽게 알 수 있다.

　이러한 유토피아적 가톨릭의 최초의 근대적 사례는 토머스 모어이다. 그는 단지 일종의 '공산주의적' (그러나 아주 권위주의적) 체제를 꿈꾸

---

58) Michael Novak, *The Spirit of Democratic Capitalism*, New York : Touchstone, 1982, pp. 25, 239, 242.

었을 뿐만 아니라, 맑스가 16세기의 원시적 자본 축적이라고 정의했던 주요한 측면 가운데 하나를 비판하였다. 이것은 인클로저^{enclosures} 운동으로, 가난한 농민들을 그들의 땅에서 내쫓아, 대신 양들("양, 보통 아주 순한 이 동물은 …… 아주 탐욕스럽고 야만적이 되어, 급기야 인간들을 먹어치우기 시작했다")로 대체하였다. 토머스 모어는 속임수나 폭력으로 소작인들의 농지를 빼앗은 '유독한 해충들'^{pests}과 '소수의 사악한 탐욕'을 단죄하고, 영국 인민 다수의 '불행한 가난'을 통탄하면서 새로운 경제 정책을 요구했다. "부자들이 모든 것을 사들이는 것을 막고, 독점의 자유에 종지부를 찍어라."[59]

여기서 반지본주의적 가톨릭(또는 개신교)의 맥락에서 수세기 동안 전개된 보수적인 흐름과 유토피아적인 흐름을 다 검토할 수는 없다. 단지 19세기 초 맑스가 풍자적으로 봉건적 또는 그리스도교적 사회주의라 지칭했던 것에서, 이 두 흐름의 어울리지 않는 조합을 찾아보는 것으로 충분하다. "반쯤은 비탄이고 반쯤은 비아냥거림, 반쯤은 과거의 메아리이고 반쯤은 미래에 대한 협박이다. 때때로 신랄하고 재치 있으며 날카로운 비판으로, 부르주아지의 바로 그 심장의 핵심을 가격한다. 그러나 늘 근대사의 행보를 이해하기에는 완전히 무능력하고, 따라서 그 효과는 늘 우스운 것이다."[60] 어쩌면 맑스는 로마 가톨릭의 사회철학자, 요하네스 폰 바더와 같은 저자들을 언급하는 것 같다. 바더는 교회와 왕의 열렬한 옹호자로, 영국과 프랑스 프롤레타리아(그의 표현에 따르면, proletairs)의 비참한

---

59) Thomas More, *Utopia*, New York : Washington Square Press, 1965, pp. 14~16.
60) Karl Marx, "Manifesto of the Communist Party", in *The Revolution of 1848*, Harmondsworth : Penguin, 1973, p. 88.

상황을 노예상태보다 더 잔인하고 비인간적인 것이라고 비판했다. 그는 부자들의 이해[利害, Argyrokratie]에 따라 무산자계급을 잔인하고 비그리스도교적으로 착취하는 것을 비판하면서, 가톨릭 사제들은 프롤레타리아트의 옹호자이자 대표자가 되어야 한다고 주장했다.[61]

바더는 낭만주의 문화의 독특한 가톨릭적 형태를 대표한다. 낭만주의는 단순한 문학적 조류를 훨씬 더 넘어선 어떤 것이다. 다시 말하면 낭만주의는 모든 문화 영역을 아우르는 세계관을 구성한다. 이 사상은 전[前]자본주의 가치들의 이름으로 근대 자본주의적/산업적 문명에 저항하고, 이 문명의 일정한 핵심 요소들(세계의 탈성화[脫聖化], 가치들의 양화[量化], 기계화, 공동체 해체, 추상적 합리성)을 비판하는 향수적인 **세계관**[Weltanschauung]으로 정의할 수 있다. 18세기 말(루소)부터 오늘날에 이르기까지, 낭만주의는 완고한 보수주의에서 혁명적 유토피아주의에 이르기까지 여러 가지 형태로, 근대 문화의 주요한 감수성 구조 가운데 하나였다. 19세기 초 가톨릭 사상가들은 (유명한 대수도원장 라므네와 같은 몇몇 사람들을 제외한다면) 일반적으로 낭만주의적 스펙트럼 안에서 전통주의적이고 반동적인 성향을 띠었지만, 20세기 초반 가톨릭 사회주의라는 작은 흐름이 나타나면서 변화하기 시작했다.[62]

---

61) Johannes von Baader, "Über das dermalige Missverhältnis der Vermögenlosen oder Proletairs zu den Vermögen besitzenden Klassen der Sozietät in Betreff ihres Auskommens, sowohl in materieller als intellektueller Hinsicht aus dem Standpunkte des Rechts betrachtet"(1835), in G. K. Kaltenbrunner, ed., *Sätze aus der erotischen Philosophie*, Frankfurt : Insel Verlag, 1991, pp. 181~182, 186. 여기서 19세기 초반의 수많은 '그리스도교 공산주의자들'(카베Cabet, 바이틀링Weitling, 크리게Kriege)을 다 다루고 있지 않다. 왜냐하면 이들은 가톨릭이나 교회와의 연계가 빈약하기 때문이다. 이 문제에 관한 최고의 저서는 앙리 드로쉬(Henri Desroche)의 책(*Socialismes et sociologie religieuse*, Paris : Cujas, 1965)이다.

토마스 만이 제1차 세계대전 직후 『마魔의 산』 _Der Zauberberg_ 을 쓰면서, 나프타 _Leon Naphta_ 라는 이상한 등장인물을 통해 아주 모호하고 낭만주의적인 가톨릭 문화를 표현했다. 나프타는 혁명적 예수회 회원으로서, 중세 교회의 열렬한 신봉자이면서 그와 동시에 세계 공산주의의 묵시론적 예언자이다. 토마스 만은 나프타라는 등장인물에 자신의 많은 부분을 이입하였다. 그러나 그를 유대인 출신의 예수회원으로 묘사할 때, 어쩌면 중세 가톨릭 문화에 매료된 몇몇 유대인 출신 독일 낭만주의적 혁명가들에게서 영감을 얻었을 것이다. 이 '고딕 사회주의자' 집단에, (흔히 나프타의 모델로 이야기되는) 죄르지 루카치, 구스타프 란다우어, 에른스트 블로흐를 포함시킬 수 있을 것이다. 이 모든 사람들이 고딕 문화에 매력을 느낀 것은 근대 산업 자본주의 문명에 대한 낭만주의적 반감과 밀접하게 관련되어 있다.

아주 흥미로운 것은 이 유토피아주의적인 저자들 가운데 여러 사람이 개신교를 비난하고 가톨릭 중세 문명을 칭송하기 위해 막스 베버의 저작을 사용했다는 점이다. 이는 『개신교 윤리와 자본주의 정신』의 저자가 의도한 바에 거스르는 것이다. 예를 들면, 에른스트 블로흐는 『혁명의 신학자 토마스 뮌처』[1921]에서, 칼뱅교의 '세계 내적' _innerworldly_ 금욕주의가 자본의 축적을 위해 수행했던 역할에 대하여 강조했다. "막스 베버가 탁월하게 보여 준 것처럼", 개신교 윤리 덕분에 "태동 중이던 자본주의 경제는 중세 시대의 이데올로기에서 상대적으로 그리스도교적인 요소들을 간직했던 모든 것에서뿐만 아니라, 원시그리스도교의 모든 도덕관념으로부

---

62) 이 점에 대해서는 다음의 책을 참조. Michael Löwy and Robert Sayre, _Révolte et mélancolie: Le romantisme à contre-courant de la modernité_, Paris: Payot, 1992.

터 완전히 풀려나고, 분리되고, 해방되었다."[63]

역설적으로, 가톨릭 좌파의 출현은 가톨릭 교회가 점차 부르주아 사회와 기꺼이 타협하려고 했던 것과 관련 있는 것 같다. 로마 교황청은 『오류목록』 Syllabus, 1864에서 자유주의 원리와 근대 사회를 신랄하게 단죄한 이후, 19세기 말쯤 자본주의와 근대 부르주아 ('자유주의') 국가의 도래를 되돌릴 수 없는 사실로서 받아들였던 것 같다. 이러한 새로운 전략을 가장 가시적으로 보여 준 것은 (그때까지 명백하게 왕조를 옹호했던) 프랑스 교회가 프랑스 공화국을 지지한 것이다. 이처럼 비타협적 가톨릭이 '사회적 가톨릭'social Catholicism으로 바뀐다. 사회적 가톨릭도 '자유주의적 자본주의'의 지나침을 비판하지만, 그러나 더 이상 현행의 사회적·경제적 질서에 도전하지 않는다. 이것은 이른바 로마 교황청 교도권Roman magistracy의 모든 문헌뿐만 아니라, 『새로운 사태』Rerum Novarum, 1891부터 오늘날에 이르기까지 교회의 사회 교리에도 해당된다.

바로 교회가 근대 세계와 (실제적 또는 외면적) '화해'를 한 순간, 특히 프랑스에서 새로운 형태의 가톨릭 사회주의가 등장했다. 이 사회주의는 프랑스의 가톨릭 문화에서 소수였으나 중요한 역할을 하였다. 세기가 바뀌는 문턱에서, 한편으로 가장 반동적인 형태의 가톨릭 반자본주의, 그리

---

63) Ernst Bloch, *Thomas Münzer als Theologe der Revolution*, Frankfurt/Main : Suhrkamp Verlag, 1972, pp. 118~119. 이와 비슷한 맥락에서, 에리히 프롬은 1930년대에 쓴 한 글에서 좀바르트(Sombart)와 베버를 인용하여, (중세 가톨릭 문화와 같은) 전자본주의 사회에서 인정된 행복에 대한 타고난 권리를 밀어내고, 그 자리에 노동하고 상품을 구매하며 저축을 하는 의무를 지배적인 부르주아 윤리 규범으로 수립하는 데 있어 칼뱅교가 행한 역할을 비난했다. Erich Fromm, "Die psychoanalytische Charakterologie und ihre Bedeutung für die Sozialpsychologie", *Zeitschrift für Sozialforschung*, 1932, in Erich Fromm, *Gesamtausgabe*, Stuttgart : Deutsche Verlag-Anstalt, 1980, I, pp. 59~77 참조.

고 다른 한편으로 역시 비타협적이지만 이제 좌파적 형태를 띤 반자본주의가 동시에 등장하였음을 목격할 수 있다. 전자 형태는 샤를 모라, 프랑스액션^{Action Française}, 그리고 퇴행적 교회 분파, 드레퓌스에 대한 가증스러운 반셈족적 캠페인에 적극적으로 참여한 모든 사람들이다. 후자 형태를 대표하는 최초의 사람은 친^親셈족적이고, 친^親드레퓌스적 지도자이며, 사회주의 작가였던 샤를 페기였다. 그는 결코 교회에 다닌 적은 없지만, 1907년 가톨릭 신자가 되었다. 이 흐름은 ('혁명적 보수주의'와 관련해 볼 때) 모호성을 완전히 털어 낸 것은 아니나, 그 기본적인 입장은 좌파에 투신하는 것이었다.

몇몇 사회주의 저자들은 근대 부르주아 사회, 자본주의 축적의 정신, 그리고 돈의 비인격적인 논리를 샤를 페기보다 더 철저하고 급진적이고 신랄하게 비판하였다. 페기는 진보적인 그리스도교적 (주로 가톨릭적이나, 가끔은 에큐메니컬적) 반자본주의라는 프랑스 특유의 전통을 창립한 사람이다. 이 전통은 20세기에 걸쳐 전개되었고, 이 전통에는 다음과 같은 다양한 인물들이 포함되어 있다. 에마뉘엘 무니에와 그를 중심으로 모인 그룹(잡지 『에스프리』^{Esprit}), '민중전선'^{Popular Front} 시기의 (소규모) '혁명적 그리스도교인'^{Revolutionary Christians} 운동, 제2차 세계대전 동안의 반파시스트 레지스탕스 네트워크인 '그리스도교 증언'^{Témoignage Chrétien}, 1940년대와 50년대의 노동 사제^{Worker Priests}, 50년대 말 사회주의 좌파 정당 '통합사회당'^{Parti Socialiste Unifié} 창립에 관여했던 그리스도교 운동들과 네트워크 단체들, '그리스도교노동연합'^{Christian Confederation of Labour, CFTC} (이 연합은 나중에 사회주의적 경향을 띠었고, 민주노동연합^{CFDT}으로 개명하였다)의 다수파, 또한 1960, 70년대의 다양한 사회주의 운동, 공산주의 운동 또는 혁명운동에 적극 동조하였던 대다수의 가톨릭 젊은이들——학생들(JEC,

JUC), 또는 노동자들(JOC)—이 바로 그들이다.[64] 또한 이러한 광범위한 스펙트럼에 많은 종교 관련 (특히 도미니크회) 저자들과 신학자들을 포함시킬 수 있다. 이들은 제2차 세계대전 이후 맑스와 사회주의에 커다란 관심을 보였고, 앙리 드로쉬, 장-이브 칼베, 쉐뉘, 장 카르도넬, 폴 블랑카르 그리고 그 밖에 다른 많은 이들이 여기에 속한다.

이 인물들 가운데서 가장 영향력을 행사했던 사람은 아마 에마뉘엘 무니에였을 것이다. 무니에는 샤를 페기의 노선을 따르면서(무니에는 자신의 한 초기 저작에서 페기의 유산에 대하여 다뤘다), '돈의 제국주의', 시장의 익명성(여기서 베버가 강조한 요소를 발견할 수 있다), 그리고 인격성의 부정에 토대를 둔 체제로서의 자본주의에 대한 열정적인 비판으로 독자들을 감동시켰다. 그는 이 체제에 대한 윤리적·종교적 혐오에서 출발하여 대안적 사회형태, 그의 표현을 빌리면 "맑스주의로부터 배울 게 많은" "인격주의적 사회주의"personalist socialism를 제안하였다.[65]

가톨릭 교회와 관련 있는 그리스도교 사회주의자들의 활동을 다른 지역에서도 발견할 수 있지만, (라틴아메리카 밖에서는) 프랑스의 가톨릭 문화만큼 폭넓고 확장된 좌파적 반자본주의 종교 전통은 존재하지 않는다. 이러한 특수한 사정을 따져 보는 것은 이 책의 범위를 넘어선

---

64) 일반적으로 JEC(Juventude Estudantil Católica)의 성원은 가톨릭 중고등학생들이고, JUC(Juventude Universitária Católica)의 성원은 가톨릭 대학생들이다. 따라서 이 글에서는 JEC는 가톨릭중고등학생(연합)회 또는 가톨릭중고등학생운동, JUC는 가톨릭대학생(연합)회, 또는 가톨릭대학생운동으로 옮긴다. JOC(Juventude Operária Católica)는 가톨릭노동청년회로 옮긴다 ―옮긴이.

65) Emmanuel Mounier, *Feu la chrétienté*, Paris: Seuil, 1950, p. 52. 무니에는 1930년대에 한편으로 이른바 파시즘 내에서의 '좌파적' 경향에 매료되기도 하고, 다른 한편으로 두려워하기도 한 것 같다. 1940년 비시(Vichy)의 '민족혁명'에 대한 그의 태도는 모호했다. 곧이어 그는 레지스탕스에 가담하였고, 전쟁이 끝나고 난 뒤에는 갈수록 맑스주의에 빠져들었다.

다. 그러나 라틴아메리카 **진보적 그리스도교**의 최초 형태, 다시 말하면 1960~1962년 이른바 '브라질 그리스도교 좌파'^Brazilian Christian Left^(그 주요 주창자는 가톨릭 대학생단체인 가톨릭대학생회^JUC^였다)가 이러한 프랑스 문화와 직접 관련 있다는 것은 결코 우연이 아니다. 단지 한 가지 사례만 살펴보자. 60년대 초 가톨릭대학생회 지도 신부였던, 엔히키 데 바스 리마 (예수회 신부)에 따르면, 무니에는 "브라질 가톨릭 젊은이들에게 가장 큰 영향을 끼쳤던 저자"였다.[66]

라틴아메리카 '가난한 이들의 교회'는 자본주의를 윤리적으로 거부한 가톨릭 전통('부정적 친화성')을, 특히 프랑스와 유럽 전통의 그리스도교 사회주의를 승계했다. 브라질 가톨릭노농청년회^JOC^는 1968년 한 회의에서, "자본주의는 본질적으로 나쁜 것이다. 왜냐하면 온전한 인간 발전과 민족들 사이의 연대성 발전에 방해가 되기 때문이다"라고 선언한 결의안을 채택했는데, 이는 이 전통을 가장 인상적이고 급진적인 방식으로 표현한 것이다. 이와 동시에 교황들이 공산주의를 '본질적으로 사악한 체제'로 파문한 그 유명한 표현을 아이러니컬하게도 거꾸로 뒤집음으로써, 교회 공식 교의의 보수적인('반동적인') 요소와 결별한 것이다.[67]

이와 비슷한 방식으로, 브라질 가톨릭대학생회^JUC^의 주요한 지도자였던, 에르베르트 주제 데 소우자는 1962년에 쓴 글에서 (공식적인) 가톨릭 반자본주의 에토스에 경의를 표했다.

---

66) Henrique de Lima Vaz, "La Jeunesse brésilienne à l'heure des décisions", *Perspectives de catholicité*, no. 4, 1963, p. 288.
67) Resolutions of the JOC and ACO(Action Catholique Ouvrière) Congress, Recife, 15 June 1968. Marcio Moreira Alves, *L'Église et la politique au Brésil*, Paris : Cerf, 1974, p.153 에서 재인용.

우리는 새로운 어떤 것을 말하지 않는다. 우리는 역대 교황들이 주장한 자본주의에 대한 단죄, 사회적 소유가 …… 자유주의 구조의 사적 소유를 대신하는, 보다 더 정의롭게 인간적인 구조에 대한 요구를 되풀이할 뿐이다. 교회의 모든 공식 문헌들이 자본주의를 단죄하는 것은 우연이 아니다. 왜냐하면 자본주의는 원칙적으로 기회의 불평등을 조장하는 체제이기 때문이다.[68]

이러한 종류의 논의를 지나치게 문자적으로 받아들여서는 안 된다. 다시 말하면 라틴아메리카 해방그리스도교가 단지 교회의 전통적 반자본주의를 계승했다거나, 또는 프랑스 가톨릭/좌파의 단순한 변형variant이라고 해서는 안 된다. 해방그리스도교는 기본적으로 라틴아메리카의 구체적인 조건들(종속적 자본주의, 대규모 가난, 제도화된 폭력, 대중종교성popular religiosity)을 표현하는 새로운 종교 문화의 창조물이다. 다음 장들에서 이 새로운 문화의 주요한 측면들을 검토할 것이다.

---

68) Herbert José de Souza, "Juventude cristã hoje", in *Cristianismo hoje*, Rio de Janeiro : Editôra Universitaria de UNE, 1962, pp. 110, 112.

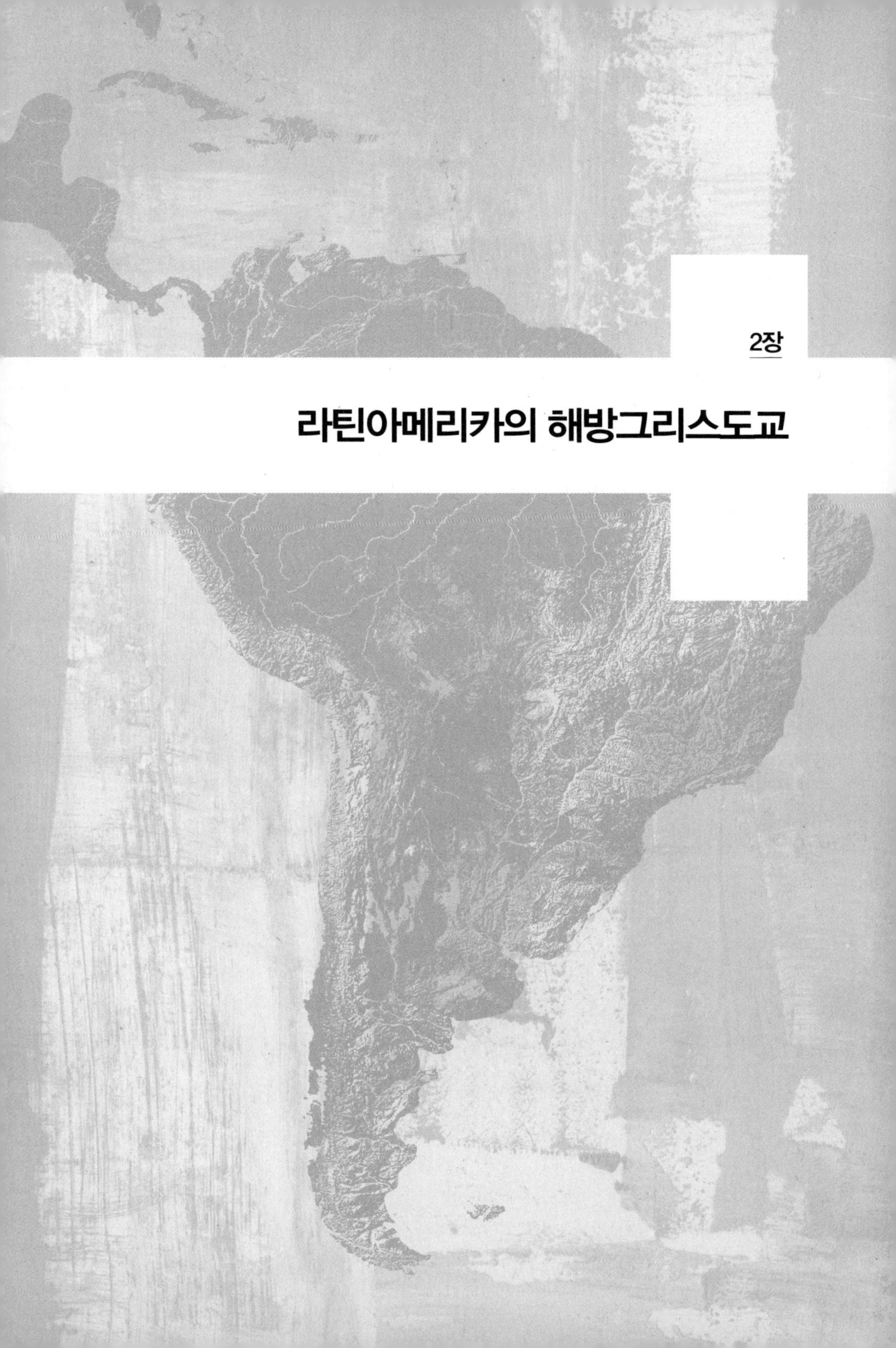

라틴아메리카의 해방그리스도교

2장 | 라틴아메리카의 해방그리스도교

1. 해방신학과 해방그리스도교

1) 해방신학이란 무엇인가?

무엇보다도 해방신학은 (단지 가장 알려진 몇 사람을 언급하자면) 구스타보 구티에레스(페루), 후벵 알베스, 우구 아스만, 카를루스 메스테르스, 레오나르두 보프, 클로도비스 보프, 프레이 베투(이상 브라질), 혼 소브리노, 이그나시오 에야쿠리아(이상 엘살바도르), 세군도 갈릴레아, 로날도 무뇨스(이상 칠레), 파블로 리차드(칠레-코스타리카), 호세 미게스 보니노, 후안 카를로스 스카노네, 루벤 드리(이상 아르헨티나), 엔리케 두셀(아르헨티나-멕시코), 후안 루이스 세군도(우루과이), 사무엘 실바 고타이(푸에르토리코)와 같은 라틴아메리카 인사들이 1970년부터 출간한 일련의 책들과 관련 있다.

그러나 해방신학은 레오나르두 보프가 말한 바와 같이, 신학 이전에 이뤄진 **프락시스**praxis를 반영한 것이고, 이 프락시스에 대한 성찰이다. 더 정확하게 말하자면, 이 새로운 신학적 저작보다 훨씬 이전인 1960년대 초에 나타난 광범위한 사회운동의 표현이다. 중요한 교회 부문들(사제, 수도회, 주교), 평신도종교운동(가톨릭액션, 가톨릭대학생회, 가톨릭노동청년회), 민중적 토대를 갖춘 사목 네트워크, 기초공동체[1], 그리고 기초공동체 활동가들이 창립한 다양한 민중 조직(여성 클럽, 주민협회, 농민조합, 또는 노동조합 등)이 이 운동에 가담하였다. 이 사회운동을 빼놓고, 브라질의 새로운 노동운동이나 중앙아메리카의 혁명 봉기(또한 최근 치아파스 Chiapas 봉기)와 같이 아주 중요한 사회적·역사적 현상을 이해할 수 없을 것이다.

이처럼 광범위한 사회적·종교적 운동을 보통 '해방신학'이라고 말한다. 그러나 이 운동이 새로운 신학보다 훨씬 이전에 나타났고, 그리고 이 운동의 활동가들이 대부분 신학자들이 아니기 때문에, 이 운동을 해방신학이라고 지칭하는 것은 적절하지 않다. 또한 가끔 이 운동을 '가난한 이들의 교회'Igreja dos Pobres라고 부른다. 그러나 이 운동이 포괄하는 사회적 관계망은 제도로서의 교회를 아무리 폭넓게 정의하더라도 교회의 경계를 훨씬 뛰어넘기 때문에, 이 용어도 적절치 않다. 그래서 나는 이 운동을 '**해방론적 그리스도교**'Liberationist Christianity(이하 해방그리스도교)[2]라고 부를 것을 제안한다. 왜냐하면 이 용어는 '신학'이나 '교회'보다 훨씬 더 광범위한 개념이고, 종교 문화와 사회적 네트워크, 신앙과 실천을 다 포괄하기 때문이다. 해방그리스도교를 사회운동이라고 말한다고 해서, '잘 조정되는', '통합적인' 집단body이라는 뜻이 아니라, 단지 이와 비슷한 다른 운동들(페미니즘, 생태론 등)처럼 공동 목표를 중심으로 사람들을 동원할 수 있

---

1) 기초공동체(Comunidad Eclesial de Base, CEBs)에 대해서는 이 책 87쪽 참조.—옮긴이.
2) 저자가 제안한 이 용어는 이미 라틴아메리카에서도 폭넓게 받아들여지고 있고, 스페인어로는 'cristianismo de la liberación', 포르투갈어로는 'cristianismo da liberatação'이라 한다. 이는 '해방의 그리스도교'라는 뜻이므로, 줄여서 '해방그리스도교'라고 옮긴다—옮긴이.

는 일정한 능력을 갖고 있다는 의미이다.[3]

해방그리스도교에서 (트뢸치의 사회학적 개념에 따른) '교회'church와 '종파'sect의 측면들을 발견할 수 있다. 그러나 '구원론적 공동체 종교성' soteriologische Gemeindereligiosität이라는 베버적 이념형ideal-type을 사용할 때, 이 그리스도교를 보다 더 잘 이해할 수 있다. 이 종교성은 이웃사랑 윤리 neighbourliness ethics의 고대 경제적 형태에서 비롯된, 포괄적인 형제애 윤리 brotherliness ethics에 바탕을 두고 있다.[4] 나중에 좀더 살펴보겠지만, 라틴아메리카 기초공동체와 민중사목에서 이 모든 요소들을 거의 '순수한' 형태로 발견할 수 있다.

바티칸, 그리고 라틴아메리카 교회 교계敎階(1970년대 이래 교회 보수파들이 주도하는 라틴아메리카 주교회의Conselho dos Bispos Latino-Americanos, CELAM)는 해방그리스도교를 강력하게 탄압하였다. 이러한 탄압은 '교회 내 계급투쟁'을 뜻하는 것인가? 그렇다고 할 수도 있고 그렇지 않다고 할 수도 있다. 그렇다고 할 수 있는 것은 다음과 같은 이유 때문이다. 교회 내의 어떤 입장들은 지배 엘리트들의 이해관계와 일치한 반면, 다른 입장들은 억눌린 이들의 이해관계와 일치하기 때문이다. 그렇지 않다고 할 수 있는 것은 '가난한 이들의 교회'를 주도하는 주교들, 예수회 수도자들, 또는

---

3) 일부 사회학자들은 이 운동의 사회적 네트워크가 충분히 '통합적이지' 않고, '잘 조정되지' 않은 특성을 가진다는 것을 구실 삼아 사회운동의 존재를 부정하기 때문에, 이렇듯 정확한 정의가 필요하다. 예를 들어, 장 도들렝(Jean Daudelin)에 따르면, "이 운동은 신학적 유토피아와 사회학적 픽션 외에 아무것도 아니다"("Brazil's Progressive Church in Crisis : Institutional weakness and political vulnerability", 미발표 논문, 1991).

4) Max Weber, "Zwischenbetrachtung", in *Die Wirtschaftsethik der Weltreligionen, Konfuzianismus und Taoismus*, Tübingen : J. C. B. Mohr, 1989, pp. 485~486. English : "Religious rejection of the world and their directions", in H. H. Gerth and C. W. Mills, eds., *From Max Weber*, London : Routledge, 1967, p. 329.

신부들 자체가 가난한 이들은 아니기 때문이다. 이들은 자신들의 종교 문화, 그리스도교 신앙, 그리고 가톨릭 전통에서 영감을 얻은 영성적·도덕적 동기들에서 출발하여 착취받는 이들의 대의^{大義}에 헌신한다. 나아가 이러한 도덕적·종교적 차원은 수많은 그리스도교 활동가들이 노동조합, 주민운동, 기초공동체, 그리고 혁명단체들에 투신하는 동기 부여의 근본 요소를 이룬다. 가난한 이들은 스스로 자신의 조건에 대해 자각하고, 교회에 속하고 신앙에서 영감을 받는 그리스도교인으로서 투쟁하기 위해 조직한다. 민중 문화 속에 깊이 뿌리내리고 있는, 이러한 신앙과 종교적 정체성을 단지 사회적·경제적 이해관계의 '봉투'^{envelope} 또는 '외투'^{cloak}로 간주한다면, 일종의 환원론적 접근에 빠지게 되고, 그것은 현실 운동의 풍요로움과 진정성을 이해하는 데 걸림돌이 된다.

해방신학은 이러한 사회운동의 '영적 산물'^{spiritual product}(알다시피, 이 개념은 맑스의 『독일 이데올로기』에서 나온 것이다)이다. 그러나 다른 한편으로 해방신학은 이 운동에 정당성을 부여하고 일관된 종교적 교의를 제공하면서, 이 운동의 확산과 강화에 크게 이바지하였다. 이제 오해나 (사회학적 또는 다른 형태의) 환원론을 피하기 위해, 무엇보다도 한 가지 사실을 상기할 필요가 있다. 다시 말하면 해방신학은 사회적·정치적 담론이 아니라, 무엇보다도 종교적·영성적 성찰이라는 점이다. 구스타보 구티에레스는 그의 선구적인 저서, 『해방신학: 전망』^{Teología de la Liberación: Perspectivas, 1971}에서 다음과 같이 강조한다.

교회의 첫번째 과제는 그리스도의 죽음과 부활을 통해 성취되는 하느님의 인류 구원 행위라는 선물을 기쁨으로 기리는 것이어야 한다. 성체성사, 기억과 감사, 예수에 대한 기억은 삶의 의미(다른 이들을 위한 전적인

선물)를 늘 새롭게 받아들이는 것을 전제한다.[5]

교회 전통과 관련하여 볼 때, 아주 크게 바뀐 것은 '다른 이들을 위한 전적인 선물'에서 취하는 구체적인 의미이다. 해방신학의 핵심 이념을 단 한마디로 요약한다면, 라틴아메리카 주교회의의 푸에블라 총회(1979)가 성화聖化한, '가난한 이들을 위한 우선적 선택'a opção preferencial pelos pobres 이라고 할 수 있다. 그러나 여기에 한 가지를 덧붙일 필요가 있다. 다시 말 하면, 이 새로운 신학에서 가난한 이들은 자신들의 해방을 위한 행위자이 고 자신들의 역사의 주체이지, 전통적인 교회 교의에서 말하는 것처럼 단 순히 자선적 관심 대상이 아니라는 점이다.

해방그리스도교가 가난한 이들의 인간적 존엄성을 온전히 인정하고, 그들에게 특별한 역사적·종교적 사명을 부여한 것은, 확실히 (적어도 몇 몇 나라에서) 해방그리스도교가 가장 가난한 사회 계층의 지지를 확보하 는 데 상대적으로 성공한 이유 가운데 하나이다. 이러한 동기부여는 막스 베버가 세계 종교의 경제 윤리에 대한 연구에서 제안한, 아주 주목할 만한 이념형적 분석을 원용한다면 더 잘 이해할 수 있다.

사회적으로 억눌린 계층, 부정적으로 (또는 긍정적이 아닌 형태로) 간주 된 지위를 갖는 계층의 존엄 의식은, 이들이 특별한 '임무'를 맡고 있다 는 믿음에서 손쉽게 자양분을 얻을 수 있다. 이들의 가치는 **윤리적 명령** ethical imperative에 의해 보장되거나 구성된다 …… 이처럼 이들의 가치는

---

5) Gustavo Gutiérrez, *Théologie de la libération : perspectives*, Brussels : Lumen Vitae, 1974, p. 261.

이들 자신을 뛰어 넘어선 어떤 것으로, 신이 이들에게 제시한 '과제'로 옮아간다. 사회적으로 불우한 계층 사이에서 윤리적 예언이 갖는 이상적인 권능의 한 가지 원천은 이러한 사실에 있다. 지렛대로서 분노를 요청하는 것이 아니라, 물질적·이념적 보상에 대한 합리적인 관심 그 자체만으로 더할 나위 없이 충분하다.[6]

해방신학자들 가운데에도 일정한 차이가 있지만, 그 차이가 무엇이든 간에, 이 신학자들이 쓴 대부분의 저작에서 일련의 공통적 기본 교의를 발견할 수 있고, 그것은 근본적인 쇄신을 의미한다. 그 가운데 가장 중요한 몇 가지를 살펴보면 다음과 같다.

1. 종교의 주요한 적으로서의 (무신론이 아니라) 우상숭배에 대한 투쟁이다. 이것은 새로운 파라오들, 새로운 카이사르들, 그리고 새로운 헤로데들이 숭배하는 새로운 죽음의 우상들에 대한 투쟁이다. 이 우상들은 물질적 재화, 부, 시장, 국가안보, 국가, 군사력, '서구 그리스도교 문명'이다.
2. 그리스도 안에서 궁극적 구원의 예기豫期, 하느님 나라의 예기로서의 역사적 인간 해방이다.
3. 성서 전통의 산물이 아니라 플라톤적 희랍 철학의 산물인 전통적인 이원론적 신학에 대한 비판이다. 성서 전통에서 인간 역사와 신적 역사는 서로 다른 것이지만, 그렇다고 분리된 것은 아니다.

---

6) Max Weber, "The social psychology of the world religions", in Gerth and Mills, eds., *From Max Weber*, pp. 276~277.

4. 출애굽과 같은 성서 본문을 중시하는 새로운 성서 해석이다. 출애굽을 노예화된 백성들이 자신의 해방을 위해 투쟁하는 패러다임으로 간주한다.

5. 불의하고 부정한 체제, **구조적인 죄**의 형태로서의 종속적 자본주의를 도덕적·사회적으로 신랄하게 고발한다.

6. 가난의 원인, 자본주의의 모순, 그리고 계급투쟁의 형태를 이해하기 위해 사회분석적 도구로서 맑스주의를 활용한다.

7. 가난한 이들을 우선적으로 선택하고, 이들이 자신의 해방을 위해 투쟁하는 활동과 연대한다.

8. 새로운 교회 형태로서, 자본주의 체제가 강요하는 개인주의적 생활방식에 대한 대안으로서 기초공동체를 발전시킨다.

이 운동 형태에서 종교와 정치는 어떻게 관련되는가? 대니얼 레빈이 그의 최근 저서에서 지적한 것처럼, 종교와 정치 사이의 점증적인 기능적 전문화와 제도적 분화를 전제하는 '근대화' 이론은 라틴아메리카 대륙의 현실과 잘 맞지 않다. 이 해석 모델은 '종교'를 단지 예배로 축소하고, '정치'를 정부로 축소할 때만 설득력을 갖는다. 그러나 라틴아메리카에서 종교와 정치 둘 다 이보다 훨씬 더 폭넓은 의미를 갖는다. 그리고 심지어 이 두 영역이 각각 자율적인 영역으로 존재할 때조차, 이 둘은 실로 변증법적으로 연계된다. '사목활동' 또는 '해방'과 같은 개념들은 종교적일 뿐만 아니라 정치적인 의미, 영성적일 뿐만 아니라 물질적인 의미, 그리스도교적일 뿐만 아니라 사회적인 의미를 갖는다.[7]

이것은 프랑스 사회학자 드로쉬가 '메시아 정신과 혁명 정신의 상호 재활성화mutual reactivations'[8]라고 말한 현상과 같은 것이다. 그러나 이 두 가지 차원이 해방그리스도교 문화에서 어떻게 관련을 맺는지 이해하려면, (드로쉬가 사용한 개념인) '융합'amalgamation 또는 '연루'complicity 대신에 베버가 말한 **선택적 친화성**Wahlverwandtschaft 개념을 사용하는 것이 더 유용할 것 같다. 나중에 이 문제를 다시 언급할 것이다(120~123쪽). 여기서는 다만 이러한 선택적 친화성이 **정치적 믿음과 종교적 믿음의 공통적 토대에** 바탕을 두고 있다는 가설을 제시하고자 한다. 이 두 믿음은 공히 "······ 경험적 입증과 실험의 영역을 넘어서는 것이나, 그러한 믿음을 갖고 있는 사람들의 주관적인 경험에 의미와 일관성을 부여하는, 일련의 개인적·집단적 확신들"이다.[9]

뤼시앙 골드만이 7의 저서 『숨은 신』에서 말한 몇 가지 제안들을 살펴보면, 이러한 공통적 토대(그는 이것을 '믿음'faith이라 불렀다)를 이해하는 데 도움이 된다. 1장에서 본 것처럼 그는 종교적 유토피아와 사회적 유토피아에 공통적이고 일정한 총체적인 태도를 정의하기 위해, 믿음이라는 개념을 (이 개념을 몇몇 특정 종교, 또는 심지어 실재하는 종교 일반과 연

---

7) Daniel Levine, ed., *Churches and Politics in Latin America*, Beverly Hills, CA : Sage, 1980, pp. 17~19, 30; and Daniel Levine, ed., *Religion and Political Conflict in Latin America*, Chapel Hill : The University of North California Press, 1986, p. 17.

8) Henri Desroche, *Sociologie de l'espérance*, Paris : Calmann-Lévy, 1973, p. 158.

9) 다니엘르 에르뵈-레게(Danièle Hervieu-Léger)의 믿음(croire) 정의. *La religion pour mémoire*, Paris : Cerf, 1993, p. 105. "상호 재적재(再積載, reloading)와 재(再)정의라는 매우 복잡한 메커니즘에 따라, 하나에서 다른 것으로의 이행(passages)"을 규제하는 종교와 정치의 공통적 토대에 대한 이해는 파트리크 미셸(Patrick Michel)의 최근 저서(*Politique et religion : La grande mutation*, Paris : Albin Michel, 1994, p. 27)에서 찾아볼 수 있다. 미셸 드 세르토(Michel de Certeau)는 "종교와 정치 사이에서 (특히 그리스도교와 사회주의 사이에서) 오락가락하는(back and forth) 복잡한 운동"에 대해 쓴 바 있다. 이러한 운동을 통해, 같은 구조적 윤곽 안에서 믿음의 이동이 일어난다. 그의 책, *L'invention du quotidien, 1. Arts de faire*(1980), Paris : Gallimard-Folio, 1990, pp. 265~268, 261~264 참조. 그는 이 책에서 믿음 에너지(énergie croyante)의 변화, 이전(移轉), 투여에 대해 이야기한다.

결 짓는, 개인적·역사적·사회적인 상황을 배제하는 조건에서) 사용했다. 이 개념은 **초개인적인**transindividual 가치들과 관련 있고, 내기wager에 바탕을 두고 있다.[10]

골드만은 초월적인 종교적 가치(신)와 내재적인 유토피아적 가치(인간 공동체)를 대조적인 것으로 보았으나, 라틴아메리카 해방그리스도교의 관점에서 보면, 공동체 자체가 초월적일 뿐만 아니라 내재적인 의미를 갖고, 윤리적/종교적일 뿐만 아니라 사회정치적인 의미를 갖는, 가장 중심적인 초개인적 가치들 가운데 하나이다.

이러한 공통적인 토대는 라틴아메리카에서 종교 윤리와 사회적 유토피아 사이의 선택적 친화성이라는 과정을 발전시키는 데 중요한 조건이다. 그러나 브라질 사회학자 페드루 히베이루는 '해방 교회'liberationist Church에서 종교적 실천과 정치적 실천의 관계가 선택적 친화성보다 더 심오한 것이라고 주장한다. 다시 말하면, "종교와 정치를 한 현실의 두 가지 계기moments로 보는, 변증법적 단일성unity으로 이해하여야 한다. 다른 말로 하면, 민중계급이 구체화하는 사회변혁의 실천으로 이해하여야 한다".[11] 그러나 나는 여기서 다만 한 가지 점을 덧붙이고자 한다. 다시 말하면 선택적 친화성의 개념을 확장하여 일종의 변증법적 융합fusion 가능성까지 포괄할 필요가 있다는 것이다.

지금까지 융합과 단일성에 대해 강조했으나, 또한 종교와 정치의 차

---

10) Lucien Goldmann, *Le Dieu caché*, p. 99 ; 또한 영어번역본, *The Hidden God*, London : Routledge & Kegan Paul, 1964, p. 90 참조.

11) Pedro A. Ribeiro de Oliveira, "Estruturas de Igreja e conflitos religiosos", in Pierre Sanchis ed., *Catolicismo : modernidade e tradição*, São Paulo : Loyola/Iser, 1992, p. 54. 이 책은 리우데자네이루에 있는 종교연구소(ISER) 산하 브라질 가톨릭 연구단이 발간한, 아주 가치 있는 논문 모음집이다.

이, 또는 이 둘 사이의 거리에 대해 언급하는 것도 중요하다. 해방신학은 정치운동이 아니기 때문에 강령을 갖고 있지 않고, 상세한 경제적·정치적 목표를 내걸지도 않는다. 해방신학은 정치 영역의 자율성을 인정하면서, 정치적 이슈들을 좌파 정당들에 맡긴다. 그리고 불의에 대해 사회적·도덕적 비판을 하고, 주민들의 의식을 제고하며, 유토피아적 희망을 확산시키고, '아래로부터의' 이니셔티브들을 촉진하는 것으로 자신의 역할을 제한한다. 다른 한편으로 해방신학자들은 정치운동(예를 들면 산디니스타 민족해방전선)을 지지할 때조차, 보통 이 정치운동의 구체적인 활동을 가난한 이들의 해방적 희망에 비추어 보면서 비판적인 거리를 유지한다.

그러나 해방그리스도교와 해방신학은 단지 라틴아메리카 교회 내 소수에게만 영향을 미쳤고, 교회 내 다수의 지배적인 경향은 오히려 보수적이거나 온건한 경향을 띤다. 그럼에도 불구하고, 해방그리스도교의 영향을 가볍게 볼 수 없다. 특히 브라질의 경우, 브라질 주교회의^{CNBB}는 바티칸의 지속적인 압력에도 불구하고, 해방신학에 대한 단죄를 거부했다(그러나 1995년 보수주의자가 브라질 주교회의 의장으로 선출된 이래 일정한 변화를 겪고 있다). 물론 라틴아메리카 교회를 동질적인 조직이라고 이야기할 수 없다. 나라마다 다를 뿐만 아니라, 가끔 그 지향이 완전히 대립적인 경우도 발견할 수 있다. 예를 들면 아르헨티나에서 군사독재가 이른바 '체제 전복 세력'에 대한 '더러운 전쟁'(3만 명이 살해되거나 '실종')을 벌일 때, 교회는 '순종적 침묵'$^{obsequious \ silent}$으로 이 체제를 너그럽게 용인하였다. 오늘날 아르헨티나 교회는 군대 내에서 고문하고 살해했던 자들을 '용서'하라고 청하고, 나라를 위협하는 진정한 위험······ 즉 이혼을 반대하는 데 모든 노력을 기울인다. 이와 같은 방식으로 콜롬비아 교회도 여전히 과두제를 위해 몸과 마음을 다해 헌신하고 있고, 종교의 이름으로 무신론적 공산주의에 대한 전쟁을 정당화한다. 다른 한편으로 브라질 교회는 1970년부터 체제에 비판적인 태도를 취했고, 최근 25년 동안 노동자들과 농민들이 더 나은 임금과 농지 개혁을 위해 투쟁하는 것을 지원했다.

심지어 한 나라 교회 안에서도, 서로 대립적인 경향을 발견할 수 있다. 예를 들어, 니카라과에서 많은 사제들과 수도자들이 산디니스타 혁명을 지원한 반면, 다수의 주교들은 **콘트라 반군**contras[12]의 편에 섰다. 이러한 뚜렷한 차이는 또한 대륙적인 차원에서 활동하는 단체들 사이에도 존재한다. 1972년부터 보수주의자들이 통제해 온 라틴아메리카 주교회의는 해방신학을 반대하는 강렬한 투쟁을 벌이는 반면, (예수회, 도미니크회, 프란치스코회와 같은 수도회들의 모임인) 라틴아메리카 수도회연합회CLAR는 '가난한 이들의 교회'에 대한 지지를 아끼지 않는다.

그럼에도 불구하고 교회가 마치 혁명파와 반혁명파로 나뉘어 있는 것처럼 이야기하는 것은 사실을 왜곡하는 것일 수 있다. 첫째, 많은 사제들, 수녀들과 주교들은 (평신도 활동가들과 마찬가지로) 결코 정치적이 아니고, 기본적으로 도덕적·종교적 기준에 따라 행동한다. 그들은 상황에 따라, 일시적으로 이런저런 입장을 선호할 수 있다. 게다가 이 두 극단적인 입장 사이에 서로 다른 색조를 띤 무지개가 존재한다. 라틴아메리카 교회 안에서 적어도 네 가지 경향을 구별할 수 있다.

1. 아주 작은 규모의 근본주의 집단이 있다. 이 집단은 극히 반동적인 이념, 심지어 가끔 반半파시스트적 이념을 옹호한다. 예를 들면, '전통,

---

12) 미국의 대대적인 지원을 받아 산디니스타 정부의 붕괴를 꾀했던 무장 세력으로, 1990년 친미계인 차모로 정부가 출범하면서 해체되었다—옮긴이.

가족 그리고 소유권'Tradition, Family and Property이라는 이름의 단체가 여기에 속한다.

2. 아주 보수적이고 전통주의적인 경향이 있다. 이 경향은 해방신학에 적대적이고 지배계층(그리고 또한 로마교황청)과 유기적인 관련을 맺고 있다. 예를 들면 라틴아메리카 주교회의 지도부가 있다.

3. (로마 교황청과의 관계에 있어서 일정한 지적 자율성을 갖는) 개혁적이고 온건한 흐름이 있다. 이 흐름은 기꺼이 인권을 옹호하고, 가난한 이들의 일정한 사회적 요구들을 지지한다. 이것이 1979년 푸에블라 총회와 (어느 정도는) 1992년 산토도밍고 총회에서 주류를 이루었던 입장이다.

4. 작은 규모이나 영향력 있는 소수 급진파들이 있다. 이들은 해방신학에 호의적이고, 민중운동, 노동운동 그리고 농민운동과 적극적으로 연대한다. 이 흐름의 가장 잘 알려진 대표자들은 멘데스 아르세오, 사무엘 루이스(이상 멕시코), 페드루 카살달리가, 파울루 아른스(이상 브라질), 레오니다스 프로아뇨(에콰도르), 오스카르 로메로(엘살바도르) 등과 같은 주교들(또는 추기경들)이다. 이 흐름에서 가장 진보적인 부문을 대표하는 것이 혁명적 그리스도교인들이다. '사회주의를 위한 그리스도교'Cristianos por el Socialismo 운동이나, 산디니스모Sandismo, 카밀로 토레스 또는 그리스도교 맑스주의Christian Marxism와 동일시되는 경향들이 바로 이 부류에 속한다.

이것은 교회 내 분열을 통상적인 수직 모델——다시 말하면 '아랫사람들'those from below(그리스도교 민중운동, 기초공동체, 그리스도교 노조활동가) 대 '윗사람들'those from above(교계, 주교, 단체장)——로 환원할 수 없음을 보여 준다. 교회 내 분열은 또한 수평적인 것이고, 모든 성직자 집단을 가로지르며, (대립적인 경향이 아니라면) 서로 다른 경향으로 나뉘어 있다. 이는 주교회의, 수도회, 교구 사제, 그리고 평신도 운동 등에서 똑같이 나타난다. 그러나 이것이 역사적으로 용의주도하게 단일성을 유지해 왔던 가톨릭이라는 제도 내의 모순이라는 사실을 잊어서는 안 된다. 교회가 이러한 단일성을 유지했던 까닭은 모든 관련 부문들이 분열을 피하려고 했기 때문이 아니라, 이들의 종교적 목표가 사회적 또는 정치적 영역으로 환원될 수 없었기 때문이다.

2) 해방그리스도교의 기원과 발전

가톨릭의 보수적이고 역행적인 오랜 전통과 단절하는 이 새로운 흐름이 출현한 까닭은 무엇인가? 또한 이 흐름이 라틴아메리카 교회 안에서 특정한 역사적 시기에 전개되었던 이유는 무엇인가?

이 현상을 설명하려는 가장 중요한 시도 가운데 하나는 토머스 브루노가 한 것이다. 그는 브라질 교회 전문가로 널리 알려진 미국인 학자이다. 그에 따르면, 가톨릭 교회가 쇄신을 단행했던 이유는 자신의 영향력을 유지하고자 했기 때문이다. 교회 엘리트들은 종교적 경쟁자(개신교, 다양한 종파)와 정치적 경쟁자(좌파 운동)의 출현, 사제 충원의 문제, 재정 위기 등에 직면하여 새로운 길을 모색할 필요가 있다고 판단하면서 하층계급으로 눈을 돌렸다. 결국 여기서 관건은 넓은 의미로 본, 교회의 제도적 이해관계이다. "제도로서의 교회는 기회주의적인 이유 때문이 아니라, (가변적인 규범적 지향에 따라 정의되는) 자신의 영향력을 유지하기 위해 스스로 변화했다"[13]는 것이다.

이런 유의 분석은 가치 없는 것은 아니나, 기본적으로 부적절한 것이다. 첫번째로 이 분석은 순환 논법에 바탕을 두고 있다. 교회는 자신의 영향력을 유지하거나 확장하길 원하기 때문에 변화하지만, 다른 한편으로 이 영향력은 이미 (지배계급에 대한) 새로운 규범적 지향에 따라 재정의된다. 여기서 문제는 다음과 같다. 그러면 이렇게 수정된 지향은 어디서 기원한 것인가? 교회는 왜 더 이상 자신의 영향력을 (사회 엘리트, 정치권력과의 관계에 초점을 맞추는) 전통적인 방식으로 인지하지 않는가? 여기서 설명은 단지 질문을 바꿀 뿐이다. 게다가 브루노의 '영향력'influence 개념은 (모든 영성적 차원을 포함하는) 광의의 의미에서조차——가끔 자신의 생명을 무릅쓰면서까지 새로운 사회운동에 참여했던 (사제든, 남녀 평신도든) 사회적 행위자들 사이에서 진정한 회심의 형태로 일어났던——심오한 윤리적·종교적 변화를 설명하지 못한다.

또 다른 유용한 설명은 지나치게 일방적이기는 하지만, 그리스도교 좌파와 관련 있는 일부 사회학자들이 제시한 것이다. 다시 말하면, 민중들이 제도를 '접수'하여, 교회를 개종시키고, 교회가 자신들의 이해에 상응하여 행동하도록 했기 때문에, 교회가 변화했다는 것이다.[14] 이러한 설명은 어쩌면 (특히 브라질의 경우에) 현실의 한 측면에는 들어맞겠지만, 또 다시 즉각적으로 다음과 같은 질문이 제기될 수 있다. 왜 노동계급이 특정 시기에 자신의 대의에 맞게 교회를 '개종'시킬 수 있었는가? 이런 유의 분

---

13) Thomas C. Bruneau, "Church and Politics in Brazil : The Genesis of Change", *Journal of Latin American Studies*, Cambridge University Press, no. 17, November 1985, pp. 286~289.

14) 예를 들어, 루이스 알베르투 고메스 데 소우자(Luis Alberto Gómez de Souza)의 뛰어난 저서, *Classes populares e Igreja nos caminhos da história*, Petrópolis : Vozes, 1982, p. 240 참조. 이 두 가지 접근법에 대한 흥미로운 비판적 평가에 대해서는 Sanchis, "introdução", *Catolicismo : modernidade e tradição*, pp. 23~27 참조.

석은 또한 레오나르두 보프가 (맑스적 개념을 빌려와) '교회적-종교적 영역의 상대적인 자율성'[15]이라고 불렀던 것, 다시 말하면 교회에 특유한 문화적·사회적 결정요인determination을 낮게 평가하는 경향이 있다. 이러한 요인을 배제한 채 교회가 1960년대 이후 '민중에게 자신을 개방한 것'을 이해할 수 없다.

라틴아메리카 사회운동으로서의 해방그리스도교의 기원을 설명하기 위해서 제3의 가설을 제시하고자 한다. 다시 말하면, 해방그리스도교는 1950년대 교회 안팎에서 있었던 여러 변화들이 조합 또는 수렴된 결과이고, 제도 교회의 주변부에서 시작하여 그 중심부를 향하여 발전해 갔다는 것이다.

이러한 교회 내적인 변화는 전체 가톨릭 교회에 영향을 미쳤다. 이러한 변화는 제2차 세계대전 이후 특히 독일(불트만, 몰트만, 메츠, 라너)과 프랑스(칼베, 콩가르, 뤼바크, 쉐뉘, 뒤코크)에서 새로운 신학적 흐름이 나타나고, 새로운 형태의 사회적 그리스도교(노동 사제, 르브레 신부의 인본주의적 경제)가 전개되었으며, 근대 철학과 사회과학의 관심사에 점진적으로 개방한 것을 말한다. 교황 요한 23세(1958~1963)와 제2차 바티칸공의회(1962~1965)는 이러한 새로운 지향에 정당성을 부여하고 이를 체계화하였으며, 이런 식으로 교회사에서 새로운 시대를 위한 토대를 마련하였다.

그와 동시에 라틴아메리카에서 대륙을 황폐화하는 사회적·정치적 변화가 일어났다. ① 50년대부터 대륙의 산업화는 초국적 자본의 지배 아래서 (오늘날 널리 알려진 안드레 군더 프랑크의 표현을 빌리면) "저발전을

---

15) Leonardo Boff, *Igreja, carisma e poder*, Petrópolis : Vozes, 1986, p. 178.

발전시켰다". 다시 말하면 경제적 종속을 한층 더 강화하고, 사회적 분열을 심화시켰으며, 이촌향도를 더 활성화하고, 새로운 노동계급과 더불어 거대한 규모의 '푸어레타리아'[16]를 대도시에 집결시켰다. ② 1959년 쿠바혁명과 함께 라틴아메리카의 새로운 시대가 열렸고, 이 시대의 특성은 사회투쟁의 격화, 게릴라 운동의 출현, 군사 쿠데타의 성공, 그리고 정치 체제의 정당성 위기 등이다.

이처럼 아주 다른 일련의 변화들이 수렴되면서, 새로운 '가난한 이들의 교회'가 출현할 수 있는 조건들이 마련되었다. 여기서 주목할 필요가 있는 것은 이 교회의 기원이 제2차 바티칸공의회 이전으로 거슬러 올라간다는 점이다. 상징적인 관점에서 본다면, 급진적인 그리스도교의 흐름은 1959년 1월에 태동하였다고 말할 수 있다. 1959년 1월 피델 카스트로와 체 게바라, 그리고 그의 동지들이 아바나로 입성하였고, 다른 한편으로 로마에서는 요한 23세가 공의회 첫번째 회의를 소집하였다.

새로운 사회운동은 무엇보다도 이 두 변화들이 교차하는 지점에 자리하고 있던 집단들, 다시 말하면 대학생들과 가난한 공동체들 사이에서 적극적으로 활동하였던 평신도 운동(과 일부 사제)들 사이에서 출현하였다. 결국 라틴아메리카 가톨릭 문화의 **급진화**와 그에 따른 해방그리스도교 형성 과정은 기능주의적 분석이 주장하는 바와 같이, 교계가 영향력을 유지하려는 데서 비롯된 것도 아니고, 다시 말하면 위에서 시작하여 아래로 향한 것도 아니고, '민중적 지향'을 가진 일부 저자들이 주장하는 것처

---

16) 이 말(pooretariat)은 라틴아메리카에서 그리스도교 노동조합 활동가들이 사용하는 '포브레타리아도'(pobretariado) 개념을 영역한 것이다[이 말은 가난한 이들(pobre, 영어: poor)과 프롤레타리아(proletariado, 영어: proletariat)를 합성한 것이다―옮긴이].

럼 아래에서 시작하여 위로 향한 것도 아니다. 주변부에서 시작하여 중심부로 확산된 것이다. 이러한 쇄신을 추진하였던, 종교적-교회적 영역 내 사회 범주 또는 부문들은 다 이런저런 방식으로 제도 교회와의 관계에서 주변적이거나 소외되어 있었다. 평신도 운동과 그 자문들, 평신도 전문가 집단, 외국인 사제들, 수도회 등이 바로 그들이다. 이러한 흐름에 영향을 받은 최초의 주교들도 일반적으로 이러한 범주나 부문들과 관련 있는 인사들이었다. 경우에 따라 이 운동은 '중심부'로 확산되었고, (특히 브라질에서) 주교회의에 영향을 미치기도 했다. 그렇지 않은 경우에는 제도 교회의 '주변부'에 봉쇄된 채 남아 있었다.

가톨릭대학생회, 가톨릭노동청년회 그리고 가톨릭액션과 같은 가톨릭 평신도 운동 또는 민중교육운동(브라질), 농지개혁위원회(니카라과), 그리스도교 농민연합(엘살바도르), 그리고 무엇보다도 기초공동체는 1960년대 초반 그리스도교인들이 적극적으로 민중적 투쟁에 헌신하고, 자신들의 실천에 비추어 복음을 재해석했으며, 경우에 따라 맑스주의에 매료되기도 했던 사회 공간이 되었다.

이 운동들은 사회적 위기에 직접 '몸을 담갔기' 때문에, 자신을 둘러싼 환경의 사회적·정치적·문화적 흐름에 의해서 크게 영향을 받았다는 사실은 그리 놀랄 일이 아니다. 그 가운데 여러 운동들이, (다니엘 에르뵈-레게가 분석한 바 있는) 프랑스 가톨릭중고등학생운동[JEC]과 비슷한, 자율화[autonomization]의 역동성을 발휘하기 시작하였다. 초기 단계의 그리스도교 활동가들은 그 집단적 열망과 강력하게 동일시하면서, 하느님의 말씀으로 설복하고자 했던 환경을 "전적으로 받아들였다". 그러나 그 다음 단계에서 이러한 세속적인 투신이 종교적 규범에 맞지 않음에 따라, 자율성에 대한 요구가 나타난다. 그리고 마지막 단계에서 이 운동들이 이러저러한 사회적 또는 정치적 문제에 있어서 교회의 공식적인 지침과 다른 입장을 공개적으로 채택하면서, 교계와의 갈등이 폭발했다.[17] 1960년대 초 브라질 가톨릭대학생회에서 일어났던 일들도 바로 이와 같은 것이었다. 이처럼 교회와 갈등을 빚으면서 브라질 그리스도교 대학생운동 지도자들과 활동가들은 맑스주의적 영감에 바탕을 둔 새로운 정치 조직, 즉 민중행동Acão Popular을 결성하였다(1962). 칠레에서도 이와 비슷한 일이 일어났다. 그 결과 칠레에서도, 1969년 가톨릭대학생회JUC와 그리스도교 민주청년운동Juventud Demócrata Cristiana, JDC의 지도자들은 맑스주의적 정당인 민중단결행동운동Movimiento de Acción Popular Unitaria, MAPU을 출범시켰다.

해방그리스도교의 형성에 핵심적인 역할을 수행했던 또 다른 평신도 집단은 (비록 앞서 말한 자율화의 역동적 과정을 거치지 않았을지라도) 주교나 주교회의를 위해 일했던 전문가 그룹이다. 이들은 브리핑을 준비하고, 사목 계획을 제안하며, 경우에 따라서는 주교들이 발표하는 성명서 초안을 작성하였다. 이들은 주로 경제학자, 사회학자, 도시계획학자, 신학자, 또는 변호사 들로, 교회 내 일종의 평신도 지적 장치intellectual apparatus를 구성했다. 이들은 교회 안에 사회과학의 최근 성과——1960년대 이후 라틴아메리카에서 이러한 성과는 곧 맑스주의적 사회학과 경제학(종속이론)을 의미했다——를 도입하였다. 이 전문가들은 브라질 주교들의 특정한 교회 문헌의 작성에, 그리고 라틴아메리카 주교회의의 메데인 총회(1968)와 그 이후의 총회 준비에 결정적인 역할을 하였다.

수도회는 제도 교회 안에서 새로운 실천과 새로운 신학사상의 전위前衛

---

17) Daniéle Hervieu-Léger, *Vers un nouveau christianisme?*, Paris : Cerf, 1986, pp. 312~317.

에 있었다. 특히 예수회, 도미니크회, 프란치스코회, 메리놀회, 카푸친회, 그리고 수녀회 들이 이러한 역할을 수행했다. 수도회(라틴아메리카 전체에 15만 7천여 명의 수도자들이 있고 그 대부분은 수녀들이다)는 새로운 사회사목에 가장 적극적으로 참여하고, 가장 많은 기초공동체를 조직한 집단이다. 널리 알려진 해방신학자들도 대부분 수도회 소속이고, 앞서 언급한 것처럼, (1959년에 창립된) 라틴아메리카 수도회연합회CLAR는 라틴아메리카 주교회의CELAM보다 훨씬 더 급진적인 입장을 취했다. 이러한 차이 때문에 니카라과와 같은 몇몇 나라에서는 주교와 수도회 사이의 반半공개적인 충돌이 빚어졌다. 이와 달리 다른 지역(브라질)에서는 주교회의가 진보적인 수도회를 지원하였다.

이처럼 특히 수도회가 적극적으로 투신한 것을 어떻게 설명할 수 있는가? 여기서 고려해야 할 한 가지 요소는 수도원적 유토피아의 고유한 성격 자체와 관련 있는 (세상에 대한, 그리고 교회에 대한) 항의protest이다. 프랑스 사회학자 장 세기는 1971년에 쓴 한 논문에서, 이러한 유토피아적 차원이 라틴아메리카 '가톨릭 수도회와 혁명적 활동 사이의 일정한 연계'를 이해하는 데 도움을 줄 수 있다고 주장했다.[18] 게다가 수도회는 교회 안에서 일정한 자율성을 누리고, 교구 사제보다 덜 직접적으로 교계의 통제를 받는다. 그 밖에도 수도자들은 상대적으로 높은 수준의 교육을 받았고, 근대 사상이나 사회과학에 정통했으며, 루뱅, 파리, 독일 등지에서 현대 신학과 직접 접촉했다. 예수회, 도미니크회와 같은 일부 수도회는 교회 내 '유기적인' 지식인들의 네트워크를 구성하였고, 학구적이고 '세속적

---

18) Jean Séguy, "Une sociologie des sociétés imaginées : monachisme et utopie", *Annales ESC*, March-April 1971, pp. 337, 354.

인' 지적 세계와 지속적으로 교류하고 대화하였다. 라틴아메리카에서 이 지적인 세계는 사실상 맑스주의의 영향을 받았다.

해방그리스도교의 출현에 결정적으로 기여했던 마지막 주변부적 집단은 주로 스페인, 프랑스, 북미 출신의 외국인 사제와 수도자들이었다. 예를 들어 1971년 4월, 칠레에서 80명의 사제들이 사회주의로의 이행을 지지하는 성명서를 발표하였는데, 그 가운데 절반은 외국인 사제들이었다. 중앙아메리카에서도 이와 비슷한 현상을 찾아볼 수 있다. 이러한 현상을 설명할 수 있는 요인 가운데 하나는 선택적인 자기 충원^{selective self-recruitment}이다. 다시 말하면 기꺼이 라틴아메리카 선교를 준비한 사제와 수도자들은 아마 가난과 제3세계 문제에 민감한 교회 부문과 관련 있었을 것이다. 프랑스 선교사들 가운데 많은 이들은 노동 사제의 활동에 참여한 적이 있거나, 적어도 이 활동을 직접적으로 인지하고 있었다. 그리고 스페인에서 온 선교사들 가운데에는 교회적 차원에서 전통적으로 정부에 저항했던 지역, 즉 바스코 지역 출신 비율이 높았다. 또 다른 부가적인 이유는 주교들이 외국인 사제들을 흔히 가장 외딴 지역이나 가장 가난한 지역, 또는 라틴아메리카 대도시 지역에서 크게 확장되었던 새로운 빈민촌 지역으로 (다시 말하면 전통적인 교구가 존재하지 않는 곳으로) 파견하였다는 사실이다. 외국인 선교사들은 자신의 고국에서 살았던 삶의 조건과 라틴아메리카에서 발견했던 총체적인 가난을 대비하면서, 진정한 도덕적·종교적 회개를 통해 가난한 이들의 해방운동에 뛰어들었다. 미국 사회학자 브라이언 스미스가 칠레 교회에 관한 중요한 저작에서 관찰했던 것처럼, 외국인 사제들은 처음에는 주교들과 같은 개혁적 관심에 의해 영감을 받았으나, "노동자들이 사는 지역에서 직접 보고 체험하면서 보다 더 급진화되었고", 그에 따라 "자신의 신학적 견해나, 사회적 분석에 있어서 결

정적으로 좌파로 기울었다".[19]

　이처럼 1960년대에 특정 (사제 또는 평신도) 그리스도교 집단에서 나타났던 급진화 과정은, 단지 브라질이나 칠레에만 한정된 것이 아니었다. 이와 비슷한 사건들이 또한 여러 가지 형태로 다른 나라들에서도 일어났다. 그 중 가장 널리 알려진 것은 명백히 카밀로 토레스의 경우이다. 토레스 신부는 투쟁적인 대중운동을 조직했고, 곧이어 1965년 카스트로 노선을 따르는 콜롬비아 게릴라 운동 단체인 민족해방군Ejército de Liberación Nacional, ELN에 들어갔다. 카밀로 토레스는 1966년 정부군과의 전투에서 살해되었으나 그의 순교는 라틴아메리카 그리스도교인들에게 아주 깊은 감성적·정치적 영향을 주었고, 그의 정신을 계승하려는 일련의 중요한 흐름이 형성되었다. 게다가 급진적인 사제 집단들이 라틴아메리카 전역에 걸쳐 조직되기 시작하였다. 1966년 아르헨티나에서 '제3세계 사제단'Sacerdotes para el Tercer Mundo, 1968년 페루에서 '전국사회통합모임'Organización Nacional por Integración Social, ONIS, 또한 같은 해 콜롬비아에서 '골콘다 모임'Grupo Sacerdotal 'Golconda'이 출범하였다. 그와 더불어 갈수록 더 많은 그리스도교인들이 대중적 투쟁에 적극적으로 참여하기 시작하였다. 이들은 복음을 이러한 실천에 비추어 재해석했고, 때때로 맑스주의에서 사회 현실을 이해하는 열쇠, 그리고 그 현실을 변혁하기 위한 지침을 발견하였다.

　이러한 활동들은 제2차 바티칸공의회와 함께 일었던 쇄신의 맥락에서 폭발적으로 증가하였고, 결국 대륙 교회 전체를 뒤흔들기 시작했다.

---

19) Brian H. Smith, *The Church and Politics in Chile : Challenges to Modern Catholicism*, Princeton, NJ : Princeton University Press, 1982, p. 248.

1968년 라틴아메리카 주교들은 메데인 총회에 모여, 새로운 결의안을 채택하였다. 이 결의안은 최초로 현존 체제가 불의, 기본권 침해, 그리고 '제도화된 폭력'에 바탕을 두고 있다고 비판하면서 단죄했을 뿐만 아니라, 또한 '모든 노예 상태로부터의 해방'을 향한 민중들의 열망에 교회가 연대할 것을 주장하였다. 또한 주교들은 (개인적이든, 구조적이든 장기화된 폭정의 존재와 같은) 일정한 상황에서 혁명적 봉기는 정당하다는 것을 인정하였다.

이와 비슷한 현상들이 제3세계의 다른 지역에서(예를 들면, 필리핀에서), 그리고 좀더 작은 규모이긴 하지만, 심지어 유럽과 미국에서도 일어났다. 이러한 흐름이 라틴아메리카에서 상대적으로 더 크게 성공한 끼닭은 부분적으로는 이 대륙의 주민 대다수가 태어날 때부터 로마 가톨릭 종교 문화에 속한다는, 다시 말하면 가톨릭이 지배적인 지역이라는 사실과 관련 있다. 이와 동시에, 라틴아메리카가 이를테면 '가톨릭적 네트워크에서 가장 연약한 고리'였다는 것도 관련 있다. 또한 경제적 종속과 가난이 갈수록 심화되는 상황에서 쿠바혁명의 승리는 대륙 전체에 걸친 사회적 투쟁과 혁명적 시도라는 커다란 물결의 출발점이 되었다. 이 물결은 1960년대에 시작하여 오늘날까지 결코 멈추지 않고 있다. 이러한 사회적·역사적 조건 속에서 중요한 교회 부문이 가난한 이들의 대의와 자기 해방을 적극적으로 껴안았다.

이러한 변화와 발전에 제2차 바티칸공의회가 기여했다는 것은 의심할 나위가 없다. 그러나 (특히 브라질에서) 이러한 급진화의 초기 조짐은 공의회보다 훨씬 이전에 나타났음을 잊어서는 안 된다. 게다가 제2차 바티칸 공의회의 결의안은 근대화, 현대화aggiornamento, 세상에 대한 개방이라는 경계를 뛰어넘는 데 실패했다. 물론 이러한 개방은 과거의 교의적 독단을 완화시키고, 새로운 '외부적' 사상과 영향에 보다 유연한 가톨릭 문화를 만들었다. 교회는 근대 세계에 자신을 개방하면서, 특히 라틴아메리카에서 세상을 뒤흔들고 있던 사회적 갈등을 피할 수 없었고, 철학적·정치적 여러 흐름, 특히 맑스주의의 영향을 외면할 수 없었다. 맑스주의는 당시 (1960년대) 대륙의 인텔리겐치아들 사이에서 지배적인 문화적 경향이었다.

이러한 특유의 맥락에서 해방신학이 태어났다. 라틴아메리카의 진보적인 신학자들은 당시 교회를 지배했던, '발전신학'development theology에 만족하지 못했고, 따라서 이미 1960년대 말부터 해방의 주제를 제기하기 시작했다. 프랑크푸르트에서 공부했던 브라질 신학자 우구 아스만은 1970년, 발전주의에 대한 그리스도교적 비판, 해방론적 비판과 관련하여 선구적인 역할을 했다.[20]

그러나 1974년, 페루 예수회 회원이고 루뱅과 리용의 가톨릭 대학교에서 공부했던 구스타보 구티에레스의 『해방신학:전망』의 출간과 더불어, 진정한 해방신학이 태동하였다고 할 수 있다. 물론 이 작업이 무無에서 나온 것은 아니다. 그것은 사회적으로 투신했던 그리스도교인들이 10여 년에 걸쳐 행한 프락시스, 그리고 라틴아메리카의 진보적인 신학자들이 여러 해에 걸쳐 논의한 것을 표현한 것이었다.[21]

구티에레스는 그의 책에서 관습에 얽매임이 없이 아주 독창적인 방

---

20) 그의 저서, *Opresión-Liberación, desafío a los cristianos*, Montevideo : Tierra Nueva, 1971 참조.
21) 이러한 배경을 가장 잘 요약, 정리한 것으로는 엔리케 두셀의 책이 있다. Enrique Dussel, *Teología de la liberación : un panorama de su desarrollo*, México : Potrerillos Editores, 1995.

식으로 몇 가지 생각들을 제시했고, 그것은 라틴아메리카 가톨릭 문화에 큰 영향을 미쳤다. 그는 무엇보다도 희랍 사상에서 물려받은 이원론과 단절할 필요가 있다고 강조했다. 두 가지 현실, 다시 말하면 하나는 '세속적' temporal이고 다른 하나는 '영성적인' 현실이 존재하는 것이 아니고, 또 두 가지 역사, 하나는 '신성하고' 다른 하나는 '세속적인' 역사가 존재하는 것도 아니다. 다만 하나의 역사가 존재할 뿐이고, 인간적이고 세속적인 역사 속에서 하느님의 구원과 하느님 나라가 실현되어야 한다. 이러한 관점에서 보면, 하늘에서 오는 구원을 수동적으로 기다려서는 안 된다. 성서의 「출애굽기」를 보면, "인간이 자신의 힘으로 역사적이고 정치적인 투쟁을 통하여 성취하는 것"을 알 수 있다. 따라서 출애굽은 개인적이거나 사적인 구원이 아니라 공동체적이고 공적인 구원을 위한 모델이고, 여기서 관건은 개인의 영혼이 아니라 노예화된 백성 전체의 구원과 해방이다. 이러한 관점에서 보면 가난한 이들은 동정이나 자선의 대상이 아니라, 히브리 노예들처럼 자신의 해방을 위한 행위자들이다.

이러한 관점은 라틴아메리카에서 어떤 의미를 갖는가? 구티에레스에 따르면, 대륙의 가난한 주민들은 "자신들의 땅에 유배되어" 있으나, 그와 동시에 "일종의 출애굽을 통해 자신들의 구원을 향해 진군하고" 있다. 구티에레스는 "개혁주의나 근대화의 동의어가 된" 발전 이데올로기를 거부하면서, "오직 현 상황을 근본적으로 해체하고, 소유 체제를 송두리째 바꾸며, 피착취계급이 사회혁명을 통해 권력을 획득할 때, 이러한 종속에 종지부를 찍을 수 있을 것"이라고 생각했다. 그리고 "이렇게 할 때만이 사회주의 사회로 이행하거나, 적어도 그 이행을 가능하게 할 것이다."[22] 이

---

22) Gutiérrez, *Théologie de la libération*, pp. 39~40.

와 비슷한 방식으로, 칠레 예수회의 곤살로 아로요도 "권력의 구체적인 상황에 대해 언급하지 않은 채, 그리고 암묵적으로 근대 사회를 자본주의적 산업사회와 동일시하면서 사회의 두 가지 이념형, 즉 '전통적인' 사회와 '근대적인' 사회 사이의 이행"으로 발전을 정의하는 서구 이론을 거부했다.[23]

이러한 입장은 당시 라틴아메리카의 지배적인 좌파 흐름들(공산당과 민족주의적 좌파 운동들)이 제시했던 것보다 훨씬 더 급진적이라는 사실에 주목할 필요가 있다. 이 지배적인 좌파들은 자본주의에 도전하지도 않았고, 사회주의로의 이행을 현대 라틴아메리카의 혁명적인 과제로 간주하지도 않았다. 오히려 이들은 '민족적-민주주의적 변혁'을 요구했다.

1972년 4월, 칠레 예수회의 신학자 파블로 리차드와 경제학자 곤살로 아로요가 주도하는, '사회주의를 위한 그리스도교' 운동의 제1차 라틴아메리카 대륙 전체 모임이 멕시코의 세르히오 멘데스 아르세오 주교의 지원 아래 칠레 산티아고에서 개최되었다. 가톨릭인들과 개신교인들이 참여한 이 에큐메니컬 운동은 해방신학의 가장 급진적인 형태를 대변했고, 나아가 맑스주의와 그리스도교의 종합을 시도하였다. 이 모임에 대해 칠레 주교단은 곧바로 금지령으로 응답하였다. 이 전체 모임에 참가한 사람들은 최종 문서에서 그리스도교인으로서 라틴아메리카에서의 사회주의 투쟁을 지지한다고 선언했다. 이 역사적 문헌의 한 장章은 다음과 같은 말로 신앙과 혁명의 변증법을 설명한다.

---

23) Gonzalo Arroyo, "Consideraciones sobre el subdesarrollo en América Latina", *Cuadernos de CEREN* no. 5, 1970, p. 61.

신앙이 혁명 실천의 한가운데에 실제적으로 현존하는 것은 상호작용을 통해 풍부한 결실을 맺는다. 그리스도교 믿음은 혁명에 대해 비판적이고 역동적인 효소가 된다. 신앙은 계급투쟁이 확고하게 모든 인간(특히 가장 모진 억압 형태를 겪는 사람들)의 해방을 향해 나아가야 한다는 요구를 강화시켜 준다. 신앙은 또한 단순히 경제 구조의 변혁보다는 총체적인 사회 변혁을 향한 지향을 강조한다. 이처럼 신앙은 투신적인 그리스교인들 안에서, 그리고 그들을 통해서 현존 사회와 질적으로 다른 사회를 건설하기 위해 필요한 새로운 인간의 출현에 기여한다.

그러나 혁명적 투신 또한 그리스도교 신앙에 대하여 비판적이고 동기부여적인 기능을 갖는다 혁명적 투신은 역사적 과정에서 형성된, 신앙과 지배 문화 사이의 공개적이고 미묘한 공범 형태를 비판한다 …… 해방 과정에 참여하는 그리스도교인들은 해방적 실천의 요구에서 출발하여 …… 복음 메시지의 중심 주제들을 재발견할 수 있음을 생생하게 깨닫는다(이처럼 그리스도교인들은 이데올로기적인 옷을 벗게 된다).

오늘날 살아 있는 믿음의 실제적인 맥락은 억압의 역사이고 이 억압으로부터의 해방 투쟁의 역사이다. 따라서 그리스도교인은 이러한 상황에서 자신을 자리매김하기 위해, 노동계급투쟁의 참된 도구인 정당과 단체에 가담함으로써 진실하게 해방 과정에 참여해야 한다.[24]

1979년 푸에블라 시(市)에서 열린 라틴아메리카 주교회의 총회에서, 빼앗긴 통제권을 되찾으려는 실제적인 시도가 있었다. 총회를 주최한 라

---

24) *Christians for Socialism: Documentation of the Christians for Socialism Movement in Latin America*, New York(Maryknoll): Orbis, 1975, p. 173.

틴아메리카 주교회의의 집행부는 해방신학자들이 이 총회에 참여하는 것을 금지시켰다. 그럼에도 불구하고 해방신학자들은 총회 장소인 푸에블라 시로 모여들었고, 일부 주교들의 중재 덕분에 다양한 논쟁에서 실제적인 영향력을 행사하였다. 그 결과로서 나온 절충적인 입장은 '가난한 이들을 위한 교회의 우선적 선택'Church's preferential option for the poor이라는, 오늘날 유명해진 표현에 잘 압축되어 있다. 이 문장은 각각의 사상적인 흐름이 자신의 성향에 따라 해석할 여지가 있는 아주 일반적인 의미를 갖는다.

로마 당국은 해방신학적인 도전에 응답하려는 시도에서, 1984년 '해방신학의 일부 측면에 관한 훈령'을 발표하였다. 이 문서는 바티칸의 (라칭거 추기경[현 교황인 베네딕토 16세]이 수장으로 있던) '신앙교리성성聖省'이 발표한 것으로, 해방신학을 맑스주의적 개념에 바탕을 둔 새로운 형태의 이단이라고 단죄하였다. 그러나 바티칸은 라틴아메리카 (특히 브라질) 신학자들과 주요한 교회 부문들의 반발 때문에 다소 물러서지 않을 수 없었다. 그래서 1985년 (외면상) 새로운, 그리고 보다 더 긍정적인 훈령('그리스도교의 자유와 해방')이 발표되었다. 이 문헌은 해방신학의 일부 주제들을 복원했으나, 그 주제들을 영성화하고 그 주제들에서 사회혁명적인 내용을 떼어 냈다. 교황은 또한 대략 비슷한 시기에 브라질 교회에 서한을 보내 브라질 교회를 지지하고, 해방신학의 정당성을 인정한다고 밝혔다.

로마 당국의 이 두 가지 훈령을 둘러싼 논쟁은 바티칸으로서는 수용할 수 없는 것이었다. 왜냐하면 바티칸은 '로마가 발언하면 그 사안은 종결된 것이다'roma locuta, causa finita라는 전통적인 규칙에 익숙해져 있었기 때문이었다. 그 이후에도 해방신학과의 대결은 계속되고 있으나, 대결의 영역이 신학적 논의에서 주교의 권력 차원으로 옮아갔다. 로마 당국은 (주교가 죽거나 은퇴하는 자리에) 조직적으로 보수적인 주교들을 임명하였다. 로마 당국의 의도는 급진적인 흐름들을 주변부로 밀어내고, '지나치게 멀리 나갔다'고 간주되는 주교회의들(그 대표적인 주교회의가 브라질 주교회의^{CNBB}이다)에 대한 통제권을 다시 확립하는 것이었다. 최근 보수주의자들이 브라질 주교들의 다수를 차지하면서, 집행부를 장악한 것을 볼 때, 바티칸의 전략이 사실상 성공한 것처럼 보인다. 이 문제는 마지막 장에서 다시 다룰 것이다.

제도적 구조로서의 교회와 관련하여 볼 때, 1960년대 이후에 일어난 가장 커다란 변화는 교회 기초공동체^{CEBs}이 출현이다. 특히 브라질의 경우 기초공동체에 참여하는 그리스도교인이 수십만 명(어쩌면 수백만 명)에 이르고, 비록 브라질보다는 작은 규모일지라도 라틴아메리카 대륙 전체에 걸쳐서 기초공동체가 존재한다. 기초공동체는 같은 대중적 지역, 빈민촌, 마을, 또는 대중적 농촌 지역에 속하는 이웃들의 작은 집단이다. 이 기초공동체의 구성원들은 정기적으로 모여서 기도하고, 노래하고, 의례를 거행하고, 성서를 읽고, 성서를 자신의 삶의 체험에 비추어 논의한다. 기초공동체는 흔히 상상하는 것보다 훨씬 더 전통적인 종교 집단이라는 것을 강조할 필요가 있다. 기초공동체는 대중종교에 속하는 일련의 전통적인 기도와 의례(묵주기도, 철야기도, 숭배, 행렬이나 순례와 같은 의식)를 중시하고 실천한다.[25]

도시 지역의 기초공동체는 대부분 여성들의 조직이다. 예를 들어 최

---

25) Daniel Levine, "Assessing the Impacts of Liberation Theology in Latin America", *The Review of Politics*, University of Notre Dame, spring 1988, p. 252 참조.

근 조사에 따르면, 상파울루 지역의 기초공동체는 여성 참여자들이 60%를 넘는다. 이처럼 여성들은 기초공동체에 대거 참여하면서, "자신의 계급적 지위와 그 계급 내에서의 성적 이해利害에 바탕을 두고 정치적 영역에 들어간다."[26) 기초공동체의 이러한 여성화는 대중적인 도시 지역에서 기초공동체의 조직을 도와주는 대다수의 사목활동가들이 여성 수도자라는 사실과도 관련 있다.

기초공동체는 교구를 구성하는 일부이고, 대체로 사목활동가들(다시 말하면 사제, 수도회 수사, 그리고 더 빈번하게는 수녀들)과 조직적인 연계를 갖는다. 기초공동체는 다수의 신자들이 아니라, 단지 (브라질 사회학자인 페드루 히베이루의 표현에 따르면) '대중적 종교 엘리트'popular religious elite를 조직한다. 이 엘리트들은 가난한 계층에 속하는 적극적이고 실천적인 신자 집단이다. 전통적인 본당은 여전히, 활동적이지 않은 다수 신자들의 종교적 수요, 그리고 중간계급이나 부자계급의 종교적 수요에 부응한다.[27) 공동체의 논의와 활동은 점차적으로, 그리고 일반적으로 사제들의 도움을 받아 확산되었고, 사회적 과제들(도시의 경우 동네barrios의 주거, 전기, 상하수도 등을 위한 투쟁, 농촌의 경우 토지를 위한 투쟁)을 포함하기 시작한다. 기초공동체는 (브라질의 경우) '생활비 인상 반대 운동'Movimento contra o Custo de Vida Alto, '실업 극복 운동'Movimento contra o Desemprego, '대중교통운동'Movimento pelo Transporte Público, '무토지농민운동'Movimento dos Trabalhadores Rurais Sem Terra, MST, 그리고 그 밖에 다른 많은 사회운동들이 태

---

26) Carol Drogus, "Reconstructing the feminine women in São Paulo's CEBs", *Archives des sciences sociales des religions*, no. 71, July-September 1990, pp. 63~74.

27) Pedro de Oliveira, "Estruturas de Igreja e conflitos religiosos", p. 58.

동하고 발전하는 데 크게 기여했다.[28] 이러한 투쟁 경험은 일정한 경우에 기초공동체 성원들의 정치화를 자극하였고, 그 가운데 일부 성원들과 지도자들은 노동자 정당이나 혁명전선에 가입하였다.

대니얼 레빈이 다음에서 지적하는 바와 같이, 조합^{Gemeinde} 종교에 대한 베버의 논의를 참조할 때 기초공동체의 이러한 역동성을 더 잘 이해할 수 있다.

기초공동체의 중요성을 평가하는 한 가지 방식은 이 공동체들이 현대의 가톨릭 교회 안에서 조합 종교적 실천을 위한 공간을 창출하고 키우는 방식에 주목하는 것이다. …… 정의 구현 그 자체가 핵심적인 종교적 신앙에 뿌리를 두고 있다. …… 이러한 이념들이 집단 구조를 강화하면서 연대의 맥락 안에 자리할 때, 그 결과는 폭발적이다. …… 베버의 짤막한 논의를 보면, 종교와 정치의 변화가 혁명적인 함의로 수렴되는 방식을 알 수 있다. 그는 다음과 같이 말했다. "종교가 조합적인 형태를 띠면 띨수록, 정치적 환경이 피억압자의 윤리를 변형시키는 데 더 기여하였다."

다만 베버가 빠뜨린 것은 이와 같은 사건이 가톨릭적 맥락에서도 일어날 수 있는 가능성을 간과했다는 점이다.[29]

---

28) 도이모(Ana Maria Doimo)의 흥미로운 논문, "Igreja e movimentos sociais post-70 no Brasil", in Sanchis ed., *Catolicismo: cotidiano e movimentos*, pp. 275~308 참조.
29) Levine ed., *Religion and Political Conflict in Latin America*, p. 15. 베버의 글은 *Economy and Society*, Berkeley: University of California Press, 1978, vol. 1, p. 591에서 인용. 또한 레빈(Levine)의 흥미로운 책, *Popular Voices in Latin American Catholicism*, Princeton, NJ: Princeton University Press, 1992 참조.

브라질 사회학자 이부 레스바우핀이 강조한 바와 같이, 기초공동체의 많은 측면들은——트뢸치 (또는 베버)가 말한——종파^{sect}의 이념형에 상응한다. 다시 말하면 평신도의 참여, 성서의 중시, 공동체적 삶, 형제애와 상호부조, 그리고 무엇보다도, '민주적 구조와의 선택적 친화성'(베버) 등이 그러한 측면들이다. 그러나 다른 측면들을 보면, 기초공동체는 '종파'가 아니다. 왜냐하면 이 공동체는 가톨릭 교회의 일부이고 교회의 사제들과 밀접하게 결부되어 있기 때문이다.[30]

기초공동체는 사회운동이나 정치운동의 출범이나 발전에 큰 도움을 주었고, 특히 강력한 민주적인 요소를 통해서 이 운동들에 새로운 자질을 부여하기도 했다. 기초공동체는 민중의 일상생활, 소박하고 구체적인 관심사에 그 뿌리를 두고, 민중들이 스스로 조직을 꾸리도록 고무했으며, 정치적 조작, 선거용 미사여구, 그리고 국가적 가부장주의를 비판하는 데 이바지했다.

이러한 경험은 다른 한편으로 가끔 부정적인 상관물^{counterpart}을 내포하기도 했다. 다시 말하면 이론을 거부하고 정치 조직을 적대시하는 '바시스모'[31]에 빠지기도 했다. 이 문제를 둘러싸고 신학자들 사이에서 열띤 논쟁이 있었다. 이 논쟁에서 일부 신학자들은 상대적으로 '대중주의적인'

---

30) Yvo do Amaral Lesbaupin, "Mouvement populaire, Église catholique et politique au Brésil : l'apport des communautés ecclésiales urbaines de base aux mouvements populaires", doctoral thesis, Toulouse, 1987, p. 341(이 탁월한 박사학위 논문은 불행히도 아직 출간되지 않았다). 베버의 글은 『경제와 사회』를 보라. "Die innere Wahlverwandtschaft mit der Struktur der Demokratie liegt schon in diesen eigenen Strukturprinzipien der Sekte auf der Hand". M. Weber, *Wirtschaft und Gesellschaft*, Tübingen : J. C. B. Mohr, 1992, p. 815에서 인용.

31) 바시스모(basismo)에 대한 자세한 내용은 156쪽 참조——옮긴이.

populist 감수성을 보여 주었고, 다른 신학자들은 보다 더 '정치적인' 감수성을 표현하였다. 그러나 지배적인 경향은 어느 한쪽에 치우치지 않는 실천을 추구하는 것이었다. 프레이 베투는 1982년의 한 논문에서, 엘리트주의적 태도뿐만 아니라 대중주의적 태도도 비판하였다.

> 민중사목의 실천에서, 두 가지 일탈逸脫을 피해야 한다. 그것은 교회적 대중주의populism와 교회적 전위주의vanguardism이다. 교회적 대중주의는 민중을 거의 신성시하고, 그들이 지배이데올로기에 물들지 않고 순수한 의식을 갖고 있는 것처럼 간주하는 사목활동가들의 태도이다. 다른 한편으로 교회적 전위주의는 민중을 무능력하고 무지하다고 보고, 민중사목의 지향에 있어서 자신들만으로 충분하다고 여기는 사목활동가들의 태도이다. 이러한 경향은 민중으로부터 배울 것이 아무것도 없다고 생각한다.[32]

어쨌든 최근 25년 동안 기초공동체와 해방그리스도교는 라틴아메리카의 민주주의와 사회 해방을 위한 중요한 투쟁에 크게 기여하였다. 특히 브라질과 중앙아메리카의 경우 이러한 기여가 두드러진다. 로마 당국이 채택한 라틴아메리카 가톨릭 교회의 '정상화'normalization 정책의 결과가 무엇이든 간에 (그리고 바티칸의 전략이 사실상 승리했고, 그에 따라 해방그리스도교가 약화되었을 가능성을 전적으로 배제할 수 없다) 일정한 역

---

32) Frei Betto, "Método y pedagogía de las comunidades ecleisales de base", *Diálogo* (Costa Rica), no. 8, 1982(프랑스어 번역본에서 인용. "Populisme et avant-gardisme ecclésiaux", COELI, Brussels, no. 2, September 1982, p. 2).

사적 변화들(다시 말하자면, 브라질 '노동자당'의 출범, 니카라과 산디니스타 혁명, 그리고 엘살바도르 민중 봉기)도 부인할 수 없는 사실이다. 나중에 이 세 가지 경험들을 하나씩 좀더 상세하게 검토할 것이다.

2. 해방신학에서의 근대성과 근대성 비판

해방신학(그리고 해방신학이 고무하는 사회운동)은 근대성과 어떤 관련이 있는가? 여기서는 주로 (개신교 해방신학과 구별되는 몇 가지 독특한 측면을 갖는) 가톨릭 해방신학을 중심으로 살펴보고자 한다.

흔히 사회과학은 전통과 근대성이라는 이율배반antinomy 개념을 사용한다. 특히 제3세계 나라들과 관련된, 경제적·사회적·정치적·문화적 현실을 해석하기 위한 주요한 열쇠로 활용한다. 이 범주가 갖는 유용성을 부인할 수 없으나 모든 사회분석을 이러한 이분법dualist dichotomy으로 환원하는 오류를 범해서는 안 된다. 이러한 이분법은 이 현상들이 갖는 아주 애매모호한 (또는 다의적인polyvalent) 특성을 충분히 설명할 수 없기 때문이다. 근대성과 전통이 항상 모순적인 것은 아니고, 때때로 보완적인 방식으로 연결, 결합, 조합되어 있다. 이것은 전통적인 요소들이 반드시 무거운 짐('과거의 유물')이 아니라, 때로는 문화적 쇄신을 위한 적극적인 요소가 될 수 있다는 뜻이다. 나아가 근대성 자체가 산업혁명의 유산과 프랑스혁명의 유산 사이의 긴장, 자유주의와 민주주의 사이의 긴장, 도구적 이성과 실체적substantive 이성 사이의 긴장이 배어 있는 모호한 현상이라는 점을 잊어서는 안 된다.

몇몇 유럽 저자들은 해방신학의 근대적 차원과 근대성 비판 사이에 환원할 수 없는 내적 모순이 존재한다고 주장한다. 그러나 우리의 가설은 바로 전통과 근대성 사이의 고전적인 대립을 (어떤 이들에 따르면, '변증법적으로') 극복하는 종합에 해방신학의 독창성이 있다는 것이다. 해방신학과 해방그리스도교는 가톨릭 교회의 근대주의적 흐름 가운데 가장 앞서 있음과 동시에, 근대성에 대한 가톨릭의 전통적인 (또는 에밀 풀라의 용어를 빌리면 **비타협적인**) 불신^{不信}을 이어받는다. 간략하게 이 두 가지 측면을 살펴보자.

1) 해방신학의 근대성

가. 근대적 자유의 옹호

해방신학은 프랑스혁명의 근대적 가치, 즉 자유, 평등, 박애, 민주주의와 정교분리를 온전히 받아들인다. 레오나르두 보프가 주장하는 것처럼, 새로운 라틴아메리카 신학은 "16세기부터 '반대하는 것'으로 자신을 정의했던", 일정한 제도교회 전통과는 어떠한 친화성도 갖지 않는다. 이 교회 전통은 "종교개혁(1521)을 반대하였고, 프랑스혁명(1789)을 반대하였으며, 양심의 자유, 표현의 자유와 같이 오늘날 일반적으로 수용되는 가치들을 반대하였고(1856년 그레고리오 16세는 양심의 자유를 **미혹**^{deliramentum}한 것으로 단죄하였고, 마찬가지로 표현의 자유도 파문으로, '유해한 오류'$^{pestilential\ error}$로 단죄하였다), 민주주의를 반대하였다". 이와 비슷하게, 구스타보 구티에레스는——보수적인 교회 부문들(옛 사회질서를 복원하기를 희망하는 자들)이 '근대적 자유와 비판적인 사고에 보다 더 개방적이었던 집단들'을 엄격하게 검열하면서 이들을 제거하거나 침묵시켰던——19세기 교황들의 역행적인 입장을 단호히 거부한다. 이러한 맥락에서 구티에레스는 제2차 바티칸공의회를 근대 사회에 대한, 근대성의 커다란 요구들(인권, 자유, 사회적 평등)에 대한 건전한 각성으로, 달리 말하면 "숨이

콱콱 막히는 방에 불어오는 신선한 바람으로" 칭송한다.[33]

   일부 해방신학자들은 이러한 근대주의적 선택을 통해 교회 안에 존재하는 권위주의, 표현의 자유에 대한 규제 등을 비판하였다. 이 신학자들은 민주주의적 교회론(사제의 권력을 중심에 놓지 않고, 민중적 토대로부터 출발하여 건설하는, '하느님 백성'으로서의 교회를 상정하는 교회론)을 옹호하였는데, 이들 가운데 몇몇은 레오나르두 보프처럼, 로마 당국의 권력에 직접적으로 도전하는 데까지 나아갔다. 보프는 자신의 저서 『교회, 카리스마와 권력』*Igreja, Carisma e Poder*, 1981에서, 교회 내부의 위계적 권위, 로마 제국이나 봉건주의와 유사한 권력 형태, (수세기 동안 종교재판소로 상징화되었던) 불관용과 독단론 전통, 밑에서부터 오는 모든 비판에 대한 억압, 그리고 사상의 자유에 대한 거부 등을 아주 직접적인 방식으로 비판하였다. 그는 또한 무류성無謬性 주장, (소련 공산당의 서기장과 비교할 수 있는!) 교황 개인의 과도한 권력도 비난하였다. 알다시피 레오나르두 보프는 이 책을 출간한 뒤, 로마 당국에 의해 1년 동안 '순종적 침묵'obsequious silence이라는 처벌을 받았다.[34]

   종교개혁 이후, (교회 내부에서) 권력의 구조나 교회의 권위에 대한 이보다 더 큰 도전은 사실상 없었다. 그러나 모든 해방신학자들이 보프와 같은 접근을 하는 것은 아니다. 예를 들면, 구스타보 구티에레스는 이미 1971년에 다음과 같이 주장했다. "교회 안에서, 특히 개발도상국 교회 안에서 때때로 일정한 항의 형태로 일어나는 것처럼, 교회 내부 문제에 초점

---

33) Leonardo Boff, *Igreja, carisma e poder*, p. 94; 그리고 Gustavo Gutiérrez, *La Force historique des pauvres*, Paris : Cerf, 1986, pp. 178~184.
34) Leonardo Boff, *Igreja, carisma e poder*, p. 41, 72~75.

을 맞추는 것은 진정한 교회 쇄신을 위해 가장 풍부한 가능성을 잃는 것이다." 구티에레스의 견해에 따르면, 교회 내적 쇄신은 바깥 세계에 대한 적극적인 투신을 통해 일어난다는 것이고, 다른 많은 진보적인 가톨릭인들이 이러한 견해에 공감하고 있다.[35]

근대적 자유와 관련 있는 민감한 영역이 있는데, 그것은 성적 윤리, 이혼, 피임과 낙태, 요약하면 여성이 자신의 몸을 자유롭게 취급하는 것 disposition과 관련된 문제이다. 이 문제와 관련하여 해방신학자들은 아주 신중한 태도를 취하고, 다른 개방적인 주교들이나 사제들도 아주 보수적인 입장을 취할 수 있다. 신학자들의 이러한 침묵은 단순히 (교계와의 갈등을 피하기 위한) 전술적인 것일까, 아니면 자연법 철학의 영향을 받은, 전통적인 교육이 만들어 낸 전前근대적인 확신의 결과일까? 어쨌든 이것은 (해방그리스도교 안에서조차) 평신도들과 사제들 사이에 일정한 차이를 보이는 문제 가운데 하나이다.

사실, 가족과 성, 임신 중절과 산아 제한과 관련된 문제들에 대해서, 심지어 브라질 교회처럼 아주 진보적인 교회조차도 여전히 평신도들이 공유하는 것과 거리가 먼 전통주의적이고 시대착오적인 입장을 옹호한다. 이러한 입장은 오히려 교황이 주장하는 것과 아주 가깝다. 대다수의 진보적인 가톨릭 활동가들과 달리 프레이 베투와 같이 아주 진보적인 일부 해방신학자들만이 낙태를 범죄화해서는 안 된다고 생각한다. 이것은 수많은 라틴아메리카 여성들의 삶과 죽음이 달린 문제라는 것을, 다시 말하면 수많은 여성들이 여전히 불법적인 낙태를 강요받고 있고, 그로 인하

---

35) Gutiérrez, *La Force historique des pauvres*, p. 261.

여 비극적인 결과를 감수해야 하는 현실을 새삼스럽게 강조할 필요가 있을까?

그럼에도 불구하고, 일부 해방신학자들이 여성에 대한 특수한 억압의 문제를 성찰하기 시작했다. 아직 실험적인 단계인 이들의 생각은 1986년 엘사 타메스가 이 문제에 대해 구스타보 구티에레스, 레오나르두 보프, 프레이 베투, 파블로 리차드, 우구 아스만 등과 인터뷰한 내용을 모아 출간한 책에 잘 반영되어 있다.[36]

보다 더 중요한 것은 그리스도교 여성들이 자신을 스스로 표현하기 시작하였고, 엘사 타메스, 이보니 제바라, 마리아 주제 로사리우 누네스, 마리아 클라라 빙제메르와 같은 여성신학자들, 수녀 활동가 또는 평신도 활동가들이 라틴아메리카 여성들의 이중적 억압 문제, 전체 사회나 교회 안에서 여성들이 겪고 있는 다양한 형태의 차별에 대해 문제를 제기하고 있다는 것이다.

나. 사회과학에 대한 긍정적 평가와 수용

오랜 세월 동안, 교회는 신학자들이 사회과학을 활용하는 것을 '근대주의적'modernist 이단으로 거부했다. 그러나 제2차 세계대전 이후 변하기 시작했고, 마침내 제2차 바티칸공의회는 (사목헌장에서) 세속 학문, 무엇보다도 심리학과 사회학scientiarum profanum, imprimis psychologiae et sociologiae 이 이룬 성과를 활용하도록 권장했다. 그러나 라틴아메리카에서, 특히 브라질의 경우 르브레 신부와 그의 '인본주의 경제 연구소'Centres of Humanist

---

36) Elsa Tamez, ed., *Teólogos de la liberación hablan sobre la mujer*, Costa Rica : DEI, 1986.

Economy의 영향을 받아, 바티칸공의회 훨씬 이전인 1950년대부터 사회과학을 아주 체계적으로 활용했다. 1960년 이후 앞에서 본 바와 같이, 맑스주의 사회과학(정치경제학과 계급분석)과 특히 종속이론과 같은 라틴아메리카적 맑스주의는 진보적인 그리스도교인들의 주요한 사회 분석적 도구가 되었다. 해방신학자들은 이러한 맑스주의를 사회현실을 이해하고 평가하기 위해(특히 라틴아메리카에서 가난의 원인을 설명하기 위해) 없어서는 안 되는 '도구'로, 따라서 신학적 성찰과 사목적 실천 사이의 필요한 매개로 간주하였다.

그러나 이처럼 두드러지게 근대적인 신학 사상의 목표는 사회과학을 종교적 명령에 종속시키거나, (철학을 '신학의 시녀'로 정의한 스콜라학파처럼) 사회과학을 새로운 '신학의 시녀'ancilla theologiae로 만들려는 것이 아니었음을 지적할 필요가 있다. 해방신학은 학문적 연구가 종교적 전제나 도그마로부터 전적으로 독립되어 있음을 인정하였고, 단지 고유한 신학적 작업에 자양분을 제공하기 위해 사회과학적 성과들을 활용하려는 것이었다. 구티에레스가 말한 바와 같이, "사회현실을 보다 더 잘 이해하기 위한 목적으로 사회과학을 활용할 때, 사회과학의 고유한 행위 영역이나 정치의 정당한 자율성을 존중할 필요가 있다".[37] 그와 동시에 명백한 것은 크게 보면 사회적, 윤리적, 그리고 종교적 기준에 따라 신학자들이 어떤 형태의 사회과학을 선택하고, 어떤 과학적 방법론을 우선시할지 결정된다는 것이다.

37) Gustavo Gutiérrez, "Théologie et sciences sociales", in *Théologies de la libération*, Paris : Cerf, 1985, p. 193.

2) 해방신학의 근대성 비판

해방신학은 한편으로는 프랑스혁명과 그 주요한 정치적 가치들을 인권과 민주주의의 관점에서 계승하는 역할을 스스로 자임함과 동시에, 다른 한편으로 근대성(18세기부터 오늘날까지 '현실적으로 존재했고 또 존재하는' 것과 같은 산업적/자본주의적 문명)의 다른 측면에 대해서는 훨씬 더 비판적인 입장을 취한다. 부르주아적/산업적 근대 세계는 (널리 알려진 막스 베버의 몇 가지 표현을 사용하면) 기술적 과학적 진보, 자본 축적, 생산 확대와 상품 소비, 개인주의, 물화物化, Versachlichung, 경제적 계산 정신Rechenhaftigkeit, 도구적 이성Zweckrationalität, 그리고 세계에 대한 각성 Entzauberung der Welt에 바탕을 둔 문명이라고 정의할 수 있다.

교황 비오 10세의 『오류목록』1864의 긴 명단에서 언급하는 최종적인 '오류'는 이단이다. 그 이단에 따르면 "로마 교황은 진보, 자유주의, 그리고 근대 문명과 화해하고 타협할 수 있으며, 또 해야 한다". 해방신학은 결코 이러한 총체적 거부 입장을 받아들이지 않으나, 일정한 형태의 경제적 진보, 자유주의와 근대 문명이 라틴아메리카의 가난한 이들에게 미치는 해롭고 사악한 결과들에 대해 비타협적인 방식으로 비판한다. 이러한 비판은 (전근대적인 사회적·윤리적·종교적 가치들을 준거로 삼는) 전통적인 요소들과 근대적 가치들을 조합한 것이다.

가. 자본주의 비판

해방신학은 가톨릭 교회로부터 자본주의 정신에 대한 적대성 또는 '혐오' (aversion, 베버의 용어로는 Abneigung)라는 전통을 물려받았다. 그러나 해방신학은 다음과 같은 방식으로 이를 크게 수정하여 근대화했다. ① 해방신학은 이러한 적대성을 급진화하고, 훨씬 더 포괄적이고 체계적인 것으로 만들었다. ② 도덕적 비판을 착취에 대한 (주로 맑스주의적인) 근대적 비판과 조합하였다. ③ 자선을 사회적 정의로 대체하였다. ④ 가부장적인 과거를 이상시하는 것을 거부했다. ⑤ 사회화된 경제를 대안으로 제시했다.

그럼에도 불구하고, 앞서 말한 가톨릭 전통을 언급하지 않고서는 해방신학의 반反자본주의가 갖는 비타협적인 성격, 강력한 윤리적·종교적 비판을 이해할 수 없다.

해방신학자들은 자본주의적 근대성에 대한 비타협적(베버의 용어로 Unversöhnlich) 반대, 또는 '원칙적인 투쟁'prinzipiellen Kampf을 천명하는 가톨릭윤리의 영향을 받아, 교회와 근대 (부르주아) 세계 시이의 다협에 대해 비판한다. '사회주의를 위한 그리스도교' 운동의 주창자 가운데 한 사람인, 칠레 신학자 파블로 리차드는 다음과 같이 주장한다.

억눌린 계층에게, 신앙과 근대 세계 사이의 이러한 수렴 또는 결합은 낯선 현실이었다. 왜냐하면 그것은 억압을 신성시하기 때문이다. 따라서 신앙과 근대 과학적 이성의 만남, 구원과 인간 진보의 만남은 교회와 지배계급의 만남 또는 화해를 일관되이 반영하는 형태로 나타난다. 교회의 근대화 과정, 그리고 근대 세계와의 타협 과정은 그것이 지배체제를 정당화하는 한, 그 자체로 왜곡적인 것이 된다.

파블로 리차드는 여기에 다음과 같은 주장을 추가한다. "근대화에 의해 가치와 원칙의 형식적 코드로 축소된 그리스도교는 결코 경제적 세계, 이윤 극대화의 원칙, 시장의 규칙에 개입할 수 없게 된다." 따라서 경제생활은 "근대 자본주의 체제의 경제적·정치적 합리성의 무자비한 논리"에 따라서 자신의 길을 간다.[38] 이는 베버가 교회와 자본주의 사이의 '부정적 친화성'[negative affinity]에 대해서 논한 것과 직접적으로 상응하는 것처럼 보인다.

해방신학의 또 다른 특징적인 주제는 거짓 종교[false religion], 새로운 형태의 우상숭배――돈(고대 맘몬 신), 자본 또는 시장에 대한 우상숭배――로서의 자본주의를 비판하는 것이다. 라틴아메리카 해방신학자들은 상품 물신숭배에 대한 (근대적인) 맑스주의적 분석을 (전통적인) 구약성서의 거짓 신에 대한 예언자적 고발과 결합하면서, 잔인하고 인간 희생적인 새로운 우상들(예를 들면 '외채')의 사악한 특성을 고발한다. 자본주의적 우상들 또는 (맑스가 말한 의미에서) 물신들은 인간 삶을 게걸스럽게 먹어치우는 몰록(이 또한 맑스가 『자본론』에서 사용한 이미지)이다. (자본주의적) 우상숭배에 대한 해방그리스도교의 투쟁은 생명의 신과 죽음의 우상 사이의(혼 소브리노), 또는 예수 그리스도의 신과 자본주의 체제의 올림푸스 산에 있는 다양한 신들 사이의(파블로 리차드) 전쟁[war of gods](알다시피 베버적 개념)으로 표현된다. 이 문제를 보다 더 적극적으로 다룬 신학자들은 코스타리카 DEI 연구소[Departamento Ecuménico de Investigaciones] 신학자들로, 1980년에 『신들의 싸움: 억압의 우상과 해방자 하느님 찾기』[39] 라는 의미심장한 제목으로 여러 저자들의 글을 모아 출간하였다. 이 주제는 또한 뛰어난 한국계 브라질인 성정모와 같은 신세대 신학자들의 저작

---

38) Pablo Richard, "L'Église entre la modernité et la libération", *Parole et société*, 1978, pp. 32~33.

39) Hugo Assmann, Franz Hinkelammert, Jorge Pixley, Pablo Richard and Jon Sobrino, *La lucha de los dioses: Los ídolos de la opresión y la búsqueda del Dios libertador*, San José de Costa Rica: DEI, 1980 [파블로 리차드 외, 『죽음의 우상 생명의 하나님』, 기춘 옮김, 가톨릭출판사, 1993].

에서도 중심적으로 다뤄진다. 성정모는 그의 저작에서 자본주의라는 '경제 종교'와 그 희생적 물신숭배를 비판한다.[40]

DEI 연구소를 창립한, 우구 아스만과 프란츠 힌켈라메르트는 1989년 『시장 우상숭배』*A idolatria do mercado*라는 책을 출간하였다. 이 책은 경제와 신학에 대한 아주 뛰어난 성찰을 담고 있다. 힌켈라메르트에 따르면, 전면적인 시장경제*mercado total* 신학(경제적 신자유주의와 그리스도교적 근본주의의 결합)에서, "신*神*은 시장 규칙을 초월화한 인격화에 지나지 않는다 …… 시장을 신성화하면서 화폐-신*money - God*이 만들어진다. 우리는 신을 믿는다*in God we trust*[41]." 아스만은 경제적 자유주의에 나타나는 명시적인 신학적 내용(신적 섭리와 동등한 것으로서, 애덤 스미스의 '보이지 않는 손'), 그리고 맬서스에서 오늘날에 이르기까지 자본주의가 보여 준 잔인한 희생적 신학에 대해 주의를 환기시킨다.[42]

그러나 교회 전통과 관련하여 해방신학이 갖는 가장 큰 새로움은 자본주의에 대한 도덕적 비판을 뛰어넘어 자본주의 자체의 폐지를 요청한다는 점이다. 예를 들어 구티에레스에 따르면, 가난한 이들은 다음과 같은 혁명적 투쟁을 필요로 한다.

[가난한 이들은] 현존 사회질서를 송두리째 의문시하는 [혁명적 투쟁을] 필요로 한다]. 사회가 진정 자유롭고 평등하다면, 사람들이 권력에 쉽게

---

40) Jung Mo Sung, *A idolatria do capital e a morte dos pobres*, São Paulo : Edições Paulinas, 1989 ; 그리고 *Teologia e economia : repensando a teologia da libertação e as utopias*, Petrópolis : Vozes, 1995.
41) 미국 화폐인 달러 뒷면에 새겨진 문구— 옮긴이.
42) Hugo Assmann e Franz Hinkelammert, *A idolatria do mercado : ensaio sobre economia e teologia*, São Paulo : Vozes, 1989.

다가설 수 있어야 한다. 이러한 사회에서 생산수단의 사적 소유는 사라질 것이다. 왜냐하면 사적 소유로 인하여 소수가 많은 이들이 수행한 노동의 결실을 빼앗고, 사회 내 계급 분열이 일어나며, 한 계급이 다른 계급을 착취하기 때문이다.[43]

나. 신앙 사사화 비판

다니엘 에르뵈-레게는 가톨릭 전통에 관한 에밀 풀라의 저서를 논평하면서, '비타협적인' 하나의 배경 또는 몸통으로부터 한편으로 근본주의, 다른 한편으로 혁명적 그리스도교와 같은(이 둘의 공통적인 특성은 자유주의 거부이다) 서로 다른 분파들이 나타났다고 지적한다.[44] 사실 해방신학은 대부분의 '비타협적인' 가톨릭 전통과 마찬가지로, 신앙의 사사화私事化, 그리고 종교 영역과 정치 영역의 분리(이는 전형적으로 근대적이고 자유주의적인 것이다)를 거부한다.

구스타보 구티에레스는 자유주의 신학을 다음과 같이 비판한다. "이 신학은 부르주아 사회의 요구에 관심을 기울이면서, 이 사회가 자신에게 부여한 자리(사적 의식private consciousness의 영역)를 받아들인다."[45] 일부 자유주의적 그리스도교인들은 해방그리스도교의 관점이 사실상 종교 영역을 '재정치화'하고, 정치 영역에 대한 종교적 개입을 요청하며, 이러한 요청은 근대화에 장애가 된다고 비판한다. 예를 들면, 미국의 기능주의 사회학자 이반 발리어는 혁명적인 사제들이 라틴아메리카에서 '퇴행적이

---

43) Gustavo Gutiérrez, "Liberation Praxis and Christian Faith", in Rosino Gibellini ed., *Frontiers of Theology in Latin America*, New York(Maryknoll): Orbis, 1983, pp. 1~2.

44) Danièle Hervieu-Léger, *Vers un nouveau christianisme?*, p. 299.

45) Gutiérrez, *La Force historique des pauvres*, p. 187.

고 전통주의적인' 영향력을 행사했다고 비판하였다. 그에 따르면 근대화
는 "사회의 비종교적 영역들이 자율적으로, 다시 말하면 비종교적인 규범
적 틀 안에서 앞으로 나아가도록 하는" 사회 영역들의 분화를 요구하는
데, 혁명적 사제들의 '사제적 급진주의'는 다음과 같이 부정적인 역할을
한다.

[사제적 급진주의는] 시민적 영역과 교회적 영역이 구분되어 있음을 암
묵적으로 인정하지는 않는다. 다시 말하면 사회의 종교적 차원과 정치
적 차원을 적어도 상징적으로 무너뜨림으로써 전통화하는 효과를 수행
할 뿐만 아니라, 종교적 의미와 정체성에 의해 정치저 차이를 강화한다
는 점에서 퇴행적인 효과를 가져 온다. 이는 화해할 수 없는 분열을 야기
할 가능성이 있다.

결론적으로, '사제적 급진주의'는 부정적인 것이다. 왜냐하면 그것은
"시민적 발전과 민족 건설 과정을 방해하기 때문이다".[46]
아주 편파적인 이러한 분석은 진실과 거리가 멀다. 그러나 해방그리
스도교가, 경제와 정치를 그 '자율적인' 발전에 맡겨 두고 자신은 '교회 영
역' 안에 머무는 것을 거부함은 사실이다. 그리고 우리는 해방그리스도교
의 이러한 입장에서 비타협적인 전통 그리고 근대적 영역 분할의 거부와
같은 특성을 추적해 볼 수 있다. 후안 카를로스 스카노네가 강조한 것처

---

46) Ivan Vallier, "Radical Priests and Revolution", in O. Chalmers, ed., *Change in Latin America : New Interpretations of its Politics and Society*, New York : Academy of Political Sciences, 1972, pp. 17~23.

럼, 해방신학은 근대 합리주의가 옹호하는 세속 세계의 자율성을 받아들이지 않고, 자유주의적 진보 이데올로기에서 특징적으로 나타나는 진정제와 같은 효과를 지닌^tranquillizing (세속적 영역과 영성적 영역의) 영역 분리를 거부한다.[47]

그러나 발리어의 분석 형태는 지나치게 피상적이고 형식주의적이다. 왜냐하면 다른 한편으로 해방그리스도교는 전통과 관련하여 급진적인 쇄신을 꾀하려고 한다는 사실을 고려하고 있지 않기 때문이다. 이러한 쇄신과 관련하여 몇 가지를 살펴보면 다음과 같다. ① 교회와 국가의 전면적인 분리를 주장한다. ② 그리스도교 정당 또는 노조라는 개념을 거부하고, 사회운동이나 정치운동에 필요한 자율성을 인정한다. ③ 비판 이전의 ^pre-critic '정치적 가톨릭주의'로 복귀하려는 모든 제안, 그리고 '새로운 그리스도교세계'^Christendom라는 환상을 거부한다. ④ 그리스도교인들이 비종교적인 민중운동이나 정당에 참여하는 것을 옹호한다.[48]

해방신학의 관점에서 보면, 근대적인 세속적 민주주의의 요구들과 그리스도교인들의 정치적 참여 사이에 어떤 모순도 존재하지 않는다. 종교적인 것과 정치적인 것의 관계를 바라보는 서로 다른 두 가지 차원이 존재한다. 다시 말해, 제도적 차원에서 보면 두 영역의 분리와 각 영역의 자율성이 존중되어야 한다. 그러나 **윤리적/정치적 차원**에서 보면 참여가 본질적인 명령이 된다.

---

47) Juan Carlos Scannone, "Théologie et politique", in Enrique Dussel, Gustavo Gutiérrez et al., *Les Luttes de libération bousculent la théologie*, Paris : Cerf, 1975, pp. 144~148.

48) Gutiérrez, *La Force historique des pauvres*, p. 187.

다. 개인주의 비판

구스타보 구티에레스에 따르면, "개인주의는 근대 이데올로기와 부르주아 사회의 가장 중요한 특징이다. 근대적 사고에 따르면, 개인적인 인간이 절대적 시작이고 자율적인 결정의 중심이다. 개인적 이니셔티브와 개인적 이해利害는 경제활동의 출발점이고 원동력이다". 구티에레스는 이러한 맥락에서 아주 적절하게 뤼시앙 골드만의 저서를 인용한다. 골드만은 초개인적인transindividuais 가치 체계로서의 종교와, 계몽주의와 시장 경제의 극히 개인주의적인 방법 사이의 대립을 강조했다.[49]

기초공동체와 함께 일하는 해방신학자들이나 사목자들의 관점에서 보면, 라틴아메리카에서 도시적/산업적 근대성이 갖는 가장 부정적인 측면 가운데 하나는 (사회적·윤리적 관점에서 볼 때) 전통적 공동체 연계의 파괴이다. 자본주의적 농업agrocapitalism이 전개되면서, 전체 주민이 농촌 공동체적 환경으로부터 쫓겨나(토머스 모어의 불평에 따르면, "인간들이 양들로 대체되고 있다". 또한 많은 라틴아메리카 나라들의 경우, 양들이 아니라 소들로 대체되고 있다), 대도시 변두리에 내던져지고 있다. 이들은 대도시에서 이기적인 개인주의 분위기, 고삐 풀린 경쟁 그리고 생존을 위한 모진 투쟁에 직면한다. 브라질 예수회 신학자인 마르셀루 아제베두는 기초공동체에 관한 최근 저서에서 자본주의적 근대성이 개인과 그가 속한 집단 사이의 모든 연계를 파괴하는 데 책임이 있다고 비판하면서, 기초공동체는 사회나 교회에서 공동체를 복원하려는 이중적인 시도의 집중적인 표현이라고 본다.[50]

---

49) *Ibid.*, pp. 172~173, 218.
50) Marcello Azevedo, SJ, *Comunidades eclesiais de base e inculturação da fé*, São

토지사목위원회^{Comissão Pastoral da Terra, CPT}(이하 토지사목)이나 원주민선교위원회^{Conselho Indigenista Missionário, CIMI}(이하 원주민사목)와 같은 민중사목의 주요한 활동 가운데 하나는 대규모 농공農工 회사나 국가 주도의 거대한 근대화 프로젝트의 탐욕으로 위협받는 (가난한 농민들과 원주민 부족의) 전통적인 공동체를 지키는 것이다. 무질서한 도시 변두리 지역의 민중사목은 기초공동체를 통하여 가난한 이들의 집단적 기억 속에 아직 남아 있는 과거 농촌 전통(협력, 연대와 상호부조의 관습)의 도움을 받아 공동체적 생활양식을 다시 세우고자 한다. 기초공동체를 예의 주시해 온 미국 신학자이자 사회학자인 하비 콕스는 가난한 주민들이 기초공동체 덕분에 "자본주의적 근대화의 맹공격에서 살아남은 일련의 이야기와 도덕 전통을 되살리고, 공식적인 기존 가치체계와 의미 체계에 대안을 제공하고 있다"고 말한다. 새로운 라틴아메리카 신학은 "개인주의보다는 공동체, 기계적인 공생 형태보다는 유기적인 공생 형태를 우선시하는 조직 형태"를 강조한다.[51]

그렇다면 이는 전前근대의 전통적인 유기적 공동체(퇴니스가 말한 게마인샤프트^{Gemeinschaft})로 복귀하려는 시도인가? 그렇다고 할 수도 있고 그렇지 않다고 할 수도 있다. 그렇다는 것은 레오나르두 보프의 지적처럼, "존재의 원자화와 일반화된 익명성을 산출하는" 근대사회에서 "직접적인 관계, 상호성, 깊은 형제애, 상호부조, 복음적 이념 안에서의 친교, 그리고 성원들 사이의 평등"이라는 이상적인 특성을 갖는, "사람들이 서로 알

Paulo : Loyola, 1996, ch. II.1.
51) Harvey Cox, *Religion in the Secular City : Toward a Post-Modern Theology*, New York : Simon & Schuster, 1984, pp. 103, 215.

고 인정하는 공동체"를 창출하려고 (또는 재창출하려고) 하기 때문이다.[52] 그렇지 않다는 것은 기초공동체가 전근대적 사회관계를 단순히 재생산하는 것만은 아니기 때문이다.

해방그리스도교는 공동체 영역에서도 쇄신의 고삐를 늦추지 않는다. 하비 콕스가 잘 분석한 것처럼 기초공동체는 전형적으로 근대적인 측면, 다시 말하면 새로운 형태의 연대를 낳고, 낡은 농촌 구조와는 그리 많은 공통점을 가지고 있지 않은 개인적·선택을 포함하고 있다.[53] 기초공동체의 목표는 태어날 때부터 각각의 개인에게 가족, 부족, 지역 또는 종교적 교파의 규범이나 의무 체계를 강요하는 전통적인 공동체(즉 폐쇄적이고 권위적인 구조)를 재건하려는 것이 아니다. 오히려 그와 반대로, 공동체 참여 여부를 자유롭게 선택하는 것에서 시작하여 반드시 몇 가지 중요한 '근대적 자유'를 수용하는 새로운 형태의 공동체를 건설하는 것이다. 이러한 근대적인 측면 덕분에 우리는 기초공동체를 **자발적인 유토피아적 집단화**로 간주할 수 있다. 장 세기에 따르면, 이러한 집단화는 성원들이 자신의 의지로 참여하는 것이고, (묵시적으로든 또는 명시적으로든) 현행 세계 사회 체계를 (적어도 선택적으로 급진적인 방식을 통해서) 변혁하고자 하는 집단화이다.[54] 다만 기초공동체가 공동체 전통에서 찾으려고 하는 것은 '근원적인'primary 개인 관계, 상호부조의 실천 그리고 공동 믿음의 공유이다.

---

52) Leonardo Boff, *Église en genèse : Les communautés de base*, Paris : Desclée, 1978, pp. 7~21.

53) Cox, *Religion in the Secular City : Toward a Post-Modern Theology*, p. 127.

54) Jean Séguy, "Protestations socio-religieuses et contre-culture", EPHE seminar paper, 1973~1974, unpublished mimeo, p. 11.

라. 경제 근대화, 기술 진보 숭배와 발전 이데올로기에 대한 도전

기초공동체가 나타나기 이전에 라틴아메리카 교회는 결코 경제 발전과 근대 기술에 대해 부정적이지 않았다. 1955년과 1960년 사이에 흔히 '발전 신학'theology of development이라고 부르는 흐름이 지배적이었고, 이 흐름의 관점에서 보면, 교회는 경제적 근대화와 관련하여 우호적인 태도를 가졌으며 그리스도교 윤리의 원칙에 따라 그 부정적인 몇 가지 측면들을 바로잡을 수 있다는 희망을 품었다.

1960년대 가톨릭액션(가톨릭대학생운동, 가톨릭노동청년운동 등)이 급진적인 성격을 띠고, 1970년대 이후 해방신학이 출현하면서, 자본주의적 발전 모델과 관련하여 이러한 '발전주의적'developmentist 전망은 (진보적인 교회 부문에서) 훨씬 더 비판적인 태도로 대체되었다. 이러한 비판적인 태도는 적어도 부분적으로는 라틴아메리카의 맑스주의와 종속이론(예를 들면, 안드레 군더 프랑크와 같은 사람들이 미국적 근대화 교의教義에 대해서 비판한 것)의 영향을 받았다. 이러한 새로운 관점은 해방그리스도교의 사회적/종교적 문화에 직접 영향을 끼쳤고, 라틴아메리카 나라들의 문제를 해결하기 위해서는 기술적 근대화에 의존할 것이 아니라 사회적 변혁에 의존해야 한다는 강한 믿음을 낳았다.

해방신학은 산업 발전, 그리고 새로운 기술과 생산의 근대화가 대륙의 사회 문제(가난, 사회적 불평등, 문맹, 실업, 농촌 공동화空洞化, 도시 폭력, 전염병, 유아사망률)를 해결하기는커녕, 오히려 곧잘 문제를 악화 또는 심화시킨다고 보았다. 우구 아스만이 1970년에 쓴 선구적인 저작에 따르면, "'발전'을 위해 지나친 대가를 치렀고, 그 대가는 다름 아닌 대부분의 공동체에서 점증하는 소외와 모든 형태의 억압이다." 그의 견해에 따르면, 메데인 총회1968 문헌의 큰 공적은 (비록 변증법적 또는 구조적인 접근보다는 훨씬 더 서술적인 접근을 하였을지라도) '발전주의'에 대해 비판적인 태도를 취한 것이다. 구티에레스도 1974년의 저서에서 경제적 발전주의의 이데올로기에 의문을 제기했다. "근대화에 대한 발전주의적 선택은 문제의 복합성뿐만 아니라, 지구적 관점에서 보았을 때 불가피하게 갈등적인 측면조차 모호하게 만들었다."[55] 물론 근대화에 대한 대안은 전통, 가부장적 관계, 또는 낡은 농촌적 위계가 아니라 (라틴아메리카의 종속이론과 관련 있는 근대적인 개념인) 사회적 해방이다.

　일반적인 관점에서 볼 때, 해방신학자들과 기초공동체 지도자들은 (보수적이든 진보적이든) 라틴아메리카 엘리트들의 근대 지향적[modernizing] 이데올로기를 비판하고, 산업적/자본주의적 근대성의 한계, 모순, 그리고 재앙에 초점을 맞춘다. 이들이 쓴 글에 나타나는 중심주제 가운데 하나는 라틴아메리카에서 진보가 가난한 이들의 희생하에 일어난다는 것이다. 고유한 의미의 기술[techonology]은 이러한 비판적 담론에서 중심적 자리를 차지하지 못했으며, 단지 라틴아메리카 현대 사회에서 기술적 근대성과 문명의 혜택을 국가와 지배계급이 독점하고 있다는 사실이 강조된다. 예를 들어, 브라질 기초공동체들(그리고 사목활동가, 평신도 고문[advisors], 이들과 협력 관계를 유지하는 신학자와 주교들)은 근대 기술에 기반을 둔 이른바 '대형 발전 프로젝트'(예를 들면, 수력발전 댐, 고속도로, 대규모 화학발전소 또는 원자력발전소, 거대한 농공 회사[huge agribusiness ventures] 등)를 크게 불신한다. 이러한 프로젝트는 흔히 '파라오적인 것'(명백히 부정적인 사회

---

55) Hugo Assmann, *Theology for a Nomad Church*, New York(Maryknoll): Orbis, 1976, pp. 49~50와 Gustavo Gutiérrez, *Théologie de la libération*, p. 92, 또한 pp. 39~40, 90~91 참조.

적·종교적 함의를 갖는 성서적 표현)으로 서술한다. 기초공동체가 선호하는 프로젝트는 전통적 또는 반^半근대적 기술을 가지고 적은 자본으로 많은 노동력을 고용하는 지역적 협동 사업이다.

그렇다고 해서, 해방그리스도교가 기술에 대해 명백한 교의를 가지고 있는 것은 아니다. 주로 사회적·정치적 맥락에서 근대 기술의 사용을 거부하거나 비판한다. 근대 기술을 (이윤, 수익성, 생산성, 수출 또는 강화^強^貨소득^{hard currency income}의 관점에서 보는) 경제적 성과로 평가하지 않고, 가난한 이들에게 끼치는 영향이라는 관점에서 평가한다. 만일 그 영향이 (고용 또는 삶의 조건의 관점에서) 긍정적인 것으로 평가된다면 그 기술을 수용할 수 있으나, 그렇지 않다면 거부한다. 이것은 종교적 영감에서 오는 도덕적 태도와 결합된 일정한 실용주의이다. 가난한 이들을 위한 우선적 선택이 기술을 평가하는 기준이다.

보통 도시 기초공동체에 비해 농촌 기초공동체가 근대 기술의 혜택에 대하여 더 회의적이다. 최근 몇 년 동안 브라질에서 수력발전 댐 건설과 관련하여 여러 가지 갈등이 일어났다. 초기에 기초공동체, 주교단, 그리고 토지사목이 요구한 것은 댐 건설로 내쫓긴 농민들에게 보상하라는 것이었다. 예를 들면, 브라질 북동부 갈등 지역의 일부 주교와 사목활동가들은 1977년 3월 회의를 마치고 대규모 수력 공사를 비판하는 성명서를 발표했다. 이 성명서에 따르면, 이 공사는 군사정권이 '진보의 이름으로' 시작하였으나, "그 결과는 소수 특권층의 손에 부를 집중시키는 것이었다". 따라서 이러한 프로젝트는 가난한 이들을 돕는 게 아니라, 오히려 이들이 가진 유일한 손바닥만 한 땅마저 빼앗아 이들을 보다 더 절대적인 비참으로 내몰기 때문에 사악한 것이다. 그럼에도 불구하고, 성명서는 결코 기술적 근대화를 총체적으로 거부하지 않았다. "우리는 수력 발전소와 관개 프로젝트의 정당성을 부인하지 않으나, 인간의 존엄성과 추방된 가족의 재정착 문제를 고려하지 않는 공사 방식을 규탄한다." 대략 같은 시기에, 브라질 남부에서도 토지사목이 의미심장하게 '파라오의 무덤'Mausoléu do Faraó이라는 제목을 붙인 문서에서 거대한 이타이푸Itaipu 댐의 유해한 결과들을 비판했다. 이 문서 또한 농민들의 토지 몰수와 불충분한 보상과 관련된 문제에도 초점을 맞추었다.[56]

그러나 최근 들어 기초공동체, 토지사목 그리고 관련 전문가들은 댐이나 다른 '대규모사업'을 생태학적 관점에서 비판하기 시작했다. 이러한 의미에서 브라질 토지사목, 원주민사목, 일부 주교 등 일부 교회 부문, 그리고 지역 노조, 그리스도교 지식인과 좌파 지식인, 생태학자들은 아마존 삼림의 보호 문제와 관련해 일정한 의견 수렴을 하는 것 같다.[57]

다른 한편으로 기초공동체와 토지사목은 수출 농작물을 지향하는 근대적이고 기술적으로 정교한 농업 관련 산업agribusiness(기계, 농약, 비료)이 활성화되는 현실에서, 집단 노동과 공동체적 상호부조의 오랜 전통을 활용하여 농촌 생산협동조합을 조직하고자 노력하였다.

도시 기초공동체는 언제든지 삶의 조건(전기, 수돗물, 하수도, 대중교통)을 기술적으로 개선하기 위해 기꺼이 노력할 준비가 되어 있다. 그럼에도 불구하고, 근대적 기술일지라도 '위에서 오는' 것보다, 원시적인 기술일지라도 '아래에서 오는' 해결책을 선호한다. 예를 들면, 이들은 집을

---

56) "Denuncia de três bispos do vale São Francisco", in *Pastoral da Terra*, Estudos CNBB, no. 11, São Paulo : Edições Paulinas, 1981, p. 187~188, 그리고 *O mausoléu do Faraó*, Curitiba : CPT, 1979.

57) 예를 들어, "The State and Land : trade-unions, dams, agro-industry", *Tempo e Presença*, Rio de Janeiro : CEDI(Centro Ecuménico de Documentação e Informação), July 1989 참조.

짓기 위해 상호부조를 조직한다. 그 전형적인 예를 들면, 상파울루 대도시
권 남부 지역의 민중주거운동은 '고도로 산업화된'(따라서 불가피하게 많
은 비용이 들어가는) 해결책을 선호하는 지역 당국의 의지에 반하여, 주로
울력mutirão, 브라질 전통적인 언어로 상호부조를 뜻한다의 방법을 따르는 기초공동체
의 영향을 받아, 지역적 집단 노력local collectives를 통해 수백 채의 집을 건
설하였다.[58]

　이와 별도로 또 하나의 문제는 해방신학자나 '가난한 이들의 교회'가
미디어에 대해 갖는 태도이다. 흔히 엘리트에 의한 대중 조작 도구로 간
주되는 제도 미디어(텔레비전, 라디오, 신문)에 대한 커다란 불신이 존재한
다. 텔레비전에 대한 비판은 해방그리스도교에서 중요한 주제이나, 그 비
판은 고유한 의미의 기술적 미디어 자체보다는 프로그램 내용에 더 초점
을 맞춘다. 그럼에도 불구하고, 해방신학자들은 (복음주의자들이나 일부
주교들과 달리) 텔레비전을 커뮤니케이션 수단으로 사용하는 것을 꺼려
한다.

　최근 브라질 해방신학자 우구 아스만은 미국의 '전자교회'Electronic
Church와 그것이 라틴아메리카에 미치는 영향을 비판하는 책을 썼다. 그
는 자신이 방송전도자들tele - evangelicals의 '그리스도교 자본주의'Christian
capitalism라 부른 것을 비판할 뿐만 아니라, 커뮤니케이션 수단 자체를 문
제시한다. "이는 본질적으로 현실을 물신화하는reality-fetishizing 기계가 아
닌가?" 이 질문에 대한 아스만의 잠정적 결론은 시청자들의 성찰적 참여
가 최소한에 머물러 있는 한, "텔레비전을 통한 종교는 거의 불가피하게

---

58) Jeanne Bisilliat, "Un mouvement populaire à S. Paulo et son équipe technique
　　architecturale", *Cahiers de l'ORSTOM*, Paris, 1989.

이미 존재하는 물신숭배에 종교적 정당성을 부여한다"는 것이다. 그럼에도 불구하고 아스만도 비현실적인 총체적 거부에 갇혀 있는 것은 아니다.

이제 텔레비전은 우리 곁에 자리하게 되었다. 따라서 이 텔레비전과 함께 사는 법을 배워야 한다. 텔레비전에 대해 (움베르토 에코가 그의 저서 『종말론자와 순응론자』*Apocalittici e integrati*에서 말한 의미에서) 묵시론적이고, 전적으로 부정적인 태도를 갖는 것은 소용없는 일이다. 텔레비전은 또한 다양한 사회 행동 영역에서 필요한 균열을 사회화하는 탁월한 능력을 갖고 있다.[59]

따라서 기술에 대한 해방 그리스도교의 입장을 다음과 같은 방식으로 요약할 수 있다. 범주적인 거부나 원칙적인 거부의 태도가 아니라, 오히려 실용적이고 신중하며 비판적인 거리를 유지하는 태도이다. 이러한 태도는 '루멘Lumen 2000 프로젝트'를 중심으로 모였던 보수적인 가톨릭 부문뿐만 아니라, 라틴아메리카 엘리트(경영인, 전문기술인, 군인), (우파적 경향과 좌파적 경향의) 근대 지향적인 지식인, 그리고 말할 나위 없이 복음적인 교회들의 기술적인 열정과 크게 대조된다.

마. 결론

해방그리스도교, 다시 말하면 지적 차원에서 해방신학과 관련 있는 사회운동은 전前근대적인 가치와 유토피아적 근대성(계급 없는 사회)의 이름

---

59) Hugo Assmann, *A Igreja eletrônica e seu impacto na América Latina*, Petrópolis : Vozes, 1986, pp. 172~176.

으로 라틴아메리카에 '현존하는' 근대성을 비판한다. 다시 말하면 전자의 비판과 후자의 약속을 하나로 묶는, 맑스주의적 이론의 사회 분석적 매개를 통해 근대성을 비판한다. 해방신학의 근대적 **관점**은 그 전통적인 **전제** presuppositions와 분리할 수 없고 그 역도 마찬가지이다. 이는 근대성과 전통, 윤리와 과학, 종교와 세속 세계 사이의 고전적인 이분법을 피하려는 사회적-문화적 형태이다. 전통을 근대적으로 되살리는 이러한 문화적 구성은 '변증법적' 종합 과정에서 전통과 근대성을 보존하기도 하고 부정하기도 한다. 가난한 이들을 위한 우선적 선택이 교회의 전통적인 교의뿐만 아니라 또한 근대적 서구 사회를 판단하고 평가하는 기준이다.

바로 여기에 해방신학과 유럽 진보신학의 차이가 존재한다. 프랑스 신학자 크리스티앙 뒤코크는 최근 저서에서, 유럽 진보신학이 (가난한 이들이나 제3세계 나라들의) 배제exclusion 현상을 일시적이거나 우연적인 어떤 것으로 간주하고, 서구와 서구가 가져오는 경제적·사회적·정치적 진보에 미래가 있는 걸로 간주한다고 비판했다. 이와 달리 해방신학은 역사를 뒤집어 보고, 보편과 구원의 담지자인 (억눌린 계급, 인종, 그리고 문화를 포함하는, 보다 더 넓은 의미에서의) 패배한 이들과 배제된 이들과 가난한 이들의 관점을 고려한다. 따라서 해방신학은 진보적인 유럽 문화와 달리 역사를 진보로 보는 낙관적인 관점이나, 이러한 진보를 위한 객관적인 조건으로서의 기술과 근대과학을 중시하고, 개인의 해방을 그 주요한 기준으로 삼는 것을 거부한다. 이것은 해방신학이 기술적 또는 과학적 진보, 개인적 자유의 형식적인 틀을 거부한다는 뜻이 아니다. 단지 해방신학은 서구의 이러한 애매모호한 기준의 견지에서 역사를 바라보는 것을 수용하지 않을 뿐이다.[60]

뒤코크는 이러한 비교를 통해, 로마 당국이 계몽주의에서 출발한 진보적인 서구신학보다 해방신학을 선호한다고 결론짓는다. 바티칸 당국이 라틴아메리카 그리스도교인들이 사회적 해방을 위한 가난한 이들의 투쟁에 적극적으로 참여하는 것을, 개인적 해방을 위한 유럽 가톨릭 지식인들의 열망보다 덜 위험한subversive 것으로 보는 것일까? 물론 그렇지 않다. 이 둘 다 로마 당국의 권위와 교회의 전통적인 권력 체계에 도전한다.

사실 해방신학은 진보적인 서구 문화의 몇 가지 기본적인 가정assumptions을 공유하지만, 다른 한편으로 또 다른 전통(낭만주의)과 많은 공통점을 갖는다. 해방그리스도교는 현대의 다른 사회운동이나 문화운동(예를 들면 생태운동)처럼, 크게 보면 일종의 낭만주의 운동이다. 다시 말하면 1장에서 본 것처럼, 전근대적인 가치(이 경우 종교와 공동체)의 이름으로 근대적인 자본주의/산업사회의 중요한 측면들에 문제를 제기하는 운동이다.

브라질의 몇몇 저자들은 '가난한 이들의 교회'가 갖는 퇴행적인 성격의 증거로서, 이 교회가 갖는 낭만주의적 성격, 그리고 그 공동체적 유토피아를 든다.[61] 그러나 가난한 이들의 교회에는 혁명적이고(이거나) 유토피아적인 낭만주의도 존재한다. 이 낭만주의의 목표는 과거로 돌아가거나 전근대적인 공동체를 복원하려는 것이 아니라, 과거를 경유해 미래로 우회하려는 것이고 과거 가치들을 새로운 유토피아에 투영하려는 것이다. 해방신학은 고딕적(gothic, 또는 전前역사적인) 노스탤지어와 (루소에

---

60) Christian Duquoc, *Libération et progressisme*, Paris : Cerf, 1988, pp. 28~96.

61) Roberto Romano, *Brasil : Igreja contra estado. Critica ao populismo católico*, São Paulo : Kairos, 1979, pp. 173, 230~231 참조. 로마누는 가톨릭과 자본주의 긴장 관계에 대한 베버의 언급에 주목했던 몇 안 되는 학자이고, 이러한 논의를 브라질에 적용하려고 노력하였다.

서 윌리엄 모리스에 이르는, 에른스트 블로흐에서 호세 카를로스 마리아테기에 이르는) 계몽주의를 혼합하려는 전통에 속한다.

3. 해방신학과 맑스주의

반세기 동안 맑스주의는 ('무신론적 공산주의'라는 우스운 별칭으로) 그리스도교 믿음의 가장 무섭고 음험한 적으로 금지되었다. 제2차 세계대전 이후 교황 비오 12세가 내린 파문^{excommunication}은 단지 강박 관념적이고 비타협적인 투쟁에 대한 교회법적 재가에 지나지 않았고, 그것은 라틴아메리카와 전 세계에 걸쳐 교회 신자와 맑스주의적 정치운동 사이에 적대적인 장벽을 쌓았다. 그러나 최근 35년 동안 라틴아메리카에서 (특히 해방신학을 통해) 그리스도교와 맑스주의 사이의 놀라운 수렴으로 이 장벽에 균열이 생겼고, 이는 남반구 근대사에서 사회변혁을 위한 가장 중요한 한 요인이었다.

미국 대통령의 공화당 고문들^{advisors}은 이런 사태에 대해 염려하면서 1980년과 89년(sic)에 캘리포니아 산타페에서 모임을 가졌다. 그 결과 1980년 5월 '산타페 문서'$^{\text{Santa Fe document}}$를 발표했는데, 레이건 대통령의 이 고문들은 예상치 못했던 이러한 현상이 자본주의에 어떤 위험을 야기할지 정확하게 인지했으나, 실질적인 어떤 설명도 제공하지 못했다.

미국의 대외 정책은 해방신학과 대결해야 한다. (그리고 단지 사후 약방문격으로 해방신학에 대응해서는 안 된다.) …… 라틴아메리카에서 교회의 역할은 정치적 자유 개념에 지극히 중요했다. 그러나 불행히도 맑스-레닌주의 세력은 사적 소유와 자본주의 생산 체제에 대항하는 정치적 무기로 교회를 활용했고, 그리스도교적 이념보다는 오히려 공산주의적인 이념을 가지고 종교 공동체에 침투했다.[62]

'침투'라는 관점에서 이뤄진 이러한 거짓 분석pseudo-analysis이 얼마나 부적절한 것인지 길게 논할 필요가 없다. 이 분석은 교회 부문들의 내적 역동성을 설명하는 데 완전히 실패했다. 교회 부문들이 자본주의를 반대하는 것은 앞에서 본 바와 같이 가톨릭 특유의 전통에서 나온 것이고, '맑스-레닌주의 세력들'(다시 말하면, 다양한 형태의 공산주의 정당과 운동)로부터 받은 영향은 그리 크지 않다.

이와 같은(또는 유사한) 전문가 팀은 부시 정부하에서도 가동되었고, 1988년 두번째 보고서Santa Fe II를 발표했다. 이 문서는 첫번째 문서보다 조금 더 정교한 용어로 작성하였지만, 기본적으로 첫번째 문서와 같은 일반적인 믿음을 공유하고 있다. 두번째 문서의 논의는 맑스주의자들이 사용하는 그람시적 전술에 초점을 맞추었다. 이 전술에 따르면, 권력을 얻는 가장 효과적인 방법은 "한 나라의 문화를 지배하는 것", 다시 말하면 종교, 학교, 매스 미디어와 대학에 강력한 영향을 미칠 수 있는 위치를 확보하는 것이다. "이러한 맥락에서 볼 때, 해방신학은 종교적 믿음을 가장한 정치적 교의로 보아야 한다. 그것은 반교황적이고, 자유기업에 반하며, 국가적 통제 앞에서 사회적 독립성을 약화시키고자 한다."[63] 이처럼 해방신학에서 나타나는 종교적 요소와 정치적 요소의 복잡하고 독특한 관계를

---

62) The Committee of Santa Fe, "A New InterAmerican Policy for the Eighties", Washington DC : Council for Inter-American Security, 1980.

63) Comité de Santa Fe, "Santa Fe II. Una estrategia para A. Latina en los noventas", 1988.

단순한 '위장'으로, 맑스주의자들(또는 그람시주의자들)의 마키아벨리적 전략의 결과로 환원한다.

1987년 12월에 아르헨티나 라플라타에서 열린 미주군인대회^{Inter-} American Conference of Armed Forces에서 발표한, 해방신학 관련 문건도 이와 유사한 접근을 하고 있다. 이 문서는 이전보다 훨씬 더 높은 수준의 '전문 가적 견해'를 개진했다(아마 군사정권의 고문으로 일한 보수적인 신학자가 이 문서를 준비했을 것이다). 그럼에도 불구하고 이 문서 또한 해방신학을 "라틴아메리카에서 여러 가지 절차^{modi operandi}를 통해 전략적으로 구체 화된 국제 공산주의 운동"[64]의 일환으로 본다. 그러나 이 현상을 진지하 게 관찰하고, 최소한의 상식과 사회역사적 분석만 있어도 해방신학(그리 고 일정한 교회 부문에서 그리스도교와 맑스주의의 수렴)이 공산주의자, 맑 스주의자, 그람시주의자, 또는 레닌주의자들에 의한 어떤 음모, 전략, 전 술, 침투 또는 책략의 결과가 아니라, 교회 내적인 진화이고 교회 고유의 문화와 전통에서 비롯된 것임을 충분히 알 수 있을 것이다. 여기서 설명이 필요한 것은 이 현상이 왜 일어났는가이다. 어떤 이유 때문에, 특정한 역 사적 시기(1960년 초)에, 그리고 특정한 지역(라틴아메리카)에서 일부 사 제와 평신도 집단이 현실 해석과 변혁을 위해 맑스주의적 방법을 채택할 필요를 느꼈는가?

이러한 맥락에서 본다면, 오히려 해방신학의 주요한 비판자인, 로 마 당국의 라칭거 추기경이 행한 분석이 훨씬 더 흥미롭고 통찰력 있다.

---

64) "Conferencia Interamericana de los Ejércitos", Punta del Este, dec. 1987, capítulo "Estrategia del Movimento Comunista Internacional en Latino-américa, a través de distintos modos de acción".

[2005년 교황 베네딕토 16세가 된] 이 저명한 신앙교리성 장관에 따르면, "1960년대 서구 세계에서 의미의 공백 현상이 일어났다. 이러한 상황에서, 여러 가지 형태의 네오맑스주의는 대학생들과 젊은이들에게 사실상 거부할 수 없는, 도덕적 힘과 의미의 약속이 되었다". 게다가,

> 유럽과 북미가 전대미문의 풍요를 구가하던 바로 그 시점에, 빈곤과 억압에 대한 도덕적 도전이 불가피하게 제기되었다. 이러한 도전은 명백히 기존 전통에서 찾을 수 없는 새로운 응답을 요구했다. 이처럼 변화된 신학적·철학적 상황은 (맑스주의 철학이 과학적으로 토대를 놓고 제시한 희망의 모델이 인도하는) 그리스도교 안에서 답을 찾도록 요청하는 공식적인 초대였다.

그 결과, 라칭거에 따르면 "기본적인 맑스주의적 접근을 온전히 수용하는" 해방신학자들이 등장했다. 이 새로운 교의가 제시하는 위험의 심각성을 과소평가하였다면, "그것은 [이 교의가] 일반적으로 이해된 어느 이단 범주에도 들지 않았기 때문이다. 기존의 표준적인 질문들로는 이 교의의 근본적 관심사를 감지할 수 없었다". 의심할 나위 없이 라칭거 추기경은 성서적 해석을 맑스주의적 분석과 결합한 이 신학이 "호소력 있고", "거의 흠 없는 논리"를 가지고 있다는 것을 시인했다. 이 신학은 "우리 시대의 과학적 요구와 도덕적 도전"에 응답하는 것처럼 보였다. 그렇다고 이 신학이 조금이라도 덜 위협적인 것은 아니다. "사실상 위험한 실수일수록, 그것이 내포하는 진리의 낟알은 더 크다."[65]

---

65) Cardinal Ratzinger, "Les Conséquences fondamentales d'une option marxiste", in

그럼에도 불구하고 여전히 의문이 남는다. 왜 라틴아메리카의 작지만 중요한 가톨릭 교회 부문(과 일부 개신교 집단)이 맑스주의적 지향의 '희망 모델'에 매력을 느낄 수 있었는가? 이 질문에 답하려면, 교회 교의와 맑스주의의 어떤 측면 또는 요소들이 둘 사이의 수렴을 이롭게 하거나, 용이하게 하거나 또는 고무했는지 분석해 볼 필요가 있다.

이러한 형태의 분석에서 분명하게 입증할 수 있는 것은 이미 언급한 바 있는, 막스 베버가 종교적 형태와 경제적 **에토스**의 상호 관계를 연구하면서 사용한 선택적 친화성 개념이다. 이 두 문화 구조는 (일정한 역사적 환경에서) 일정한 유사성, 친화성에 바탕을 두고, 서로 끌고 선택하고 선별하는 관계를 맺을 수 있다. 이것은 어느 한쪽이 일방적으로 영향을 미치는 과정이 아니라, 경우에 따라 공생 또는 심지어 융합에 이르는 변증법적이고 역동적인 상호작용이다. 그리스도교와 사회주의 사이의 구조적 친화 또는 상응이 가능한 영역을 몇 가지 예로 든다면 다음과 같다.

1. 뤼시앙 골드만이 지적한 것(1장 참조)처럼, 그리스도교와 사회주의는 개인을 윤리의 토대로 보지 않고, (자유주의적/합리주의적, 경험주의적 또는 쾌락주의적인) 개인주의적 세계관을 비판한다. 종교(파스칼)와 사회주의(맑스)는 공히 초^超개인적인 가치^{trans-individual values}에 대한 믿음을 갖고 있다.
2. 둘 다 가난한 이들이 불의의 희생자라고 생각한다. 물론 가톨릭 교의의 가난한 이들과 맑스주의 이론의 프롤레타리아트 사이에 상당한 거리가 존재하나, 이 둘 사이의 일정한 사회 윤리적 '친족관계'를 부

Théologies de la libération, pp. 122~130.

인할 수 없다. 앞에서 본 바와 같이(51~52쪽), 맑스보다 10년 앞서서 프롤레타리아트를 이야기한 최초의 독일 사상가들 가운데 낭만주의적 가톨릭 철학자인 요하네스 폰 바더가 있다.

3. 둘 다 **보편주의**——국제주의 또는 (그 어원적인 의미에서의) '가톨릭시즘'——를 공유하고 있다. 다시 말하면, 인류를 한 덩어리로 보는, 인종, 종족 집단, 또는 국가를 뛰어넘는 인류의 실제적 단일성을 전제하는 교의와 제도를 공유한다.

4. 둘 다 **공동체**, 공동체적 삶, 공동체적 재화 나눔에 커다란 가치를 부여하고, 근대 사회생활의 원자화, 익명성, 비인격성, 소외와 이기주의적 경쟁을 비판한다.

5. 둘 다 사적 소유자의 개인적인 이해보다 일정한 공동선을 훨씬 더 중요한 것으로 간주하고, 이 공동선의 이름으로 **자본주의와 경제적 자유주의의 교의를 비판한다.**

6. 둘 다 **모든 인류의 정의와 자유, 평화와 형제애를 구가하는** 미래 왕국에 대한 희망을 갖는다.

종교적 유토피아와 사회주의적 유토피아 사이의 이러한 친화성을 인정하는 것은 베르자예프, 뢰비트, 그리고 다른 많은 이들이 주장하는 테제를 반드시 받아들인다는 뜻이 아니다. 이 테제에 따르면, 맑스주의는 유대-그리스도교의 메시아주의를 세속적으로 표현한 것에 지나지 않는다. 이 두 요소는 명백히 서로 다른 문화 체계에 속하고, 완전히 다른 의미와 기능을 갖는다. 따라서 앞에서 말한 바 있는 구조적 유사성이 기본적으로, 그리고 저절로 수렴을 위한 충분한 유인이 되는 것은 아니다. 예를 들어, 맑스주의에서 말하는 혁명 행위의 주체로서의 프롤레타리아의 역할은, 교회의 전통적인 사회교리가 말하는 (자선의 대상이고 가부장적 보호의 대상으로서의) 가난한 사람들과 완전히 다른 것이다. 그리스도교와 사회주의 사이에 상응성이 있다고 하더라도, 교회가 사회주의, 공산주의와 맑스주의를 그리스도교 신앙의 '본질적으로 사악한' 적으로 간주할 수 없는 것은 아니다. 물론 앞에서 본 바와 같이, 가톨릭이나 다양한 개신교 분파 내에, 근대 혁명 이론에 매력을 느낀 개인, 집단 또는 일정한 사상적 유파가 존재하는 것도 사실이다.

이런 (골드만의 용어를 빌리면) '구조적 상동성'$^{structural\ homologies}$을 선택적 친화성의 역동적인 관계로 변화시킨 것은 사회적 양극화와 정치적 갈등이라는 특성을 갖는 일정한 역사적 상황이었다. 이러한 갈등은 쿠바 혁명의 승리와 함께 라틴아메리카에서 시작되었고, 1960년대와 70년대에 연이어 발생한 군사쿠데타──브라질(1964), 아르헨티나(1966), 우루과이(1971), 칠레(1973), 또 다시 아르헨티나(1976) 등──로 확장되었다.

이러한 사건들이 결합되면서 라틴아메리카 역사의 새로운 장, 다시 말하면 오늘날까지 다양한 형태로 지속되고 있는 사회적 투쟁의 시대, 공동체 운동과 반란의 시대가 열렸다. 이러한 새로운 단계의 또 다른 특성은 (전적으로는 아닐지라도) 특히 학생들과 지식인들 사이에서 맑스주의 사상의 영향력이 다시 나타나고 증가하였다는 것이다. 이러한 맥락에서 일정한 교회 부문에서 그리스도교와 맑스주의 사이의 선택적 친화성 관계가 전개되었고, 전통적으로 대립적인 이 두 문화가 기존의 유사성에 바탕을 두면서 수렴하거나 결합하였으며, 경우에 따라서는 심지어 맑스주의─그리스도교적인 사상적 융합이라는 결과를 가져오기도 하였다. 사실 베버가 말하는 선택적 친화성 개념은 물체들^{bodies}의 화학적 구성에서의 원소들^{elements}의 친화성이라는 관점에서 물체들의 융합을 설명하고자 했던 연금술 교의에서 비롯되었는데, 단지 서로 다른 사회문화적 현상들의 상호 선택mutual selection과 상호 강화mutual reinforcement를 의미할 뿐이다.[66]

해방신학을 이러한 틀에 어떻게 끼워 맞출 수 있는가? 바티칸이 새로운 라틴아메리카 해방신학자들을 겨냥하여 발표한,「해방신학의 몇 가지 측면에 관한 훈령」Instruction on Some Aspects of Liberation Theology (1984)을 보면, 비판의 초점은 해방신학이 "맑스주의적 사상의 여러 유파에서 추출한" 개념들을 "충분히 비판적인 방식으로" 사용하지 않았다는 것이다. 이러한 개념들(특히 계급투쟁 개념)을 사용한 결과, 그리스도교 전통의 '가난한 이들의 교회'는 해방신학에서 "계급에 바탕을 둔 교회로 변모하였고, 이 교회는 해방을 향한 단계로서 혁명적 투쟁의 필요성을 자각하고, 외례에서 해방을 축성한다. 그리고 그것은 반드시 교회의 성사聖事적이고 위계적인 구조에 의문을 제기하게 된다".[67]

해방신학을 이렇게 공식화하는 것은 명백히 논쟁의 여지가 있다. 그럼에도 불구하고 해방신학자들이 라틴아메리카 사회현실을 이해하는 데 있어 맑스주의 이론 창고에서 분석, 개념, 관점을 빌려 왔다는 것은 의심할 나위가 없다. 해방신학이 맑스주의의 몇몇 측면에 대해 긍정적으로 언급했다는 것만으로(언급한 내용과는 상관없이), 정치적-문화적 영역에 커다란 혼란을 야기했다. 다시 말하면 금기를 깨고 수많은 그리스도교인들

---

66) 이 개념의 역사와 설명은 Michael Löwy, *Redemption and Utopia : Libertarian Judaism in Central Europe*, Stanford University Press, 1993 참조. 한 브라질 신학자는 최근 (아주 통찰력 있는) 저서에서, (내가 정의한 바와 같이) 이 개념을 사용하여 맑스주의와 해방신학의 '선택적 친화성'을 설명하였다. Enio Ronald Mueller, *Teologia da Liberação e Marxismo : uma relação em busca de explicação(affection quaerens intellectum)*, São Leopoldo : Escola Superior de Teologia, 1994.

67) *Instruction sur quelques aspects de la 'théologie de la libération'*, 1984.

로 하여금 맑스주의자들의 이론뿐만 아니라 이들의 실천 또한 새로운 방식으로 검토하도록 고무하였다. 해방신학이 맑스주의에 비판적으로 접근할 때조차, '무신론적 맑스주의, 그리스도교 문명의 사악한 적'(비델라[68]부터 피노체트에 이르기까지, 군사독재자들의 연설에 곧잘 등장하는 구절)에 대한 전통적인 파문anathemas과 아무런 관련이 없었다.

가톨릭 문화가 맑스주의 사상에 자신을 개방할 수 있었던 역사적 조건에 대해서는 앞에서 언급한 바 있다. 여기에서는 단지 맑스주의도 그 당시에 진화하였다는 것을 덧붙이고자 한다. 제20차 소련 공산당 대회와 중소 분쟁의 결과, 스탈린주의적 일원주의monolithism가 붕괴하였다. 라틴아메리카에서는 쿠바혁명이, 특히 60년대에 토착적이고, 소비에트 맑스주의보다 더 매력적인 형태의 맑스주의를 보여 주었다. 이 혁명이 광범위한 영향력을 미치면서 공산당의 헤게모니에 주요한 도전을 제기하였다. 맑스주의는 모스크바의 이데올로기적 권위에 종속된 폐쇄적이고 완고한 체제에서 벗어났고, 다시 한 번 다원주의적 문화, 다양한 견해에 개방적인, 따라서 새로운 그리스도교적 해석도 가능한 역동적인 사상 형태로 발전하였다.[69]

맑스주의에 대한 해방신학의 태도를 전반적으로 조망하기는 어렵다.

---

68) Jorge Rafael Videla(1925~). 아르헨티나의 군사독재자로 1976년부터 1981년까지 대통령직을 수행하면서 저지른 수많은 인권 탄압과 반민주적 행위로 1983년 민정이양과 함께 종신형에 처해졌다―옮긴이.

69) 프티드망주(Guy Petitdemange)의 중요한 논문인 "Théologie(s) de la libération et marxisme(s)", in *Pourquoi la théologie de la libération*, supplement to no. 307 of *Cahiers de l'actualité religieuse et sociale*, 1985 참조. 진보에 관한 역사적 개관을 살펴보려면, 엔리케 두셀의 흥미로운 논문 "Encuentro de cristianos y marxistas en América Latina", *Cristianismo y sociedad*(Santo Domingo), no. 74, 1982 참조.

왜냐하면 한편으로 이 태도가 (몇 가지 맑스주의적 요소들을 조심스럽게 사용하는 것부터 총체적인 종합을 시도하는 것에 이르기까지) 아주 다양하기 때문이다. 다른 한편으로 1968년부터 1980년까지의 보다 더 급진적인 시기에 취했던 입장들과 오늘날의 (로마 교황청의 견제와 1989년 동구 유럽의 변화 이후) 보다 더 유보적인 입장 사이에 일정한 변화가 있기 때문이다. 그럼에도 불구하고, (구티에레스, 보프 등과 같은) 대표적인 해방신학자들의 저작, 그리고 일부 주교단 문헌을 토대로 하여 일정한 공통적인 핵심 준거점과 논쟁을 확인할 수 있다.

(알튀세르의 영향을 받은) 일부 라틴아메리카 신학자들은 단지 라틴아메리카 현실의 이해를 돕기 위해, 엄밀하게 도구적인 방식으로 사용할 필요가 있는 사회과학one (or the) social science으로서의 맑스주의를 이야기한다. 이것은 지나치게 넓은 정의인 동시에 지나치게 좁은 정의이다. 지나치게 넓다고 한 것은 맑스주의가 유일한 사회과학이 아니기 때문이다. 그리고 너무 좁다고 한 것은 맑스주의는 과학일 뿐만 아니라, 또한 실천적 선택에 토대를 두고 있기 때문이다. 맑스주의는 단지 세계를 이해하고자 할 뿐만이 아니라, 나아가 세계를 변혁하고자 한다.

그러나 현실에서, 맑스주의에 대한 해방신학자들의 관심(많은 사람들이 이 관심을 '매혹'fascination이라고 표현한다)은 단순히 학문적 목적을 위해 몇 가지 개념을 차용하는 것보다는 더 크고 심오하다.[70] 다시 말하면,

---

70) 독일 평신도 신학자인 케른(Bruno Kern)은 이러한 순전히 '도구적인' 개념을 비판하면서, 맑스주의와의 관계가 사실상 해방신학에 훨씬 더 광범위한 의미를 지니고 있음을 보여 준다. *Theologie im Horizont des Marxismus. Zur Geschichte der Marxismusrezeption in der lateinamerikanischen Theologie der Befreiung*, Mainz : Mathias - Grünewald Verlag, 1992, pp. 14~26.

이러한 관심은 또한 맑스주의적 가치, 그 윤리적/정치적 선택, 그리고 유토피아적 미래에 대한 관점과도 관련 있다. 종종 그랬던 것처럼, 이 점에 대해서도 구티에레스는 가장 지각 있는 통찰력을 보여 주었는데, 그에 따르면 맑스주의는 학문적 분석뿐만 아니라 사회변혁을 위한 유토피아적 열망도 제공한다. 따라서 그는 맑스의 저작이 갖는 심오한 단일성을 보지 못하고, 그 결과 급진적이고 지속적인 혁명적 실천을 고무하는 능력을 이해하지 못하는 알튀세르의 과학주의적 관점을 비판한다.[71]

어떤 종류의 맑스주의가 해방신학자들에게 영감을 주는가? 명백히 소련의 변증법적 유물론 교재도 아니고, 라틴아메리카 공산당의 관점도 아니다. 오히려 해방신학자들은 '서구 맑스주의'(이들의 저서를 보면, 때때로 '네오맑스주의'라 지칭한다)에 관심을 가진다. 구스타보 구티에레스의 중요한 저서, 『해방신학: 전망』을 보면, 그가 가장 많이 인용한 맑스주의자는 에른스트 블로흐이다. 그는 또한 알튀세르, 마르쿠제, 루카치, 그람시, 앙리 르페브르, 뤼시앙 골드만, 그리고 에르네스트 만델(그는 맑스의 소외 개념에 대한 탁월한 이해를 보여 주었고, 이 점과 관련하여 알튀세르와 대립한다)을 언급한다.[72]

---

71) Gutiérrez, *Théologie de la libération*, p. 244. 사실 구티에레스는 1984년 이후 바티칸의 비판을 수용하면서 맑스주의와의 관계를 신학과 사회과학의 만남으로 축소하고, 상대적으로 덜 비판받는 입장으로 한발 물러난 것 같다. Gutiérrez, "Théologie et sciences sociales"(1985), in *Théologies de la libération*, pp. 189~193 참조.

72) 고타이(Samuel Silva Gotay)는 라틴아메리카의 혁명적 그리스도교에 대한 탁월한 저서에서, 해방신학의 주요한 준거로 다음과 같은 맑스주의자들을 언급한다. 골드만, 가로디(R. Garaudy), 샤프(Schaff), 콜라코프스키(Kolakowski), 루카치, 그람시, 롬바르도-라디체(Lombardo-Radice), 루포리니(Luporini), 바스케스(Sanchez Vazquez), 만델(Mandel), 파농(Fanon) 그리고 저널 『먼슬리 리뷰』(*Monthly Review*). Samuel Silva Gotay, *O pensamento cristão revolucionario na América Latina e no Caribe, 1969~1973*, São Paulo: Edições Paulinas, 1985, p. 232.

그러나 해방신학은 유럽적 준거보다 라틴아메리카적 준거를 더 중시한다. 라틴아메리카적인 준거로는, 대륙의 현실에 맞게 적용한 독창적인 '인도-아메리카적'^{indo-american} 맑스주의의 원천이라 할 수 있는 호세 카를로스 마리아테기, 라틴아메리카의 역사에서 분수령을 이룬 쿠바혁명, 그리고 마지막으로 종속이론을 들 수 있다. 종속이론은 종속적 자본주의에 대한 비판으로서, 페르난두 엔히키 카르도주, 안드레 군더 프랑크, 테오도니우 두스 산투스와 아니발 키하노가 제창했다(구티에레스는 이들 모두를 자신의 책에서 여러 차례 언급한다). 물론 말할 나위 없이, 구티에레스와 그의 동료 신학자들은 일정한 맑스주의적 주제(인본주의, 소외, 실천, 유토피아)를 강조한 반면, 다른 주제('유물론적 이데올로기', 무신론)는 거부한다.[73]

진보적인 그리스도교인들과 해방신학이 이처럼 맑스주의를 발견한 것은 단순히 지적이거나 학술적인 차원만이 아니었다. 그 출발점은 피할 수 없는 사실, 다시 말하면 라틴아메리카의 잔혹한 대중적 현실(가난)이었다. 사회적 관심을 갖는 많은 신자들이 맑스주의를 선택한 것은 맑스주의가 이러한 가난의 원인에 대한 가장 체계적이고 일관적이며 총체적인 설명이고, 또한 이 가난을 근절하기 위해 충분히 급진적인 유일한 제안이라고 생각하였기 때문이다.

가난한 이들에 대한 관심은 그리스도교의 복음적 원천으로까지 거슬러 올라가는, 거의 2천 년에 걸친 교회의 전통이었다. 라틴아메리카 신학

---

73) 해방신학자들의 종속이론 활용에 대해서는 Luigi Bordini, *O marxismo e a teologia da libertação*, Rio de Janeiro : Editora Dois Pontos, 1987, ch. 6; 그리고 Gotay, *O pensamento cristão revolucionario*, pp. 192~197 참조.

자들은 이러한 전통의 연속선상에 스스로를 자리매김했고, 거기서 준거와 영감을 제공받았다. 그러나 이미 여러 번 강조한 바와 같이, 해방신학자들은 핵심적인 사안에 있어서 과거와 뚜렷한 단절을 보였다. 다시 말하면, 해방신학자들은 가난한 사람들을 본질적으로 더 이상 자선의 대상이 아니라, 자신의 해방을 위한 행위자로 보았다. 가부장적인 원조나 구호를 가난한 이들의 자기 해방 투쟁과의 연대로 대체하였다. 여기서 맑스주의의 기본적인 정치적 원리와 연결된다. 다시 말하면 노동자의 해방은 노동자 자신들의 일이라는 것이다. 어쩌면 이러한 변화가 해방신학자들의 가장 중요하고 새로운 정치적 기여일 것이다. 이러한 변화는 또한 사회적 실천 영역에 가장 큰 영향을 끼쳤다.

바티칸 당국은 해방신학자들이 그리스도교 전통의 가난한 이들을 맑스의 프롤레타리아트로 대체했다고 비난했다. 그러나 이것은 정확한 비판이 아니다. 라틴아메리카 신학자들이 말하는, '가난한 이들'은 도덕적·성서적·종교적 함의를 갖는 개념이다. 신神 스스로 자신을 '가난한 이들의 하느님'으로 정의하고, 그리스도는 오늘날 십자가에 못 박히는 가난한 이들 사이에 육화한다. 또한 '가난한 이들'은 노동계급보다 사회적으로 더 광범위한 개념이다. 구티에레스에 따르면, 이 개념은 착취 받는 계급뿐만 아니라, 멸시 당하는 인종과 소외된 문화까지 포괄한다(그는 가장 최근의 저서에서, 이중적으로 착취 받는 사회 범주인 여성을 이 개념에 덧붙였다).

물론 일부 맑스주의자들은 프롤레타리아트라는 '유물론적' 개념을 그렇게 모호하고, 감정적이며, 부정확한 범주('가난한 이들')로 대체했다고 비판한다. 그러나 현실을 들여다보면, 이 개념은 라틴아메리카의 상황에 상응한다. 라틴아메리카의 도시나 농촌에서 노동자들뿐만 아니라, 실업자, 반실업자, 계절노동자, 노점상, 소외된 사람들, 창녀 등 거대한 규모의 가난한 이들을 목격할 수 있다. 이들은 대부분 '공식적인' 생산 체제에서 배제된 이들이다. 엘살바도르의 그리스도교/맑스주의 노동조합 활동가들은 억눌리고 착취받는, 이 모든 주민들을 포괄하는 용어, 다시 말하면 '포브레타리아도'pobretariado, pooretariat라는 말을 사용한다.

라틴아메리카 주교회의 푸에블라 총회(1979)가 채택한, '가난한 이들을 위한 우선적 선택'은 사실상 타협적인 표현이다. 교회의 보다 더 온건하고 보수적인 흐름은 이것을 전통적인 의미(사회 구호)로 해석하고, 해방신학자들은 가난한 이들의 자기 해방을 위한 조직과 투쟁에 헌신하는 것으로 해석한다. 다른 말로 하면, 맑스주의적 계급투쟁은 '분석 도구'로서뿐만 아니라 행동 지침으로서, 급진적인 해방그리스도교 부문의 정치적/종교적 문화의 본질적인 특성을 이룬다. 구스타보 구티에레스는 1971년에 다음과 같이 말하였다.

계급투쟁의 현실을 부인하는 것은 사실상 지배적인 사회 부문을 편드는 것을 의미한다. 이 문제에 관한 한 중립성이 불가능하다. [필요한 것은] 대다수 사람들이 노동을 통해서 생산한 잉여 가치를 소수가 전유하는 문제를 해결하는 것이지, 감상적으로 사회적인 조화를 호소하는 것이 아니다. 거짓 화해와 피상적인 평등의 사회가 아니라, 보다 더 정의롭고, 보다 더 자유롭고, 보다 더 인간적인 사회주의 사회를 건설할 필요가 있다.

따라서 그는 다음과 같은 실천적인 결론에 이른다. "오늘날 정의로운 사회를 수립하는 것은 반드시 우리의 현실 속에서 일어나고 있는 계급투쟁에 의식적이고 적극적으로 투신함을 뜻한다."[74]

　　그렇다면 이러한 입장은 어떻게 보편적 사랑이라는 그리스도교적 의무와 조화를 이룰 수 있는가? 이에 대한 구티에레스의 답은 정치적 엄격함과 도덕적 관대함으로 도드라진다. 다시 말하면, 우리는 압제자를 미워하지 않는다. 우리는 그들 또한 그들 자신의 소외, 야망, 이기주의로부터 (한마디로 하면, 그들 자신의 비인간성으로부터) 자유롭게 함으로써, 그들을 해방시키고자 한다. 그러나 그렇게 하기 위해서 우리는 결단코 억눌린 이들의 편을 선택해야 하고, 구체적이고 효과적으로 억압자 계급과 싸워야 한다.

　　가난에 대항하여 효과적으로 싸우려면, 가난의 원인을 이해해야 한다. 여기서 해방신학은 맑스주의와 다시 수렴된다. 브라질의 유명한 돔 헬더 카마라 추기경이 말한 바와 같이, "내가 가난한 이들을 도우라고 사람들에게 요청했을 때, 그들은 나를 성자聖者라고 불렀다. 그러나 내가 왜 여기에 이렇게 많은 가난이 존재하는가라고 의문을 제기했을 때, 그들은 나를 공산주의자로 몰아세웠다". 대다수 사람들의 가난과 특권적인 소수의 엄청난 부는 같은 경제적 토대(종속적 자본주의, 다국적 기업의 경제 지배)에 바탕을 두고 있다.

　　그리스도교의 반자본주의적 윤리 전통은 1960년대 (역시 불의에 대한 도덕적 단죄를 포함하는) 맑스주의적 자본주의 분석 내에서, 특히 종속이론 형태 안에서 발언하기 시작하였다. 종속이론가들, 특히 안드레 군더 프랑크와 아니발 키하노는 1950년대 라틴아메리카 맑스주의자들 사이에서 지배적이었던 '발전주의적'developmentist 환상을 깨뜨리는 데 크게 기여

---

74) Gutiérrez, *Théologie de la libération*, pp. 276~277.

했다. 종속이론가들은 비참, 저발전, 점증하는 불평등과 군사독재의 원인이 '봉건주의' 또는 불충분한 근대화가 아니라, 바로 종속적인 자본주의 구조에 있다는 것을 보여 주었다. 따라서 종속이론가들은 단지 일정한 형태의 사회주의적 변혁만이 라틴아메리카 국가들을 종속과 빈곤으로부터 해방시킬 수 있다고 주장하였다. 이러한 분석의 일정한 측면들은 해방신학자들만이 아니라, 또한 일부 주교들과 주교회의(특히 브라질)도 수용하였다.[75]

이것은 1980년에 미국 공화당 전문가들이 말한 것처럼, 공산주의 사상이 교회에 침투하였음을 뜻하는가? 만일 이 전문가들이 말하는 공산주의 사상이 공산당의 사상을 뜻한다면, 이 주장은 완전히 핵심을 놓치고 있다. 무엇보다도 종교적·윤리적 동기에서 출발하는 해방그리스도교는 라틴아메리카의 공산당들보다 훨씬 더 급진적이고, 비타협적이며, 범주적인 반反자본주의를 제시한다. 왜냐하면 이 반자본주의는 도덕적 혐오감revulsion의 차원을 포함하고 있기 때문이다. 이에 반하여 공산당들은 여전히 산업 부르주아의 진보적인 덕성과 산업적 (자본주의) 발전이 갖는 역사적인 '반反봉건적' 역할을 믿고 있다. 이러한 역설을 예시하기 위해, 한 가지 예를 드는 것만으로 충분하다. 브라질 공산당은 제6차 당 대회(1967) 결의문에서 다음과 같이 말했다. "생산수단의 사회화는 생산력과 생산관계 사이의 현 모순 수준에 부합하지 않는다."[76] 다른 말로 하면, 먼

---

75) 칠레 예수회의 아로요(Gonzalo Arroyo)와 같은 해방그리스도교인들은 '전통적 사회'에서 '근대적 사회'로의 이행으로서의 발전이라는 지배적인 개념을 거부했다. 여기서 근대성은 "암묵적으로 산업자본주의적 근대 형태와 동일시되는 것"이다. Gonzalo Arroyo, "Consideraciones sobre el sub-desarrollo en América Latina", *Cuadernos del CEREN*, no. 5, Santiago, 1970, p. 61.

76) *Documentos do Partido Comunista Brasileiro*, Lisbon : Editora Avante, 1976, p. 71.

저 산업 자본주의를 육성하여 경제를 발전시키고 나라를 근대화하여야 하며, 그 다음에야 비로소 사회주의에 대한 논의를 시작할 수 있다는 것이다. 그러나 1973년 브라질 중서부 지역 주교들과 수도회 장상^{長上}들은 「교회의 외침」^{The Cry of the Churches}이라는 제목의 문서를 발표하면서, 다음과 같이 결론을 내렸다.

> 우리는 자본주의를 극복해야 한다. 왜냐하면 가장 큰 악이고, 축적된 죄이며, 썩은 뿌리이고, 우리가 익히 알고 있는 가난, 굶주림, 질병과 죽음 등과 같은 모든 결실을 만들어 내는 나무이기 때문이다. 따라서 우리는 생산수단(공장, 토지, 상업과 은행)의 사적 소유권을 뛰어넘어야 한다.[77]

또 다른 주교단 문서는 훨씬 더 명료하다. 「브라질 북동부 주교들의 선언문」^{The Declaration of the Bishops of the North-East of Brazil, 1973}은 다음과 같이 말했다.

> 이 사회가 양산하는 불의는 자본주의적인 생산 관계의 열매이고, 이 생산관계는 반드시 차별과 불의……라는 특성을 갖는 계급 사회를 만들어 낸다. 억눌린 계급은 자신의 해방을 위해서, 생산 수단의 사회적 소유를 향해 나아가는 멀고 어려운 길을 가는 것 외에 다른 선택의 여지가 없다. 이것이 지구적 차원에서 현 사회를 새로운 사회로 변혁하는 거대한 역사적 프로젝트의 주요한 토대이다. 이 새로운 사회에서 억눌린 이들

---

77) *Los Obispos Latinoamericanos entre Medellín y Puebla*, San Salvador : UCA(Universidad Centroamericana), 1978, p. 71.

이 …… 빼앗겼던 인간성을 회복할 수 있는 객관적인 조건을 창출할 수 있다.[78]

이 문헌은 (돔 헬더 카마라를 포함하여) 13명의 주교, 프란치스코회, 예수회, 구속주회Redemptionists의 지역 관구장, 그리고 바이아 베네딕트 수도원의 대수도원장이 서명하였다.

이 주교단 문헌(그리고 해방그리스도교적 맥락에서 나온 이와 유사한 많은 문서들)에서 볼 수 있는 것처럼, 가난한 이들과의 연대는 자본주의에 대한 단죄, 그리고 때때로 심지어 사회주의를 향한 열망으로 나아간다. 여기서 어떤 종류의 사회주의를 말하는가? 이것은 해방신학자들이 많이 논의한 주제가 아니다. 신학자들은 전략적이고 전술적인 주제보다는 오히려 일반적 윤리와 사회적 가치들을 다루는 것을 선호한다. 그리고 전략적이고 전술적인 주제들은 정치운동의 몫으로 남겨 둔다. 그러나 해방그리스도교인들은 (1989년 이전의) 이른바 '현실' 사회주의 모델을 다소 명백하게 비판한다. 예를 들면, 구티에레스는 라틴아메리카의 억눌린 사람들이 사회주의를 향해서 나아갈 때, 이전에 채택한 길에서 벗어나서 자신들만의 길을 창의적으로 모색해야 한다고 강조하였다. 그의 이러한 접근은 호세 카를로스 마리아테기에서 영감을 받은 것이다. 마리아테기가 (1920년대에 쓴 글에서) 주장한 바에 따르면, 라틴아메리카의 사회주의는 다른 나라들의 경험을 '순전히 모방'하거나 '복사'하는 것이 아니라, '영웅적인 창조'이어야 한다. "우리는 우리의 현실을 통해서, 우리 자신의 언어를 통

---

78) *J'ai entendu les cris de mon peuple(Exode 3.7). Documents d'évêques et supérieurs religieux du nord-est brésilien*, Brussels : Entraide et Fraternite, 1973, pp. 42~43.

해서, 인도-아메리카 사회주의^{Indo-American Socialism}를 창출해야 한다."[79]
물론 해방신학자들의 관점에서, 사회주의나 모든 형태의 인간 해방은 단지 총체적인 구원의 예기豫期, 하느님 나라의 지상적인 도래를 준비하는 것이다.

이 모든 것으로 미뤄 볼 때, 해방신학자들이 맑스주의를 '신봉하고' 있다고 추정해서는 안 된다. 레오나르두 보프와 클로도비스 보프가 라칭거 추기경에게 답변서를 보내면서 강조한 것처럼, 맑스주의는 신학적 쇄신을 위한 매개로서 활용되었다.

그것[맑스주의]은 일정한 주요 신학 개념, 예를 들면 민중, 가난한 이들, 역사, 그리고 심지어 실천과 정치 개념을 명료하게 하고 풍부하게 하는 데 도움이 되었다. 이는 이 개념들의 신학적 내용들을 맑스주의적 형태의 한계로 축소하였다는 뜻이 아니다. 오히려 그 반대로, 신학적 지평 안에서 맑스주의적 개념의 (진리에 부합하는) 이론적 내용을 사용했다는 것이다.[80]

누구나 예상할 수 있는 것처럼, 해방신학자들이 거부한 맑스주의적 측면들 가운데에는 유물론적 철학과 무신론적 이데올로기가 있다. 해방신학자들은 이러한 측면들에 큰 관심을 기울이지 않은 것 같다. 왜냐하면

---

79) 예를 들어, Gutiérrez, *Théologie de la libération*, pp. 102, 320. 마리아테기(José Carlos Mariátegui)의 글은 그의 논문 선집인 *Ideologia e política*, Lima:Editorial Amauta, 1971, p. 249에서 재인용.
80) Leonardo and Clodovis Boff, "Le Cri de la pauvreté"(1985), in *Théologies de la libération*, p. 139.

신학자들은 라틴아메리카의 주요한 적이 무신론이 아니라 우상숭배라고 생각했기 때문이다. 해방신학자들이 보다 더 중시한 것은 맑스주의 내 경제주의적 경향, 그리고 어떤 희생을 치르더라도 '경제적 진보', '근대화', 그리고 '생산력 발전'을 추구하는 협애한 문화를 가진 '발전주의적' 브랜드를 거부하는 것이었다.

근대화를 지지하는 맑스주의자들은 가끔 해방그리스도교인들을 '대중주의자들'populists로 낙인찍는다. 왜냐하면 이들이 (특히 농민들 사이에서) 대중문화 안에 살아 숨쉬는, 공동체 생활과 상호 부조의 일정한 전前자본주의적 전통에 호의를 보이고, 또한 유일한 해방 주체로서의 프롤레타리아트를 농민과 인디언 공동체를 포함하는 보다 더 폭넓은 개념, 즉 '가난한 이들', '민중'으로 대체하는 경향을 갖기 때문이다. 예를 들면, 브라질의 유명한 맑스주의 인류학자인 오타비우 길례르미 벨류는 브라질 교회를 비판하는데, 그 이유는 교회가 "자본주의적 발전 과정을 절대 악으로 간주하고, 교회의 토지 개념과 '자본주의적' 토지 개념이 전적으로 배치된다"고 주장하기 때문이다. 그에 따르면 교회는 전前자본주의적 과거에 바탕을 둔 자생적인spontaneous 농민 이데올로기를 재생산함으로써, 부르주아 혁명의 필요와 같은 기본적인 이슈들을 다룰 능력이 없다. 사실 농업 문제에 대한 교회의 입장은 "자본주의적 발전을 절대악이 아니라, 미래의 변혁을 위한 전제 조건으로 보는", 정통 맑스주의와 대립했던 러시아의 대중주의populist 전통과 공통점을 갖고 있다. 물론 모든 라틴아메리카 맑스주의자들이 바로 이러한 '고전적인' 입장을 공유하는 것은 아니나, 벨류의 이 주장은 좌파적 근대화론자들 사이에서 하나의 중요한 흐름을 형성하고 있다. 이 문제는 라틴아메리카 맑스주의자들 사이에서 오래된 논쟁 가운데 하나였다. 예를 들어 호세 카를로스 마리아테기는 (자신이

'잉카 공산주의'Inca communism라 이름 붙였던) 원주민들의 공동체적 전통에 바탕을 둔, '인도-아메리카 사회주의'를 주장하였고, 이 때문에 소련 맑스주의자들과 이들을 추종하는 라틴아메리카 맑스주의자들에 의해 '낭만주의자', 그리고 '대중주의자'로 단죄 받았다.[81]

물론 해방신학자들은 맑스가 종교를 '민중의 아편'opium of the people 이라고 규정한 것을 받아들이지 않는다. 그러나 이 신학자들이 교회나 '현실' 종교적 실천에 대한 맑스주의적 비판을 전적으로 거부하는 것은 아니다. 예를 들어, 구스타보 구티에레스는 라틴아메리카 교회가 기존 질서에 신성한 특성을 부여하는 데 기여했음을 인정했다. "제도 교회는 (라틴아메리카에서 지배적인 자본주의 사회의 혜택을 받고 있고, 이 사회를 옹호하는) 지배계급의 보호를 받았고, 그에 따라 교회는 체제의 일부를 구성하였으며, 그리스도교적 메시지는 지배 이데올로기의 구성 요소가 되었다."[82] 라틴아메리카의 일부 주교들은 구티에레스의 이러한 통렬한 비판을 공유한다. 예를 들면, 페루 주교단은 제36차 주교회의 총회[1969]에서 채택한 한 성명서에서 다음과 같이 말한다. "무엇보다도 우리 그리스도교인들은 신앙의 부족으로, 우리의 말과 행동으로, 우리의 침묵과 직무유기로 불의한 현 상황에 기여했음을 인정해야 한다."

이 문제에 관한 가장 흥미로운 문헌 가운데 하나는 라틴아메리카 주교회의 교육국이 1960년대 말경 (보수주의자들이 이 기구를 장악하기 직전) 채택한 결의안이다.

---

81) Otavio Guilherme Velho, *Sociedade e agricultura*, Rio de Janeiro : Zahar Editora, 1982, pp. 125~136.
82) Gutiérrez, *Théologie de la libération*, p. 266.

그리스도교는 권력자들의 통치를 정당화하는 이데올로기로 사용되었고 여전히 사용되고 있다. 라틴아메리카 그리스도교는 체제를 위한 기능적 종교였다. 그리스도교의 의례, 교회, 그리고 사목은 민중의 불만을 현재 세계와 전적으로 단절된 저세상으로 돌리는 데 기여했다. 이처럼 그리스도교는 불의하고 억압적인 체제에 대항하는 민중의 저항을 억제하였다.[83]

물론 이러한 비판은 가난한 이들과 억눌린 이들과 연대하는 참 그리스도교의 이름으로 행한 것이고, 종교 자체를 의문시하는 유물론적 견해와는 아무런 공통점이 없다.

이처럼 신학자들의 저작이나 주교들의 성명서로 미루어 볼 때, 라틴아메리카 교회 내에서 소수이지만 중요한 부문이 맑스주의의 일정한 기본 교의를 받아들여, 그리스도교에 대한 새로운 이해를 도모했음을 알 수 있다. '사회주의를 위한 그리스도교'와 같은 일부 급진적인 운동의 활동가들뿐만 아니라, 일부 그리스도교 노조원들, 좌파 단체의 회원들은 그리스도교와 맑스주의의 종합 또는 융합을 시도함으로써 한 걸음 더 나아갔다. 여기서 우리는 혁명운동 내 그리스도교 흐름에 대해 이야기하고 있다. 다음 장에서 살펴보겠지만, 실로 많은 나라와 지역(예를 들면, 브라질, 중앙아메리카)에서 이 그리스도교 흐름은 혁명운동의 주요한 요소 가운데 하나였다.

라틴아메리카(와 그 밖의 지역)에서 일반 노동운동이나 맑스주의자

---

83) *Ibid.*, pp. 117~118에서 재인용. 구티에레스(Gutiérrez)는 각주에서 이와 유사한 입장을 가진 라틴아메리카의 여러 다른 나라 주교회의 문헌을 언급하고 있다.

들은 이른바 그리스도교 좌파 세력과의 전술적인 동맹 문제에 오랫동안 관심을 기울여 왔다. 피델 카스트로는 1971년 칠레를 방문하였을 때, 맑스주의자들과 그리스도교인들의 전술적 동맹을 전략적 동맹으로 발전시킬 수 있다고 말하였다. 그러나 그 뒤 브라질, 니카라과, 엘살바도르 등의 사례를 경험한 이후에는 더 이상 동맹에 대하여 이야기하지 않고, 오히려 거기서 한 걸음 더 나아가 유기적 통일^{organic unity}을 이야기한다. 왜냐하면 이미 그리스도교인들은 라틴아메리카의 많은 나라들에서 노동운동과 혁명운동의 본질적인 요소 가운데 하나가 되었기 때문이다.

맑스주의자들은 예기치 못한, 이러한 새로운 발전에 대해 서로 다른 방식으로 반응한다. 어떤 이들은 그것이 사제들의 속임수 또는 새로운 형태의 '인민의 아편'에 지나지 않는다고 간주하는 반면, 다른 이들은 기꺼이 개방적인 태도를 취하고, 혁명적 그리스도교인들을 운동의 당당한 성원으로 받아들인다. 후자의 좋은 예는 산디니스타 민족해방전선^{FSLN}의 전국 지도자 가운데 한 사람인 루이스 카리온 사령관이다. 그는 1985년 8월에 행한 인터뷰에서 이 문제를 다음과 같이 통찰력 있게 지적하였다.

그리스도교인들이 자신의 신앙을 포기하지 않은 채, 맑스주의의 모든 개념적 도구들을 받아들이는 것을 가로막는 어떤 장애물도 없다. 이 개념적 도구들은 사회과정을 과학적으로 이해하고, 정치적 실천에 있어 혁명적 지향을 갖기 위해 필요한 것이다. 다른 말로 하면, 그리스도교인은 그리스도교인인 동시에, 온전히 일관된 맑스주의자가 될 수 있다 …… 이러한 의미에서 우리의 경험은 많은 교훈을 주고 있다. 많은 그리스도교인들이 산디니스타 전선에 참여했고 현재도 적극적이며, 심지어 이들 가운데 일부는 사제들이다. 그리고 여기서 단지 평회원 활동가들만을 말하는 것이 아니며, 그들 가운데 일부는 산디니스타 총회[assembly] 의 대의원이고 고위 직책을 맡고 있다 …… 내가 보기에, 일부 맑스주의 적 전위 활동가들을 진보적이고 혁명적인 그리스도교 부문들을 정당 내 에서 정치적 추종자들을 확보하기 위해 경쟁해야 하는 적대 세력으로 인지하는 경향이 있다. 이것은 잘못된 것이다. 이러한 실수를 범하지 않 는 것이 산디니스타 전선의 위대한 성과 가운데 하나이다. 우리는 교회 의 민중적 구조와 동맹을 맺고 있다. 이것은 거기서 사람들을 끌어내려 는 것이 아니라, 산디니스타 전선의 정치적 발전의 한 단계로서 그들을 이 전선의 일원으로 참여시키기 위한 것이다. 이것은 결코 그들이 그리 스도교라는 제도를 떠나야 한다는 뜻이 아니다. 오히려 그 반대로 그들 은 자신들의 적극적인 투신이 그 환경에서 정치적 행위로 전환되도록 그 민중적 구조에 남아 있어야 한다. 그들이 산디니스타 전선에 참여할 때, 우리는 결코 그들에게 그리스도교 신앙이냐 또는 전선 활동이냐라 는 딜레마에 부딪힐 수 있다고 말한 적이 없다. 우리가 그런 식으로 문제 를 제기했더라면, 우리는 작은 활동가 집단에 머물렀을 것이다.[84]

그러나 다른 한편으로 브라질과 중앙아메리카를 제외한 지역에서는, 대다수의 '가난한 이들의 교회' 성원들이 맑스주의와의 중요한 관계를 맺 는 것을 꺼려했음을 강조할 필요가 있다. 이것은 바티칸의 캠페인 때문만 이 아니고, 그 이론과 공공연한 정치 참여에 대한 일반적인 불신 때문이기 도 하다. 게다가 한때 종종 맑스주의적 범주들을 사용했던 일부 신학자들

---

84) Luis Carrión, "Les chrétiens dans la révolution sandiniste", *Inprecor*, no. 246, July 1987, p. 16.

이 오늘날 훨씬 더 신중한 태도를 보이고 있다. 특히 1989년 동유럽 사건(소비에트 블록의 불명예스러운 붕괴) 이후에 더욱 그러하다. 다시 말하면 오늘날 해방그리스도교와 맑스주의의 관계를 중시하지 않는 일반적인 경향이 존재한다고 할 수 있다.

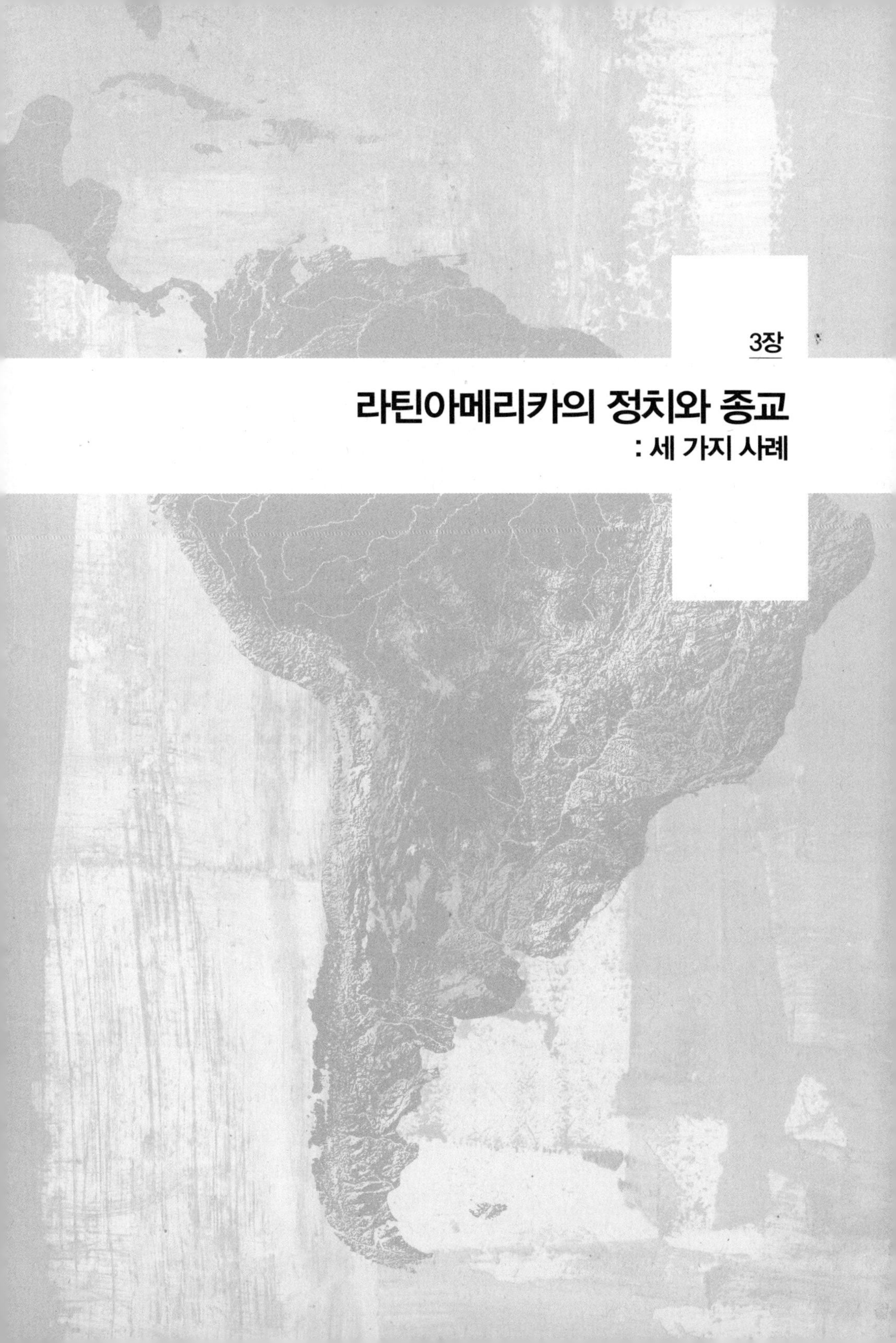

라틴아메리카의 정치와 종교

: 세 가지 사례

3장 | 라틴아메리카의 정치와 종교:세 가지 사례

1. 브라질 교회와 정치

브라질 교회는 라틴아메리카에서 독특한 사례이다. 왜냐하면 이 교회는 해방신학과 그에 기반을 둔 사목활동가들이 결정적인 영향력을 행사하는 라틴아메리카의 유일한 교회이기 때문이다. 브라질 교회가 세계에서 가장 많은 가톨릭 인구를 갖고 있다는 점을 고려한다면, 이 사실의 중요성은 더욱 더 명료해진다. 게다가 브라질의 새로운 민중운동(급진적인 유일노총CUT, 무토지농민운동MST, 빈민지역 주민운동)과 그 정치적 표현인 새로운 노동자당Partido dos Trabalhadores, PT은 상당한 정도로, 투신적인 그리스도교인들, 평신도 사목활동가들, 그리고 기초공동체의 민중적 활동이 낳은 산물이다.

    브라질 교회의 사회적·정치적 입장이 역사적으로 얼마나 급진적으로 변화했는지 보여 주는 두 가지 사례가 있다.

    브라질의 유명한 공산주의 지도자인 그레고리우 베제라는 자신의 회고록에서, (공산당이 합법화된) 1946년경 북동부 지역의 한 작은 도시에서 열린 회의에 참가했는데, 그 지역의 사제가 이끄는 일단의 광신자들이

"공산주의 물러가라! 예수 그리스도 만세!"라고 외치며 위협을 했다고 당시를 회고하였다. 결국 베제라는 생명의 위협을 느껴 도망치지 않을 수 없었고, 무지몽매한 군중들로부터 벗어나기 위해 지역 경찰서에 피신하였다. 그로부터 35년이 지난 뒤, 이와 정반대되는 현실이 전개되었다. 다시 말하면 1980년 브라질 상베르나르두두캄푸(상파울루 시에 인접한 공업 도시)의 금속노동자들이 파업을 했을 때, 경찰이 노동자들의 시위를 진압하려고 돌격했고, 시위대들은 인근의 한 성당으로 피신하지 않을 수 없었다. 그때 그 지역의 주교가 성당 문을 열어 그들을 맞이하였다.

　　이러한 변화가 어떻게 일어났는가? 이미 1950년대 말에, 주교들과 사제들 사이에서 서로 다른 사상적 경향들이 나타났음을 알 수 있다. 이 경향들 가운데 가장 중요한 세 가지는 전통주의traditionalists, 보수적 근대주의conservative modernizers, 그리고 개혁주의reformists였다. 그러나 이 세 가지 경향 다 '무신론적 공산주의'에 대한 반발을 공유하고 있었다. 당시 가장 진보적인 인물은 돔 헬더 카마라였다. 그는 올린다Olinda 교구의 대주교로서 최선의 형태로 표현된 '발전신학'theology of development을 대표했고, 북동부 주민의 비극적인 가난에 의문을 제기했다.

　　그러나 1960년대 초, 이전과는 전적으로 다른 새로운 흐름이 나타났고, 얼마 지나지 않아 사람들은 이 새로운 흐름을 '가톨릭 좌파'로 지칭하기 시작하였다. 특히 가톨릭대학생운동JUC은 쿠바혁명과 더불어, 당시의 프랑스 신학, 르브레 신부의 인본주의적 경제humanist economics, 그리고 에마뉘엘 무니에의 인격주의적 사회주의personalist socialism 등의 영향을 받아, 급진적인 형태로 변모하였고, 아주 신속하게 좌파적 이념, 사회주의적 이념을 받아들였다. 가톨릭대학생회의 지도자들은 1960년의 선구적인 문서, 『브라질 민중을 위한 그리스도교 역사적 이념의 몇 가지 지침』Algumas *diretrizes de um ideal histórico cristão para o povo brasileiro* 을 통해 자본주의의 악을 고발하였다.

　우리는 모호함이나 망설임 없이 말해야 한다. 역사적으로 실현된 자본주의는 그리스도교 의식^{意識}의 거리낌 없는 단죄를 받아야 한다고. 이것을 굳이 정당화할 필요가 있을까? 여기서 구체적인 자본주의 상황에 특징적으로 나타나는, 인간 본성의 몇 가지 소외(인간 노동을 상품의 조건으로 축소한 것, 공동선의 요구를 존중하지 않는 사적 소유의 독재, 경제 권력의 남용, 한편에 고삐 풀린 경쟁이 있는가 하면 다른 한편에 모든 종류의 독점 행태가 있는 것, 이익 추구를 핵심적인 동기부여로 삼는 점)를 상기하는 것만으로 충분하다. 브라질 사회에서 노동자의 인간성을 돈과 잔인한 경쟁의 폭정, 간략하게 말한다면 자본주의의 메커니즘에 내맡길 수는 없다.

　가톨릭 대학생들은 "이윤에 바탕을 둔 무정부주의적인 경제를 인간적 원리에 따라 조직하는 경제로 대체할 것"을 요구하였다. 이 요구의 목표는 사실상 "기본적인 생산 부문의 국영화"였다. 이 문서는 전통적인 가톨릭 교의(공동선, 자연법)와 마찬가지로, 토마스 아퀴나스, 교황 레오 13세, 그리고 에마뉘엘 무니에를 인용하고 있지만, 또한 다른 한편으로 맑스주의 개념을 사용하고, 브라질 사회의 사회주의적 변혁이 필요하다고 강조한다. 이들은 "본질적으로 반자본주의적이고 반제국주의적인 이데올로기"를 시도하고, "보다 더 정의롭고 인간적인 사회 구조"를 모색하면서, "자본주의적 구조를 실제적으로 부정하고, 피착취계급에 실천적으로 투신할 것"을 요청한다.¹⁾

발아發芽적이고 선구적인 (어쩌면 라틴아메리카 해방그리스도교 사상의 최초 사례라 할 수 있는) 이 문서의 정신을 정의한다면, '저발전국'低發展國의 상황에서 전통적 가톨릭, 인격주의적 가톨릭(무니에), 그리고 맑스주의적 자본주의 비판을 독자적인 방식으로 조합한 것이라고 할 수 있다. "인간적 존엄성에 대한 모든 형태의 남용, 착취와 범죄에 바탕을 두고 있는 괴물적인 구조"로서의 자본주의에 대한 반감(또는 부정적인 친화성)은 강한 윤리적/종교적 특성을 갖고, 이러한 특성으로 말미암아 그리스도교 좌파는 당시 브라질의 지배적인 좌파 흐름과 구별된다.

브라질 그리스도교 좌파——다시 말하면 가톨릭액션의 다양한 분파(JEC, JUC, JOC), 도미니크회원, 일부 예수회원 그리고 일부 가톨릭 지성인들——는 프랑스의 진보적인 가톨릭 문화가 발전시켜 온 다양한 요소들을 활용하면서, 1960년대 초반부터 근본적으로 새로운 형태의 종교 사상과 실천을 전개하기 시작했다. 메인워링은 브라질 가톨릭 교회와 정치에 대해 흥미로운 책을 썼는데, 이 책에서 다음과 같이 말한다.

> (마르탱, 르브레, 콩가르, 무니에와 같은) 진보적인 유럽 신학자들이 이러한 과정의 초기에 영향을 미쳤으나, 브라질 가톨릭 좌파는 단순히 유럽의 사회사상을 교회에 도입한 것이 아니라, 그보다 훨씬 더 많은 것을 해냈다. 이들은 유럽적 이념을 브라질 상황에 맞게 적용했고, 교회의 사명에 관한 새로운 개념을 발전시켰다.

---

1) Regional Centro-Oeste, "Algumas diretrizes de um ideal histórico cristão para o povo brasileiro", in Luis Gonzaga de Souza Lima, *Evolução política dos católicos e da Igreja*, Petrópolis : Vozes, 1979, pp. 87~92.

내 생각에 이러한 분석은 충분치 않은 것 같다. 브라질 사람들이 한 것은 프랑스 이념들을 '적용한' 것이 아니라, 새로운 이념을 창출하고, 브라질 특유의 영감을 가진 정치적/종교적 문화(그 당시는 아직 좁은 의미에서의 '신학'을 말할 단계가 아니었다)를 창출하기 위한 출발점으로서 그 이념들을 활용했을 뿐이다. 1960~1962년 무렵의 이러한 이념과 실천은 순전히 **라틴아메리카적인** 그리스도교 사상/행동의 탄생이라고 할 수 있다 (가톨릭액션의 유명한 표어처럼, "보고, 판단하고, 행동하라").[2]

프랑스적 준거에 대한 이러한 재해석과 변화의 내적 논리는 한마디로 요약하면 **급진화**^{radicalization}라고 할 수 있다. 이러한 급진화는 프랑스 저작에서 가장 진보적인 입장을 선별한 것이고, 맑스주의적 요소들을 통합한 것이며, 유럽적 관점을 세계 자본주의 체제의 억눌린 주변부의 관점으로 대체하면서 관점을 급진적으로 발전시킨 것이었다. 이러한 급진화는 가톨릭 활동가들의 새로운 사회적·문화적·정치적 실천들과 밀접한 관련을 갖고 있다. 이러한 실천들은 흔히 세속적인 좌파와 연대하여 학생운동에 참여하고, 사회적 투쟁을 지원하며, 민중교육에 투신하는 방식으로 이뤄졌다.

특히 이 마지막 것은 가장 중요한 측면 가운데 하나이다. 1960년대 초반 가톨릭 활동가들은 교회의 지원으로 '민중교육운동'^{Movimento de Educação de Base, MEB}을 조직하였다. 이는 민중계급들 사이에서 급진적 사목 활동

---

2) Scott Mainwaring, *The Catholic Church and Politics in Brazil 1916-1985*, Stanford, CA : Stanford University Press, 1986, p. 72. 그러나 메인워링은 이 책의 다른 곳에서 이 사실을 인정하는 것 같다. "그리스도교 좌파는 특유하게 라틴아메리카적인 신학을 발전시키기 시작하였다"(p.72). 이러한 프랑스-브라질 관계에 대한 더 체계적인 논의는 Michael Löwy with Jesús García Ruiz, *Les sources françaises du christianisme de la libération au Brésil*(forthcoming) 참조.

을 전개하기 위한 가톨릭 최초의 시도였다. 민중교육운동은 프레이리의 교육론에 바탕을 두면서, 가난한 이들의 문맹을 퇴치할 뿐만 아니라 그들을 의식화하고 그들이 자신의 역사의 주체가 되도록 돕는 것을 목표로 삼았다. 1962년 가톨릭대학생회^{JUC}와 민중교육운동^{MEB}의 활동가들은 '민중행동'$^{Ação\ Popular,\ AP}$을 창립하였다. 민중행동은 사회주의를 위한 투쟁에 헌신하고, 맑스주의적 방법을 채택하는 비^{非}종교적 정치운동이었다.

1960년대 브라질 가톨릭 좌파는 해방그리스도교의 진정한 선구자였다. 그럼에도 불구하고 이 가톨릭 좌파는 70년대의 '가난한 이들의 교회'와 달리 대중적 기반이 제한되어 있었다. 얼마 지나지 않아 교계는 이 좌파를 공격하였고, 그 정당성을 부인하였다. 교계는 가톨릭대학생회의 좌파적 성향이 교회의 건전한 사회교리에 거스르는 것이라고 비판하였다. 1964년 이후, 민중행동은 (평신도든 사제든, 여전히 많은 그리스도교인들의 지원을 받았을지라도) 교회로부터 멀어져 갔을 뿐 아니라, 또한 그리스도교 자체로부터도 멀어졌다. 그리고 그들 가운데 다수는 마오주의적인 경향을 가진 브라질 공산당$^{Partido\ Comunista\ do\ Brasil,\ PCdoB}$에 입당하였다.

1964년 4월, 브라질 군인들이 권력을 탈취하였다. 명분은 '무신론적 공산주의'로부터 '그리스도교적 서구 문명'을 구한다는 것이었다. 그러나 사실은 민주적으로 선출된 굴라르 대통령 아래서 사회운동이 활발해지면서 그로 인해 위기의식을 느꼈던 지배적인 과두제를 옹호하기 위한 것이었다. 브라질 주교회의^{CNBB}는 두 달간의 성찰 끝에 1964년 6월, 군사 쿠데타를 지지하는 성명서를 발표했다.

공산주의가 권력을 장악하기 위한 행진을 가속화하여 왔다. 이를 지켜보는 브라질 국민 일반의 걱정스러운 기대에 부응하여, 군인들이 시의

적절하게 개입했고, 우리나라에 볼셰비키 체제가 들어서는 것을 저지했다 …… 수백만 명의 브라질인들의 기도에 응답하면서, 우리를 공산주의의 위험으로부터 구해 준 하느님께 감사드리고, 또한 자신의 생명을 무릅쓰고 나라의 가장 큰 관심사를 위해 일어선 군인들에게 감사하는 마음이다.

교회는 이러한 주장(라틴아메리카의 군사 쿠데타를 교회적 차원에서 정당화한 것)으로 군부 체제의 출범을 축성하였다. 그러나 이 체제는 이후 20년 동안 브라질의 민주적인 자유를 억압하였다.[3]

요한 23세와 제2차 바티칸 공의회의 초기 논의가 옹호했던 새로운 개방, 그리고 위기적 상황에서 사회개혁에 대한 많은 브라질 주교들의 지지에도 불구하고, 교회는 케케묵은 냉전적 주장(순전히 상상의 소산인, 브라질에서의 '볼셰비키적 위험')의 이름으로 반민주적이고 권위주의적이며 보수적인 세력들을 선택하였다.

이러한 입장이 (돔 헬더 카마라를 비롯한 진보적인 주교들을 포함하여) 전체 주교단의 지지를 받은 것처럼 보였다면, 다른 한편으로 가톨릭중고등학생회[JEC], 가톨릭대학생회[JUC], 가톨릭노동청년회[JOC], 그리고 일반적으로 말하면 가톨릭액션의 그리스도교 활동가들이 보인 견해와는 크게 달랐다(이 활동가들과 함께 일했던 사제나 수도자들 역시 마찬가지였다). 이 활동가들 가운데 많은 이들이 새로운 군사정권에서 시작된 마녀사냥의 최초의 희생자들이 되었다.

---

3) F. Prandini, V. Petrucci and Frei Romeu Dale, *As relações Igreja - estado no Brasil*, vol. 1 (1964~67), São Paulo : Loyola, 1986, pp. 36~37에서 인용.

초기에 그리스도교 좌파는 억압으로 파편화되었고 사회적으로 소외되었다. 그러나 시간이 흐르면서 시민사회 안에서 독재 반대 운동이 나타났고, 이와 더불어 사제, 수도자, 수녀들과 심지어 몇몇 주교들을 포함한, 갈수록 더 많은 가톨릭인들(물론 개신교인들과 마찬가지로)이 독재 반대의 편으로 옮아갔다. 그들 가운데 일부가 급진화되었다. 1967~1968년경 많은 수의 도미니크회 수도자들이 무장 투쟁을 지원하고, 민족해방행동Ação para Libertação Nacional, ALN(전前 공산당 지도자인, 마리겔라가 창설한 게릴라 부대)과 같은 지하 운동을 돕는 데 관여했다. 수도자들은 민족해방행동의 성원들을 숨겨 주거나 이들 가운데 일부가 국외로 피신하는 데 도움을 주었다. 얼마 뒤, 여러 명의 수도자들이 군인들에 의해 체포되고 고문 받았으며, 게릴라 운동은 진압되었다.

그리스도교 활동가들은 봇물 터지듯이 체제 전복적인 활동에 가담하였고, 그러한 참여 때문에 교회 사람들은, 심지어 (특히 수도회 소속의) 사제들도 갈수록 잔혹한 억압(투옥, 강간, 고문, 살해)이라는 대가를 치렀다. 이러한 억압은 특히 1968년 2월 긴급조치 5호[4]가 발표된 후 더욱 심해졌다. 긴급조치 5호는 그때까지 아직 남아 있던 시민적 자유와 사법적 보장을 전면 폐지하는 것이었다.

교회 지도자들은 처음에는 아주 신중한 태도를 취했고, 그와 동시에 군사정부와 협력할 태세였으나, 또한 다른 한편으로 점진적인 헌정 질서의 복귀를 원했다. 1969년 5월 헤시피 가톨릭 학생들의 지도신부conselheiro

---

4) 긴급조치 5호(Ato Institucional 5, AI-5)는 군사쿠데타 이후 군인들의 정치 활동을 정당화하고 합법화하기 위한 제도적 장치로, 군인들은 이 장치를 통해 다양한 초헌법적인 권력을 행사하였다―옮긴이.

인, 엔히키 페레이라 네투 신부가 살해되고, 감옥에 갇힌 수도자들(특히 도미니크회 수도자들)과 수녀들이 잔혹한 고문을 당했다는 무서운 소식이 나돌았을 때도, 주교들은 반체제적 입장을 취하는 데 주저하였다. 상파울루 대교구(브라질에서 가장 규모가 큰 교구)의 돔 아그넬루 로씨 대주교는 1969년 11월 군인 대통령 가라스타주 메디치 장군을 방문해, "정부가 성공하길 바라는 자신의 진심어린 소망"과 "나라에 힘을 보태기 위해, 정부와 정중한 관계를 유지하려는" 교회의 바람을 전달하였다.[5]

메인워링은 돔 아그넬루 로씨 대주교를 다음과 같이 평가하였다.

그는 상파울루 대주교로서 재직 기간(1964~1970) 내내 체제를 비판하려 하지 않았다. 오히려 그는 교회와 국가 사이에 갈등이 있다는 것을 부인하려고 애썼고, 끊임없이 체제와 협상하려고 시도하였다. 그는 지속적으로 쿠데타를 기념하자고 대중들에게 권고한 몇몇 돌출적인 대주교들 가운데 한 사람이었고, 몇 차례에 걸친 해외여행에서 고문 관련 보고서가 과장되었다고 주장하였다.[6]

상파울루 대교구의 루카스 모레이라 네베스 보좌주교를 비롯한 다른 주교들도 도미니크 수도회가 티투 데 알렌카르 수사 신부가 겪은 고문에 대해 증언해 달라고 요청받았을 때, "자신들의 사목 활동에 피해를 준다"[7]

5) F. Prandini, V. Petrucci and Frei Romeu Dale, *As relações Igreja-estado no Brasil*, vol. 3, p. 18.

6) Mainwaring, *The Catholic Church and Politics in Brazil 1916-1985*, p. 104.

7) Frei Betto, *Batismo de sangue: Os dominicanos e a morte de Carlos Marighella*, Rio de Janeiro : Bertrand, 1987, p. 237 참조.

는 이유로 거절했다.

그러는 동안, 브라질 감옥에서의 고문 스캔들, 그리고 그 희생자들 가운데에 (평신도 활동가든 사제든) 수많은 가톨릭인들이 있다는 사실이 국제 가톨릭 여론, 그리고 심지어 로마 교황청을 움직이기 시작했다. 바티칸 정의평화위원회가 성명서를 발표하였고, 좀더 신중한 형태이긴 하지만, 심지어 바오로 6세도 성명서를 발표하였다(그러나 그는 브라질을 명백하게 언급하지 않았다). 1970년 5월 파리를 방문한 돔 헬더 카마라는 처음으로 브라질에서 고문이 자행되고 있다고 공개적으로 비판하였다. 그러자 브라질 당국과 체제 순응적인 언론은 즉각 "외국인들 앞에서 조국을 헐뜯는다"고 돔 헬더 카마라 주교를 비난하면서, 그에 대한 악의적인 캠페인을 전개하였다. 심지어 당시 상파울루 주지사였던 아브레우 소드레는 그를 "공산당의 선전 기관에 속해 있는" "수단cassock을 입은 피델 카스트로"라고 지칭하기도 했다.

1970년 5월 말, 브라질리아에서 브라질 주교회의가 소집되었고 이 회의에서 사목교서가 발표되었다. 이 교서는 이러한 논쟁에 대해, 아주 조심스러운 방식으로 입장을 표명하였다. 다시 말하면 원칙적으로 어떠한 형태의 고문도 있어서는 안 된다고 단죄하였지만, 이러한 고발을 사법적으로 입증하는 것은 "우리의 권한 밖이다"라고 선언했다. 나아가 "그러한 사실들이 입증된다고 해도, 그것이 정부의 공식적인 정책과 일치할 가능성은 적다"는 확신을 표명했다. 군인들을 편들었던 언론들은 이 교서가 체제의 편을 들어주었다며 승리를 자축하였다.[8]

---

8) F. Prandini, V. Petrucci and Frei Romeu Dale, *As relações Igreja-estado no Brasil*, vol. 3, pp. 33~34.

그럼에도 불구하고 나라 안팎에서 성난 가톨릭 여론이 들끓음에 따라, 주교들은 이와 같은 입장을 유지할 수 없었다. 그로부터 몇 달 뒤, 모든 것이 변하기 시작하였다. (바오로 6세가 고문에 대해 연설한 지 얼마 지나지 않은) 1970년 7월, 돔 아그넬루 로씨는 바티칸의 고위직으로 '승진'해 자리를 옮겼고, 상파울루의 새로운 대주교로 돔 파울루 에바리스투 아른스가 임명되었다. 그는 인권 옹호 활동이나 감옥에 갇힌 수도자들과의 연대 활동으로 널리 알려진 인물이었다. 그로부터 얼마 뒤, 브라질 주교회의는 새 의장으로 돔 알로이시우 로르샤이더를 선출했는데, 그는 갈수록 군사독재에 대한 노골적인 반대를 표명하였다.

이러한 변화의 정도는 아주 큰 것이었고, 따라서 1970년대 내내, 특히 지하 활동을 하던 좌파들이 제거된 이후 시민사회의 눈으로 보나 군인들 자신의 관점에서 보나, 교회는 권위주의적인 국가의 주요한 적으로 등장하였다. 군사정권이 묵인한 (그리고 군사독재에 의해 길들여진) 국회 내 야당인 브라질민주운동^{Movimento Democrático Brasileiro, MDB}보다 훨씬 더 강력한 (그리고 급진적인) 적이었다. 인권, 노동조합, 농민조합을 옹호하는 여러 사회운동들은 교회의 보호 아래서 피난처를 찾았다. 교회는 주교들의 목소리를 통하여 갈수록 더 직접적이고 명백한 방식으로 인권 침해와 비민주적인 요소들을 비판하였다. 그러나 단지 이것만이 아니었다. 교회는 또한 군인들이 강요하는 발전 모델을 비판하였고, 그들의 '근대화' 정책을 비인간적이고 불의한 것이며, 가난한 이들에 대한 사회적·경제적 억압에 기반한 것으로 간주하면서 이 정책을 전면적으로 비판하였다.

예를 들면 1973년 브라질 북동부, 중서부 지역의 주교들과 여러 수도회 지도자들은 두 개의 성명서를 발표하였다. 이 성명서들은 단지 독재를 문제 삼았을 뿐만 아니라 또한 자본주의를 '악의 뿌리'라고 비판하였다.

사실 이 문서들은 세계 어느 지역의 주교단도 발표한 적이 없는 아주 급진적인 선언이었다(그 가운데 몇 구절은 이 책 132~133쪽에서 확인할 수 있다). 체제와 지배계급이 강요하는 경제발전 모델(그리고 특히 농촌 지역으로 확산되면서 농민들에게서 토지를 빼앗는 야만적인 자본주의)은 갈수록 주교회의의 비판적인 집중 포화를 받았다. 이에 대해 군부의 고위직 인사들은 교회를 체제 전복적이고, 맑스주의에 의해 고무되고 있으며, 유토피아적, 봉건적, 후진적이라고 비난하였다. 이 마지막 비난은 교회가 (자본주의적) '근대화'와 '진보'를 반대한다는 이유 때문이었다.

또한 같은 시기에 많은 사제와 수도자들이 급진적인 주교들의 지원 아래 추진한 기초공동체가 활성화되기 시작했다. 특히 여성 수도자들이 지대한 역할을 하였는데, 수녀들은 단지 그 숫자가 많을 뿐만 아니라(브라질에 3만 7천 명의 수녀들이 있다), 또한 도시의 가난한 지역에서 기초공동체를 육성하는 일에 보다 더 효과적이었다. 그 결과 70년대 말에 이미 수만 개의 기초공동체로 늘어났고, 이 공동체에 참여하는 신자 수도 수십만(어쩌면 수백만)에 이르렀다.[9]

사람들이 공통적으로 겪는 고통(가난), 그리고 구원의 희망은 브라질 기초공동체의 정치적/종교적 문화의 주요한 요소들이었다. 이것은 막스 베버가 공동체적 종교성^{Gemeindereligiosität}이라는 이념형을 이야기할 때 기술한 것과 아주 비슷하다.

---

9) 브라질에서 활동 중인 기초공동체의 숫자를 정확하게 파악하는 것은 매우 어렵다. 논자에 따라 평가치가 아주 다르게 나타난다. 메인워링은 9만여 개의 공동체에 대략 2백만 명 정도가 참여한다고 보는데, 이는 대다수 학자들이 공유하고 있는 숫자이다.

구원적 예언들 사이에서 코뮌적communal 관계를 구성하는 원리는 모든 신자들에게 공통적인 고통이다. …… 이웃들 사이의 상호성 윤리로부터 나오는 요청imperatives이 많으면 많을수록 구원 개념은 더 합리적이 되고, 절대적 목적의 윤리로 승화된다. 이러한 요청은 외적으로, 형제적 사랑의 공산주의brüderlichen Liebeskommunismus로 발전한다. 내적으로는 자애慈愛, caritas의 태도, 고통 받는 사람 자체에 대한 사랑의 태도, 이웃, 인간, 그리고 마지막으로 적에 대한 사랑의 태도로 발전한다.[10]

이렇게 새로운 문화적·종교적 세력, 다시 말하면 해방신학이 출현하였다. 앞에서 언급한 바와 같이 그 싹을 최초로 틔운 이는 우구 아스만이었다. 그는 그리스도교적 주제들을 맑스의 실천 철학과 관련지어 성찰하기 시작했다. 1970~1971년경에 나온 아스만의 저작들은 도시의 가난한 이들과 함께 일한 자신의 경험에서, 그리고 맑스주의——유럽 맑스주의(프랑크푸르트!)뿐만 아니라 라틴아메리카 맑스주의(종속이론)——에 대한 깊은 이해에서 영감을 얻은, 해방신학과 관련 있는 가장 급진적이고 일관적인 문헌에 속한다. 그러나 아스만은 망명을 강요받았고, 얼마 지나지 않아 다른 신학자들이 나타났다. 가장 널리 알려진 이는 레오나르두 보프와 클로도비스 보프 형제이다. 이들은 각각 프란치스코회와 구속주회redemptorist 소속 사제였다. 보프 형제는 자신들의 저작이나, 페트로폴리스 시에 있는 진보적인 가톨릭 출판사 보제스Vozes를 통해 교회 사람들에게

---

10) Max Weber, "Religious rejections of the world and their directions", in *From Max Weber*, ed. H. H. Gerth and C. W. Mills, London : Routledge, 1967, p. 330 ; "Zwischen betrachtung", p. 486 참조.

영성적·정치적 지침을 제공하였고, 사목자, 기초공동체 지도자, 신학생, 그리고 가톨릭 지성인들의 한 세대를 가르쳤다. 보프 형제는 아주 창의적이고 독특한 사고방식을 가지고 맑스주의적 범주들을 공개적으로 활용하면서 자신들의 사상에 공감했던 여러 브라질 주교들의 지지를 받았다. 그러나 로마 당국의 금지와 검열이 갈수록 더 심해지자, 레오나르두 보프는 1992년 프란치스코 수도회를 떠나 평신도 신학자로 활동하기로 결정하였다.

1980년대 브라질의 점진적인 민주화 과정에서 등장하였던 새로운 사회운동과 정치운동의 성원들은 그 상당수가 기초공동체와 (노동사목, 토지사목, 빈민사목, 청소년사목과 관련된) 교회 사목활동기 출신이었다. 이 새로운 운동들을 예시하면 다음과 같다. ① 1980년에 창당한 새로운 '노동자당'Partido dos Trabalhadores, PT. 노동자당의 대선 후보였던, 금속노조 지도자 출신 루이스 이나시우 데 실바(룰라)[11]는 1989년 대선에서 아깝게 패했다(47%의 표를 얻었다). ② 1983년에 창립한, 계급투쟁적 관점을 견지하는 새로운 노총인 '유일노총'Central Única de Trabalhadores, CUT. 유일노총은 도시와 농촌 지역에서 약 천만 명의 노동자들을 조직하면서 재빠르게 노동운동의 헤게모니를 장악하였다. ③ 브라질의 여러 지역에서 대대적인 토지 점거를 주도했던 '무토지농민운동'Movimento dos Trabalhadores Rurais Sem Terra, MST. ④ (최근에 창립한) '전국민중운동연합'Coordenação Nacional dos Movimentos Populares. 이 단체는 주민운동이나 다른 지역 운동들의 느슨한 연합체이다.

앞에서 말한 바와 같이, 많은 기초공동체 성원들이나 사목활동가들

---

11) 룰라는 2002년부터 2010년까지 브라질 대통령을 지냈다—옮긴이.

사이에 종종 아주 강한 '바시스모'basismo적 경향이 존재한다. 이 경향은 지역주의, 느린 속도의 조직화, '이방인'과 지식인에 대한 불신, 그리고 낮은 수준의 정치화 등의 특성을 갖는다. (클로도비스 보프와 프레이 베투 같은) 해방신학자들과 맑스주의 활동가들은 이러한 경향을 비판하였다. 그러나 브라질 기초공동체가 단지 군사적 권위주의뿐만 아니라 브라질의 세 가지 주요한 정치 전통을 비판하면서 새로운 정치 문화, 즉 '풀뿌리 민주주의'grass-roots democracy를 창출하는 데 기여했음은 의심할 나위가 없다. 이 세 가지 정치 전통 가운데 첫번째는 후견주의clientelism이다. 이것은 농촌 지역에서는 지주들이, 그리고 도시 지역에서는 직업적인 정치인들이 일정한 혜택(일자리, 돈)을 베풀면서 전통적으로 행했던 방식이다. 두번째는 대중주의populism로, 바르가스와 그 추종자들이 행했던 것으로, 정부가 '위로부터' 노조 운동과 대중 운동을 조직하는 것이었다. 세번째 수직주의verticalism는 '옛' 좌파의 주요한 세력들이 자주 활용하던 것으로, 소비에트 또는 중국의 모범을 따르는 것이다. 그러나 기초공동체 활동가들은 앞서 말한 새로운 정치 문화 덕분에 그리고 급진적인 신학자들과 주교들의 도움을 받아 브라질 역사에서 가장 규모가 크고, 가장 급진적인 (도시와 농촌) 대중노동운동을 조직하는 데 기여했다.

1970년부터 1995년까지, 브라질 교회는 어떻게 대륙 전체에서 가장 진보적인 교회가 되었고, (1960년 이후) 좌파적 사상이 형성된 최초의 교회가 되었으며, 그리고 해방신학이 아주 광범위한 영향력을 행사하는 유일한 교회가 되었는가?

이 질문에 상세히 답하기는 어렵다. 여러 요소들을 고려할 필요가 있다(이 요소들을 조합할 때, 브라질 가톨릭 교회의 고유한 특성이 나타난다).

① 갈수록 사제 수가 부족해졌다. 사제의 수는 브라질의 막대한 인구,

그리고 빠른 속도로 증가하는 인구를 감당하기에는 너무 적었다. 그 결과, 평신도들, 특히 가톨릭액션 활동가들(바로 이 가톨릭액션이 1960년대 브라질 교회의 급진화에서 역동적인 역할을 하였다)이 갈수록 더 큰 영향력을 행사하고 중요성을 갖게 되었다.

② 프랑스의 가톨릭 교회와 문화가 브라질에 강력한 영향을 미쳤다. 이는 스페인(과 이탈리아)의 전통이 지배적인 다른 라틴아메리카 지역들과 비교할 때 두드러진다. 앞서 살펴본 바와 같이, 프랑스에서 (주요한 좌파적 경향을 포함해) 가장 진보적이고 비판적이며 앞서 나가는 가톨릭 문화가 발전하였다. 프랑스 수도회와 브라질 수도회는 직접적인 관계를 유지하였고(특히 도미니크 수도회), 많은 프랑스의 선교사들이 브라질에 와서 활동했으며, 전통적으로 프랑스 가톨릭 지식인들이 브라질 가톨릭 지식인들에게 영향을 미쳤기 때문에, 브라질 교회는 라틴아메리카의 다른 나라들보다 훨씬 더 용이하게 이러한 새로운 급진적 이념을 수용하였다.

③ 1964년에 등장한 군사독재가 변수로 작용하였다. 군사체제가 점진적으로 (특히 1968년 이후에) 민중적 저항을 표명하는 모든 제도적 채널을 폐쇄하자, 교회는 체제 비판을 위한 마지막 보루가 되었다. 민중운동들은 대대적으로 교회에 참여하였고, 교회가 가난한 이들의 해방이라는 대의에 봉사하도록 '회심'시키는 데 일조하였다. 그와 더불어, 군인들이 급진적인 교회 부문들을 잔혹하게 탄압하자 제도 교회 전체가 이에 대응하였고, 국가와 교회 사이의 갈등이 지속적이고 역동적으로 일어나게 되었다.

그러나 군사체제 그 자체만으로 충분한 설명이 되는 것은 아니라는 점을 강조할 필요가 있다. 왜냐하면 다른 나라들(예를 들면, 아르헨티나)에서는 군사독재가 오히려 교회로부터 전폭적인 지지를 받았기 때문이다.

비록 브라질 주교들이 1964년 군사쿠데타에 지지를 보냈을지라도, 이후 급진적인 중요한 흐름들이 형성되면서, 1970년 이후의 [주교들의] 변화를 위한 조건들을 마련하였다.

④ 1950년대 이래 브라질 자본주의의 발전 속도와 깊이가 라틴아메리카의 다른 나라들보다 훨씬 더 컸다. 현기증 날 정도로 빠르게 전개되는 도시화와 산업화, 신속하고 야만적으로 농촌지역에 확장된 자본주의는 (점증하는 불평등, 토지로부터의 농민 추출, 도시 주변부로의 가난한 주민들의 대대적인 집중과 같은) 사회적 모순들을 야기하였고, 이러한 모순들은 해방그리스도교가 자본주의적 '근대화'라는 재앙적인 모델에 대한 급진적인 해답으로서 자리매김하는 데 확실히 기여하였다.

⑤ 1970, 80년대의 급진적인 사제와 신학자들은 1960년대(그리고 일부 라틴아메리카 나라들에서 일어난 사건들)에서 교훈을 얻어, 끈기 있게 교회 제도의 틀 안에서 일하는 방식을 고집하였다. 이들은 주교들을 멀리하지 않고(그로 인하여 일부 주교들을 해방신학의 편으로 끌어들일 수 있었다) 자신들을 고립시키거나 주변화시킬 수 있는 이니셔티브를 피하려고 노력하였다. 이 사제와 신학자들은 자신들의 기본 원칙을 양보하지 않으면서도 교계와의 내적 갈등을 피하고, 민중 조직, 기초공동체, 그리고 민중사목의 발전에 총력을 기울였다.

브라질 교회의 급진적인 흐름에 대한 역사를 기술하는 가장 나은 방식은 어쩌면, 기초공동체의 정치적 각성을 이끌어내는 데 핵심적인 역할을 수행했던 인사, 다시 말하면 도미니크회 수사 신부인 프레이 베투의 개인사를 살펴보는 것이다. 그는 종교와 관련해 피델 카스트로와 한 대담을 책으로 출간하여 세계적으로 유명해졌다. 이 책은 14개국어로 번역되었으며, 라틴아메리카에서 수차례 판을 거듭하였다.

프레이 베투는 1944년 브라질 미나스 제라이스 주^州 벨루오리존치 시^市에서 태어났고, 본래 이름은 카를로스 알베르투 리바니우 크리스투 Carlos Alberto Libânio Christo이다. 그는 60년대 초반 가톨릭중고등학생회^{JEC}의 지도자가 되었고, 곧이어 도미니크회에 수련자^{novice}로 입회했다. 당시 이 수도회는 그리스도교를 해방의 관점에서 새롭게 해석하는 데 있어 중요한 공간이었다. 그는 주민들의 가난, 그리고 1964년 쿠데타로 시작된 군사독재에 충격을 받아, 게릴라 운동에 적극적인 호의를 보였던 도미니크 회원 네트워크에 참여했고, 1969년 군부의 억압이 더 강화되었을 때 많은 혁명적 활동가들이 몸을 숨기거나, 비밀리에 국경을 넘어 우루과이나 아르헨티나로 망명하는 것을 도왔다. 그는 이러한 활동으로 인해 군사체제에 의해 징역형을 언도받아, 1969년부터 1973년까지 감옥살이를 하였다.

프레이 베투는 최근 브라질에서 출간한 매력적인 책, 『피의 세례: 도미니크회원들과 카를루스 마리겔라의 죽음』^{Batismo de sangue. Os dominicanos e a morte de Carlos Marighella}(이 책은 이미 10쇄 이상 인쇄되었다)에서, 이 시기를 상세하게 회고하면서, 1969년 경찰이 살해한 민족해방행동^{ALN}의 지도자, 그리고 억압적 기구에 의해 체포되고 감옥에 갇히고 고문 받았던 자신의 도미니크회 친구들에 대해 이야기한다.[12]

---

12) Frei Betto, *Batismo de sangue. Os dominicanos e a morte de Carlos Marighella*. 가장 흥미로운 내용 가운데 하나는 경찰과 이상한, 일종의 '신학적' 논쟁을 기록하고 있는 부분이다. 질문: 어떻게 그리스도교인이 공산주의자와 협력할 수 있는가? 답변: 나는 인간이 유신론자와 무신론자로 나뉘는 것이 아니라, 억압자와 억압 받는 자, 불의한 사회를 지키고자 하는 자와 정의를 위해 투쟁하는 자로 나뉜다고 생각한다. / 질문: 맑스가 종교를 인민의 아편이라고 이야기한 것을 잊었는가? 답변: 자신은 지상의 것들을 소유하면서, 주님은 단지 천상에 있다고 설교하며, 종교를 인민의 아편으로 만든 것은 바로 부르주아지이다.

이 책의 마지막 장은 비극적인 인물, 프레이 티투 데 알렌카르에 관한 내용이다. 그는 브라질 경찰에 의해 잔인한 고문을 당했고, 풀려난 이후 정신적 균형을 더 이상 회복하지 못했다. 그는 프랑스에 망명해 살면서도 이전에 그를 괴롭혔던 사람들에 의해 여전히 쫓기고 있다는 환상에 시달렸고, 1974년 8월 마침내 자살을 선택했다.

프레이 베투는 1973년에 감옥에서 풀려난 직후, 기초공동체를 조직하는 데 헌신한다. 그리고 몇 년 동안 단순하고 대중적인 언어로 해방신학의 의미와 기초공동체의 역할을 설명하는 여러 가지 팸플릿을 발간한다. 그는 이러한 활동을 통해 '기초공동체 전국 모임'Encontro Intereclesial das CEBs의 주요한 지도자가 된다. 이 전국 모임은 브라질 전국의 기초공동체들이 각자의 사회적·정치적·종교적 경험을 상호 교환하는 자리였다. 또한 프레이 베투는 1980년 제4차 제3세계신학자 국제대회Fourth International Congress of Third World Theologians를 조직하였다.

프레이 베투는 1979년부터 상파울루 시 외곽에 자리한 산업 도시이자 새로운 브라질 노동운동의 요람인 상베르나르두두캄푸São Bernardo do Campo시市의 노동사목을 맡는다. 그는 공식적으로 어느 정치 조직에도 가입하지 않았지만, 노동자당에 호의적이고, 상베르나르두두캄푸 금속노조의 지도자였고 노동자당의 총재가 된 루이스 이나시오 다 실바(룰라)와의 우정을 숨기지 않는다. 프레이 베투는 1994년의 대통령 선거에서 룰라 후보를 지원하기 위해, 여러 종교계 인사들이 참여하는 에큐메니컬 위원회를 조직하는 데 일조하였다.

1986년 교황이 브라질 주교들에게 보낸 서한을 보면, 그가 브라질 교회를 지지한 것처럼 보이지만, 최근 10년 동안 바티칸의 일관된 정책은 브라질 교회를 (1969년 이후 소련과 체코슬로바키아의 관계를 서술하기 위해 사용했던 것과 같은 의미에서) '정상화하려고' 조직적으로 시도한 것이었다. 프랑스 예수회의 샤를 안토니가 최근 논문에서 주장한 것처럼, 이러한 바티칸 정책의 목표는 보수적인 주교들을 임명함으로써 브라질 교회를 '해체'하려는 것이었다. 이런 식으로 새로 임명된 보수적인 주교들은 곧잘 그의 전임자들이 일궈 놓은 사목 구조들을 파괴하거나 약화시켰다. 가장 널리 알려진 사례는 돔 헬더 카마라 대주교의 후임에 교회법을 전공하고 1957년부터 1979년까지 로마에 살았던 보수주의적인 주제 카르도주 몬시뇰을 임명한 것이다. 카르도주 몬시뇰은 교구장이 되자마자, 교구에서 활동 중인 농촌사목과 민중사목의 지도자 대부분을 내쫓았다.[13]

로마 당국의 목표는 브라질 주교회의의 다수파를 교체하려는 것이었다. 브라질 주교회의는 1971년 이래 교회의 진보파들이 장악하였다. 그러나 1995년 5월, 주교회의 의장에 교황의 지지를 받던 보수적인 인사가 선출되었고, 이로써 마침내 로마는 자신의 목표를 성취하였다. 새 의장은 살바도르 교구의 돔 루카스 모레이라 네베스 대주교이다. 그는 바로 1969년 군부의 고문에 대해 문제 제기하는 것을 거절했던 바로 그 주교이다. 이런 식으로 해방신학을 강력하게 비판했던 돔 루카스는 13년 동안 교황청에서 일했고, 그의 우선적인 관심사는 가난한 이들이나 사회적 배제가 아니라 성 윤리였다. 다시 말하면 피임, 낙태, 이혼에 대한 투쟁이었다.[14]

1995년의 주교회의 의장 선거는 명백히 브라질 교회사에 있어서 분

---

13) Charles Antoine, "Le Démantèlement d'une Église", *Actualités religieuses du monde*, 15 November 1988.
14) Ernesto Bernardes, "O homem do Vaticano", *Veja*, 24 de maio de 1995, pp. 102~103.

기점이자 전환점이었다. 오늘날에도 기초공동체와 민중사목(특히 토지사목, 그리고 원주민사목^{CIMI})은 여전히 많은 주교들의 지지를 받고 있고, 많은 지지자들을 확보하고 있다. 게다가 헤시피 교구의 경우처럼 주교가 이러한 활동들에 대해 적대적일 때조차, 진보적인 활동가들은 돔 헬더 카마라 센터^{CENDHEC}와 같은 상대적으로 자율적인 조직을 꾸릴 수 있었다. 그럼에도 불구하고 가톨릭 교회는 더 이상 최근 25년 동안 수행했던 것과 같은 사회적·정치적 역할을 수행할 수 없을 것이고, 해방그리스도교에 대한 교계 쪽의 적대감은 갈수록 커질 것이라는 데는 의문의 여지가 없다. 다른 한편으로 최근 35년 동안 급진화의 길을 걸었던 두 세대^{two generations}의 사람들은 결코 사회적 참여를 쉽게 포기하지 않을 것이고, 교회를 버리고 사회운동과 정당에 참여할 가능성이 아주 높다(이는 이미 얼마 전부터 시작된 경향이다).

2. 중미 그리스도교와 봉기의 기원

중앙아메리카의 해방그리스도교는 브라질보다 훨씬 더 늦게 출발하였다. 그럼에도 불구하고, 사회적·정치적으로 폭발적이었던 이 지역 여러 나라들의 상황 때문에, 해방그리스도교는 특히 니카라과와 엘살바도르(그리고 비록 좀더 낮은 정도일지라도, 과테말라)에서 다양한 형태로 (어느 정도는 비자발적으로) 민중적 저항에 크게 기여하였다. 이 두 나라의 경우 정치적 갈등으로 인하여 교회와 기초공동체 사이에(니카라과), 또는 주교들 사이에(엘살바도르) 교회 내적 갈등이 일어났다. 두 나라의 수도회들은 (특히 예수회와 메리놀회) 체제에 대한 저항의 토대를 마련하였던 민중적 '의식화' 과정을 주도하였다.

1) 니카라과 그리스도교와 산디니즘(1968~1979)

니카라과 혁명은 그리스도교인들(평신도와 사제)이 운동의 토대에서나 지도부에서나 본질적인 역할을 수행했던 (1789년 이후) 근대 최초의 혁명이다. 이것은 중요한 교회 부문의 종교 문화를 실질적으로 바꾼, 해방 그리스도교의 출현이라는 사실을 고려하지 않고서는 설명할 수 없다. 니카라과의 경험은 정치와 종교 사이의 상호작용에 대한 (비록 극단적이기는 하지만) 흥미로운 사례이고, 많은 신자들의 종교 문화 안에서 그리스도교 윤리와 혁명적 희망 사이의 강한 문화적 공생, 상호 영향, 그리고 실제적인 수렴을 이루었다. 앞에서 (이 책의 2장에서) 언급했던 이유 때문에 수도회와 외국인 사제들은 이러한 역사적 전개에서 선구적인 역할을 하였다.

메데인 총회(1968) 이전에, 니카라과 교회는 오히려 전통적이고 사회적으로 보수적인 제도였고, 소모사 '왕조'를 공개적으로 지지했다. 1950년, 주교들은 모든 권위가 하느님으로부터 나오고, 따라서 그리스도교인들은 기존의 정부에 복종해야 한다고 선언한 성명서를 발표하였다. 1956년 아나스타시오 소모사가 시인 리고베르토 로페스에 의해 살해되었을 때, 주교들은 소모사를 '추기경'Prince of the Church으로 추증하면서 추모하였다. 이와 비슷한 사례는 얼마든지 들 수 있다.

그러나 변화의 표지들이 나타나기 시작했다. 그 첫번째 표지는 스페인 출신의 젊은 선교사인 호세 데 라 하라와 함께 시작되었다. 그는 이웃 나라 파나마에서 시작되었던 '새로운 사목 공동체'new pastoral community라는 선구적인 시도의 영향을 받았다. 이것은 미국 시카고 출신의 리오 마혼 신부가 파나마의 산미겔리토 본당에서 시도했던 것이다. 마혼 신부는 라틴아메리카의 선교사들이 '근대화론자'가 아니라, '혁명가'가 되어야 한

다고 생각했던 사람이다.[15]

호세 데 라 하라 신부는 메리놀 수녀회의 모라 클라크 수녀(그녀는 1980년 엘살바도르에서 살해되었다)를 비롯한, 여러 다른 수녀회(성모승천수녀회Assumptionist, 테레사 수녀회Theresian, 그리고 예수성심수녀회Holy Heart of Jesus) 소속 수녀들의 도움을 받아 1966년 마나과의 변두리 산파블로 본당에서 최초의 '기초공동체'를 시작하였다. 그는 산미겔리토 성당의 모범에 따라 본당이 무엇보다도 교회 건물 또는 영토가 아니라, 형제자매들의 공동체, '하느님의 가족'이라는 것을 보여 주고자 했다. 사람들, 즉 평신도들이 사제나 의식을 거행하는celebrant 평신도와 일종의 '소크라테스적 대화'를 통해 성서를 읽고 논의하면서 교회생활에 적극적으로 참여하도록 유도했다. 입문 교과과정cursillo에 정치적 내용은 조금밖에 없었으나, 공동체는 성원들이(특히 여성들이) 개인적 존엄성과 집단적 발안發案의 느낌을 갖도록 했다. 이러한 활동의 첫번째 결과물이 공동체가 작성하고 노래한 '니카라과 민중 미사'Misa popular nicaragüense였다.

1968년 몇몇 다른 본당들이 이와 비슷한 공동체를 조직하는 것을 도와달라고 산파블로 본당에 요청하였다. 이 본당들 가운데에는 에르네스토 카르데날 신부가 창립한 솔렌티나메Solentiname 공동체도 있었다. 호세데 라 하라 신부는 이 본당 공동체들을 방문하여, 산파블로 본당에서처럼 복음을 읽고 논의하도록 제안했다.

메데인 총회 이후, 기초공동체는 크게 활성화되었고 마나과의 여러

---

15) 이는 1964년 1월 파나마 산미겔리토(San Miguelito) 본당에서 활동했던 3명의 미국인 신부들(Mahon, Greely 그리고 McGlinn)이 직접 전한 이야기이다. "A missão da Igreja na América Latina", *Revista civilização brasileira*, Rio de Janeiro, no. 3, July 1965, p. 315 참조.

빈민촌과 농촌으로 확산되었으며 갈수록 더 급진화되었다. 수도회(특히 수녀회)는 해외 수도회들의 도움을 받으면서 이 과정에 깊숙이 관여하였다. 이 수도회들 가운데 가장 적극적으로 참여한 수도회는 메리놀 선교회, (니카라과 동부와 북부 지역에서 공동체 활동을 전개하였던) 카푸친회, 예수회, 그리고 성모승천수도회였다.

1969년 마나과의 산파블로 공동체는 '그리스도교 청년운동'Movimiento de la Juventud Cristiana을 창립하기로 결정했고, 이 운동은 아주 빠르게 급진화되었다. 이 운동의 많은 성원들은 70년대에 들어서 산디니스타 민족해방전선Frente Sandinista de Liberación Nacional의 활동가 또는 동조자가 되었다. 1960년대 초 카를로스 폰세카와 토마스 보르헤가 창립한 이 맑스주의적 게릴라 운동은 급진적인 그리스도교 청년들을 어떤 이데올로기적 조건을 강요하지 않고 호의적으로 받아들였다.

한편 니카라과의 가톨릭계 대학인 중앙아메리카 대학교Universidad Cenro-Americana, UCA에서 두 명의 교수——프란치스코 수도회 소속 우리엘 몰리나 교수와 예수회 소속 페르난도 카르데날(중앙아메리카대학교 부총장) 교수——는 산디니스타 민족해방전선에 관여하는 맑스주의적 학생들과 대화를 시작하였다. 중앙아메리카대학교의 일부 그리스도교 학생들은 1971년 마나과 근처에 있는 우리엘 몰리나 신부의 본당, '엘 리게로' El Riguero 공동체에서 살면서 가난한 이들의 공동체적 삶을 공유하기로 결정했다. 이 학생들이 모여 '그리스도교 대학생 운동'Movimiento Universitario Cristiano을 조직하였고, 곧이어 이 운동은 독립성을 유지하면서 산디니스타 민족해방전선과 연계를 맺었다. 마침내 1973년 중앙아메리카대학교와 마나과 동부 지역에서 활동하던 (페르난도 카르데날 신부를 포함하여) 사제와 학생들은 '그리스도교 혁명운동'Movimiento Revolucionario Cristiano을 조직하였다. 그리고 얼마 지나지 않아 이 단체에 속한 수백 명의 성원들이 산디니스타 민족해방전선에 가입하였다. 산디니스타 민족해방전선의 첫번째 그리스도교 세포 조직^{cell}은 루이스 카리온, 호아킨 콰드라, 알바로 발토다노, 그리고 로베르토 구티에레스의 참여로 구성되었고, 이들 모두 나중에 산디니스타 민족해방전선의 중요한 지도자가 되었다.

농촌 지역에서는 카푸친회와 예수회가 평신도 지도자인 '말씀의 대표'^{Delegados de la Palabra}를 육성하는 데 도움을 주었다. 이 말씀의 대표들은 신부가 정기적으로 방문할 수 없는 농촌 지역에서 일부 성사를 거행하였다. 이 대표들은 단지 종교적 활동을 이끌 뿐만 아니라, 또한 문맹퇴치과정을 운영하거나 보건과 농업에 관한 정보를 제공하도록 훈련받았다. 또한 이들은 성서를 중심으로 공동체 모임을 조직하고, 거기서 공동체의 문제들을 논의하였다. 1969년 예수회 회원들은 말씀의 대표들을 교육하기 위해, '복음적 농촌진흥위원회'^{Comité Evangélico de Promoción Agraria, CEPA}를 창립하였다. 이 위원회는 카라소, 마사야, 레온, 그리고 에스텔리 지역에서 적극적으로 활동했고, 이 지역들은 나중에 산디니스타 민족해방전선의 근거지가 된다. 사제, 수도자, 그리고 평신도들의 이러한 민중적 활동은 주교들의 직접적인 통제 밖에서 활발하게 이뤄졌다.

말씀의 대표들은 신학적·정치적으로 급진성을 띠었고, 그에 따라 소모사 정권의 국가수비대¹⁶⁾에 의한 탄압과 희생도 잦아지면서, 이 대표들 가운데 많은 이들이 산디니스타 운동에 가담하였다. 이 농촌 지도자들 가운데 일부는 1977년 농민조합, 즉 '농촌노동자협회'^{Asociación de Trabajadores}

---

16) Guardia Nacional. 1930년부터 1979년까지 국방과 경찰의 임무를 동시에 수행하면서, 막강한 영향력을 행사하였다―옮긴이.

del Campo, ATC를 조직해 산디니스타들과 협력하였다. 1978년 복음적 농촌 진흥위원회는 이미 교회와의 공식적인 관계를 끊고 독립적인 그리스도교 조직으로 전환하였으며, 또한 산디니스타 민족해방전선에 동조하였다.

이보다는 덜 급진적일지라도, 이와 비슷한 활동들이 개신교인들 사이에서도 일어났다. 1972년 지진 이후, 개신교 지도자들은 '복음주의 원조·발전 위원회'Comité Evangélico para Ayudas y Desarrollamento, CEPAD를 조직하였고, 시간이 지날수록 소모사 체제에 적대적인 태도를 취했다. 또한 산디니스타들을 노골적으로 지지했던 개신교 목사들도 여럿 있었다.

1977년 산디니스타 민족해방전선이 국가수비대의 산 카를로스San Carlos 부대를 공격할 때, 에르네스토 카르데날 신부이 솔렌티나메 공동체에서 활동하던 여러 명의 젊은이들이 가담하였다. 소모사의 군대는 이에 대한 보복으로 이 공동체를 완전히 불태워 파괴했다. 같은 해에 스페인 국적의 가르시아 라비아나 신부(성심수도회 선교사로 1970년 니카라과에 왔다)가 산디니스타 민족해방전선에 가입했다. 그는 1977년 12월에 쓴 편지에서, 다음과 같이 메데인 총회 문서를 인용하면서 자신의 선택을 정당화하였다. "혁명적 봉기는 기본적인 인권을 위험에 빠뜨리고, 국가의 공동선에 심각하게 해를 끼치는 명백하고 지속적인 폭정의 경우에 정당화될 수 있다. 그리고 이러한 폭정이 한 개인에서 기원하든, 명백히 불의한 구조에서 기원하든 마찬가지이다." 1978년, 두번째 편지에서 라비아나 신부는 자신의 행위와 관련하여, 종교적 동기와 사회정치적 동기의 관련성을 다음과 같이 설명하였다.

나는 내 신앙과 가톨릭 교회에 대한 소속감 때문에 산디니스타 민족해방전선과 함께하는 혁명 과정에서 적극적인 역할을 하지 않을 수 없었다. 왜냐하면 억눌린 이들의 해방은 그리스도의 총체적 구원을 구성하는 요소이기 때문이다. 내가 이 과정에 적극적으로 기여한 것은 억눌린 이들, 그리고 이들의 해방을 위해 투쟁하는 이들과 함께하는 그리스도 교적 연대의 표지이다.[17]

라비아나 신부는 1978년 12월 11일, 국가수비대와의 전투에서 사망하였다.

교회의 지도층은 체제의 위기가 심화됨에 따라 점차 소모사 정권에 비판적인 태도를 취하였다. 1978년 1월 6일, 니카라과 주교회의는 '하느님 백성에게 보내는 메시지'를 발표하였다.

대다수의 국민이 어떤 기준에서 봐도 부당한 부의 분배의 결과로서, 비인간적인 생활 조건 속에서 고통 받을 때 …… 도시와 농촌에서 많은 시민들의 죽음과 실종이 미스테리로 남아 있을 때 …… 당국자를 뽑는 시민의 권리가 정당들의 술수로 기만당할 때, 우리는 더 이상 침묵을 지킬 수 없다.[18]

며칠 뒤 체제에 비판적인 자유주의 지도자인, 『라 프렌사』*La Prensa*의 편집인 페드로 호아킨 차모로가 살해된다. 이 사건을 계기로 소모사 정권의 종말이 시작된다. 그러나 주교들은 비록 체제에 반대했을지라도, 어떤

---

17) Comandante Padre Gaspara García Laviana, *Folletos populares Gaspar García Laviana*, no. 8, Instituto Histórico Centro-Americano, Managua, n.d.

18) Philip Berryman, *The Religious Roots of Rebellion : Christians in Central American Revolutions*, New York(Maryknoll): Orbis, 1984, p. 7에서 재인용.

168 신들의 전쟁

형태로든 산디니스타 민족해방전선을 지지하지 않았다. 마나과의 대주교인 오반도 이 브라보 몬시뇰은, 1978년 8월 한 메시지에서 다음과 같이 선언했다.

> 폭력은 형제애와 정의에 기반을 둔 하느님 나라를 건설할 가능성을 더 희박하게 만들 뿐만 아니라, 폭력을 사용하는 자들에게도 자멸적인 결과를 가져온다. …… 정부에 의한 억압 형태든 혁명적 봉기의 형태든, 확전擴戰, escalation을 통해 적대감을 일거에 해결하려고 하는 것은 단지 우리 사회를 피와 파괴의 나락으로 떨어뜨릴 뿐이고, 그것은 사회적·영적 생활에 겸코 측정할 수 없는 치명적인 결과를 가져올 것이다.[19)]

이 메시지에서 대주교는 정부의 억압과 혁명적 봉기를 구별하지 않고, 둘 다 비폭력의 이름으로 거부한다.

그러나 대다수의 그리스도교인들, 특히 젊은이와 가난한 이들은 대주교의 권고를 무시했고 적극적으로 봉기, 구체적으로 말한다면 1978~1979년에 일어났던 일련의 지역 봉기에 참여했다. 그리고 이 봉기들은 마나과에서의 마지막 봉기, 소모사의 도주, 그리고 1979년 7월 19일 산디니스타의 승리를 이끌었다. 투쟁이 가장 강렬했던 지역, 그리고 가장 조직적이고 효과적인 행동을 이끌어 냈던 지역은 바로 기초공동체, 말씀의 대표, 그리고 급진적인 그리스도교인들이 적극적으로 활동했던 곳들이었다. 다

---

19) Michael A. Gismondi, "Transformations of the Holy : Religious Resistance and Hegemonic Struggles in the Nicaraguan Revolution", *Latin American Perspective*, vol. 13, no. 3, Summer 1986, p. 28에서 재인용.

시 말하면, 모님보, 치난데가, 레온, 마타갈파, 에스텔리 지역, 그리고 마나과 동부 지역, 그리고 마나과 변두리 빈민촌 오픈 트레스^{Open Tres}이다. 더나아가 많은 사제, 수도자(특히 카푸친회와 예수회 수도자), 그리고 수녀들이 직접 산디니스타들에게 음식, 은신처, 의약품, 무기 등을 제공하고 도왔다.

산디니스타 민족해방전선은 혁명 과정의 결정적 요인으로서 그리스도교인들(평신도든 사제든)이 대대적으로 혁명에 참여한 역사적으로 유례없는 이 사실을 잊지 않았고, 1980년 10월 7일 「종교에 관한 선언」Declaración sobre la Religión, Managua에서 이 사실을 인정했다.

그리스도교인들은 라틴아메리카의 다른 어떤 혁명운동에서도, 그리고 어쩌면 세계의 다른 어떤 혁명 운동에서도 전례가 없는, 우리 혁명사에서 빠뜨릴 수 없는 요소였다 …… 우리의 경험을 통해 신자이면서 동시에 투신적인 혁명가가 될 수 있다는 것, 이 둘 사이에 화해할 수 없는 모순이란 존재하지 않는다는 것을 보여 주었다.

물론 모든 그리스도교인들이 혁명을 지지하지는 않았다. 니카라과 사람들이 흔히 이야기하는 것처럼, 교회는 (짧은 '유예기간'이 지난 뒤) '과정에 함께'(con el proceso, 즉 1979년 7월부터 진행된 혁명 과정에 함께)했던 사람들과, 그 혁명 과정을 반대했던 사람들로 분열되었다. 갈수록 많은 주교들이 산디니스모Sandinismo에 적대적인 태도를 취했을지라도, 대다수의 수도회들(특히 예수회와 메리놀회)은 산디니스타 민족해방전선의 편에 섰다. 교구 사제들은 이 두 가지 선택지를 둘러싸고 분열되었으나, 상대적으로 더 많은 수의 사제들이 주교들을 지지했다.

물론 산디니스타를 지지하는 소수의 그리스도교인들 가운데 가장 가시적인 인물은 새 정부의 장관이 된 세 명의 사제들이다.

- 에르네스토 카르데날 신부 : 1925년생으로 1965년 사제 서품을 받았다. 미국의 유명한 가톨릭 신학자 토머스 머튼의 제자로, 미국 켄터키에 있는 트라피스트Trappist 겟세마니 수도원에서 2년 동안 (1957~1958) 살았다. 니카라과로 돌아와 1966년에 솔렌티나메 공동체를 세웠다. 유명한 시인이기도 한 카르데날 신부는 70년대 초반 쿠바를 방문했고, 점차 급진적인 성향을 띠었다. 솔렌티나메 공동체가 파괴된 다음 코스타리카에 망명하였고, 산디니스타 민족해방전선에 가입했다(1977). 1979년 문화부 장관이 되었다.
- 페르난도 카르데날 신부 : 에르네스토 카르데날 신부의 동생. 1968년 예수회 사제가 되었고, 한 해 동안(1969) 콜롬비아 메데인에서 가난한 이들과 함께 살았다. 1970년, 예수회가 운영하는 마나과의 중앙아메리카대학교 부총장에 임명되었다. 1973년 그리스도교혁명운동을 창립하였고, 산디니스타들의 동조자가 되었다. 1979년 문맹퇴치기구의 장으로 임명되었고, 1984년 교육부 장관이 되었다.
- 미겔 데스코토 신부 : 1933년 미국 캘리포니아 할리우드에서 태어났으며, 미국에서 교육을 받고 메리놀 선교회에 들어갔다. 칠레 산티아고에서 선교사로서 1963년부터 69년까지 가난한 이들과 함께 일했다. 1970년부터 79년까지 메리놀회의 사회 커뮤니케이션 국장director으로서 미국에서 살았고, 1979년부터 1990년 사이에 니카라과 정부의 외무 장관을 지냈다.

또 다른 신부인 프란치스코회의 에드가르 파랄레스 신부도 일정 기간 동안 사회복지부 장관을 지냈다. 혁명정부의 다른 많은 장관들과 고위급 공무원들도 가톨릭 평신도 인사로 알려져 있다. 로베르토 아르게요, 카를로스 튀네르만, 레이날도 테펠, 에밀리오 발토다노, 마리아 델 소코로 구티에레스, 비달루스 메네세스, 프란시스코 라카요 등이 그들이다.

혁명 과정에 함께했던^{con el proceso} 그리스도교인들은 여러 조직에 참여하였다.

- 안토니오 발디비에소 에큐메니컬 센터^{Centro Ecuménico Antonio Valdivieso}. 1979년 8월 프란치스코회의 우리엘 몰리나 신부와 침례교의 호세 미겔 토레스가 창립한 것으로 가톨릭과 개신교가 함께 참여했다. 이 센터는 회의, 학술대회, 출판, 연구 프로젝트 등의 사업을 했다.
- 예수회가 운영하는 중앙아메리카대학교.
- 중앙아메리카역사연구소^{IHCA}: 예수회 알바로 아르게요 신부가 운영하는 연구소로, 1980년 아주 급진적인 팸플릿^{Folletos Populares Gaspar García Laviana}을 발간하여 그리스도교적인 혁명적 전망을 제시하였다. 또한 이 연구소는 널리 존중받는 월간 정보지 『엔비오』^{Envio}를 발간한다.
- 비록 비종교적이지만, 예수회 사비에르 고로스티아가가 편집하는 저널 『펜사미엔토 프로프리오』^{Pensamiento Proprio}도 산디니스타를 지지하는 그리스도교적 흐름과 관련 있다. 이 저널은 니카라과와 중앙아메리카에서 일어나는 사건에 대한 독립적이고 뛰어난 분석으로 중요한 역할을 수행했다.
- 알바로 아르게요 신부가 이끄는 '니카라과 사제 협의회'^{Asociación del}

Clero Nicaragüense, ACLEN. 1981년, 주교들은 이 협의회를 해체하였다.

- 이 모든 것들 가운데에서도 가장 중요한 것은 수도 마나과와 지방에서 활동했던 수백 개의 기초공동체이다. 그 가운데 일부는 북동부 지역(레온-치난데가)[20]에 있는 '그리스도교 복지를 위한 범凡공동체 블록'Blogue Intercomunitario para el Bien-Estar Cristiano, BIBCS과 같은 지역적 네크워크를 통해 활동하였다. (미국 카푸친회 소속 주교들이 있는) 대서양 해안 지역, 그리고 (온건한 진보 성향의 주교가 있는) 에스텔리 지역에서는 교계와 기초공동체 사이에 알력이 없었다. 그러나 마나과의 기초공동체는 가난한 지역에서 적극적으로 활동하면서 첨예하게 정치화되었고, 미겔 오반두 이 브라보 추기경과 공개적인 갈등 관계를 보였다.

또한 많은 개신교인들을 포함하는(1980년, 약 500여 명의 목사들이 혁명 과정에 협력할 자세가 되어 있음을 천명하는 성명서를 발표하였다) 그리스도교인들의 이러한 적극적인 참여는 산디니스모(이 사상은 산디노 Sandino의 급진적인 농업 민족주의, 혁명적 그리스도교, 그리고 체 게바라 스타일의 라틴아메리카 맑스주의로 구성된 이데올로기이다) 자체에 영향을 끼쳤다. 산디니스모의 언어, 상징, 이미지 그리고 문화 중에는 종종 복음서에서 빌려 온 것들이 있다. 이러한 영향은 운동의 토대에서나 루이스 카리온, 토마스 보르테와 같은 일부 산디니스타 민족해방전선 지도자들의 연설에서나 쉽게 관찰할 수 있는 것이다. 산디니스타 전선의 실천 또한 그

---

20) 원문에서는 "북동부"(north-eastern)로 표기하고 있으나, 레온-치난데가(León-Chinandega)는 니카라과의 북서부 지역 태평양 연안에 자리한 행정 구역이다──옮긴이.

리스도교 윤리의 영향을 받았다. 다시 말하면 니카라과 혁명은 사형제를 폐지하였고, 처형, 단두대 또는 총살 없이 승리를 다진, 1789년 이래 최초의 근대 혁명 운동이 되었다.

처음에는 주교들도 이 혁명을 받아들이는 것 같았다. 주교들이 1979년 11월 17일에 발표한 성명서는 놀랍게도 사회주의를 펀드는 진보적인 내용이었다. 이 성명서에 따르면, 사회주의는 "진정으로 민중계급에게 권력을 이양하였고", 국가적 차원에서 계획 경제를 통하여 대다수 니카라과인들의 필요를 충족시키고자 했다. 또한 주교들은 '계급적 증오'를 거부하지만, 계급투쟁을 "정당한 구조 변혁으로 이끄는 …… 역동적인 요소"로서 받아들였다. 그리고 "크든 작든, 개인적인 이해를 옹호하는 것"을 뛰어넘는, 급진적 사회 변혁을 요구했다. 마지막으로 주교들은 "현 혁명 과정에 그리스도교인들이 참여한 것을 예수와 삶의 하느님에 대한 믿음으로 …… 조명해야 한다"고 선언했다.[21]

그러나 1980년 4월, 연립 정부의 일부 자유주의 인사들(알폰소 로벨로와 비올레타 차모로)이 산디니스타 민족해방전선과 단절한 이후, 주교들은 점차 **혁명 과정을 비판하는** 입장으로 선회하였다. 1980년 5월, 주교들은 세 명의 사제들에게 정부의 직책을 사임하도록 요청하였다. 그 후 주교들은 산디니스타들이나 급진적인 그리스도교인들과 공개적으로 충돌하였다. 1983년 교황이 니카라과를 방문했을 때, 그는 자연스럽게 주교들을 지지하고, '민중의 교회'를 비난하였으며, 카르데날 형제와 미겔 데스코토 신부에게 정부의 직책을 포기하도록 명했다. 하지만 이 신부들은 교

---

21) Philip Berryman, *The Religious Roots of Rebellion : Christians in Central American Revolutions*, p. 396에서 재인용.

황의 명에 순종하기를 거부했고, 그로 인하여 사제 직무 수행을 금지당하거나 소속 수도회로부터 추방되었다(1984). 1985년, 로마 당국에 의해서 추기경으로 서임된 오반도 몬시뇰은 마이애미를 방문하여, **콘트라 반군**Contra 지도자들에게 연대감을 표시했다. 그로부터 얼마 지나지 않아, 산디니스타 정부는 여러 명의 사제들을 반혁명 활동으로 단죄하여 국외로 추방하였다.

혁명 과정을 지지했던 그리스도교 활동가들은 산디니스타 지도부를 비판적으로 지지하면서 자신의 고유한 정체성을 유지하려고 노력하였다. 안토니오 발디비에소 에큐메니컬 센터는 1985년 6월에 발표한 성명서(「교회와 니카라과 혁명」)에서, 다음과 같이 강조하였다.

> 우리는 산디니스타 민족해방전선을 민중의 전위로 인정한다. …… 그러나 그들도 실수를 할 수 있고, 그리고 권력 이양의 이 어려운 시기에 실수를 했으며, 심지어 미스키토Miskito 문제,[22] 토지 개혁, 언론 검열 등과 같은 아주 중요한 문제와 관련해서도 실수를 저질렀다. 우리가 보기에, 그들은 또한 교회와 관련하여 몇 가지 실수를 했다. 예를 들면, 10명의 사제 추방 …… 이 바로 그런 실수이다. [그러나] 또한 산디니스타 민족해방전선의 지도부는 이러한 실수들 가운데 몇 가지를 인정하고 바로잡는 정직함을 보여 주었다.[23]

---

22) 니카라과의 원주민 부족으로 산디니스타 정부의 세력 확장을 반대하여 무장 게릴라 투쟁을 전개하였다. 1982년 12월 미스키토 게릴라들이 산디니스타 군인들을 살해하자, 산디니스타 정부는 그에 대한 보복으로 30여 명의 미스키토 부족민들을 살해하였다―옮긴이.

23) Centro Ecuménico Antonio Valdivieso, "Iglesia y revolución en Nicaraqua", in G. Girardi, B. Forcano and J. M. Vigil, eds., *Nicaragua trinchera teológica*, Managua : CEAV, 1987.

12년간의 산디니스타 실험과 관련하여, 종교와 정치 관계의 여러 측면들을 다 논의하는 것은 이 장^章의 범위를 뛰어넘는다. 진보적인 그리스도교인들은 산디니스타들을 지지하여 1984년의 선거에서 이기는 데 명백히 도움을 주었으나, 6년 뒤 보다 더 어려워진 경제적·정치적 상황에서 산디니스타의 패배를 막을 수 없었다. 반^反산디니스타 민족해방전선 연합의 승리와 관련하여, 종교적 요소들이 갖는 중요성을 평가하기는 쉽지 않다. 어쩌면 다른 측면들(경제적 상황, 의무병역에 대한 민중적 거부)이 더 중요했을 가능성이 높다. 그러나 명백한 것은 교회(특히 오반도 추기경)와 새로운 복음주의 운동이 비올레타 차모로를 지지함으로써 그녀가 1990년 대선을 승리로 이끄는 데 도움을 주었다는 것이다.

2) 엘살바도르: 예수회의 '의식화'에서 사회적 반역으로

니카라과에서처럼 엘살바도르의 교회에서도 메데인 총회 이후에 상황들이 변화하기 시작하였다. 1968년 메데인에서 라틴아메리카 주교들이 발표한 새로운 지향, 그리고 해방신학의 초기 저작들(예를 들면, 엘살바도르에서 활동하던 바스크 출신 예수회 신부, 혼 소브리노의 저작)의 영향을 받아, 1972~1973년 한 사제 집단이 아길라레스^{Aguilares} 교구의 가난한 농민들을 대상으로 선교 활동을 시작했다. 이 사제 집단의 중심인물은 루틸리오 그란데 신부였다. 그는 엘살바도르 예수회 소속 신부로, 산살바도르 신학교에서 강의를 했으나, 농촌 지역의 가난한 이들과 삶을 함께하기 위해서 도시를 떠나기로 결정했다. 이 선교 사제들(그 중 많은 이들이 예수회 소속이었다)은 농민들과 함께 살면서 기초공동체를 조직하였다. 이들은 기초공동체를 "하느님의 계획에 따라, 억압자도 억눌린 이도 없는 새로운 세상을 건설하기 위해서 헌신하는 형제자매들의 공동체"로 인지했다. 이 선교사들은 농민들에게 성서를 읽어 주면서, 그들의 삶을 이집트의 파라오 아래에서는 노예였으나 집단행동을 통해 스스로 해방을 일구었던 히브리인들의 삶과 비교하였다. 평균 700여 명이 기초공동체의 주례모임에 참여하였으나, 그 영향력의 정도는 2천~5천여 명에 이르렀다.

마을의 전통적인 종교구조, 이른바 '성사 숭배자'$^{Adoradores\ del\ Sagrado}$ ^{Sacramento} 협회(이들의 주요활동은 묵주 기도를 바치는 것이다)는 (니카라과의 경우처럼 예수회의 주도 아래) 점차 '말씀의 대표들'로 대체되었다. 말씀의 대표들은 성서를 공동체와 함께 읽었다. 선교사들은 전통적인 농민 종교의 수동성이라고 간주하는 것을 타파하고자 했고, 단지 예수를 '숭배하는' 것보다 그의 모범을 따르고 세상 안에서 아까 싸우는 것, 다시 말하면 **사회적 죄**(착취와 자본주의)와 싸우는 것이 더 중요하다고 강조하였다. 또한 선교사들은 농민들에게 자신감을 고취시키고, 그런 식으로 공동체 스스로 새로운 지도부를 선출하도록 도왔다.[24]

루틸리오 신부가 1977년에 행한 마지막 강론을 보면, 그가 전파한 정치적/종교적 (베버의 개념을 사용하면) 형제애 윤리^{Brüderlichkeitsethik}의 격정적인 흔적을 감지할 수 있다. "우리의 이상은 성체성사처럼 모든 이에게 자리가 있는 커다란 공동 식탁이다. 이 나라에서 복음을 전하는 것은 체제 전복적이다. 만일 예수가 우리에게 다시 온다고 해도, 그들은 예수를 반역자라고, 체제전복자라고, 유다에서 온 이방인이라고, 기이하고 낯선 사상을 퍼뜨리는 자라고 몰아세울 것이다. 그리고 그들은 예수를 십자가

---

24) 카바루스(Carlos Rafael Cabarrus)의 주목할 만한 책, *Génesis de una revolución. Origen y desarrollo de la organizatión campesina en El Salvador*, Mexico City : Ediciones de la Casa Chata, 1982 ; Philip Berryman, *The Religous Roots of Rebellion* 참조.

에 못 박을 것이다."[25)]

그로부터 한 달 뒤, 루틸리오 신부는 군인들에 의해 살해되었다.

종교적 변화는 (종교적 감성을 담은) 정치적 회심을 야기했다. '성서를 통한 자각'은 투신적인 활동으로 이어졌고, '의식화'는 조직화로 이어졌다. 전통적인 종교가 혁명적인 종교로 바뀌었고, 혁명적인 종교는 혁명적인 정치로 이어졌다. 일부 급진적인 그리스도교인들은 혁명적인 게릴라 운동, 특히 공산당에서 갈라져 나온 좌파적 성향의 '파라분도 마르티 민중해방군'Fuerzas Populares de Liberación Farabundo Martí, FPLFM에 관심을 갖기 시작했다.

루틸리오 신부한테 교육을 받은 '말씀의 대표' 아폴리나리오 세라노(폴린)는 1974년 그리스도교 농민조합('엘살바도르 그리스도교 농민연맹' Federación Cristiana de Campesinos del Salvador, FECCAS)의 위원장이 되었다. 얼마 뒤, 엘살바도르 그리스도교 농민연맹은 다른 농민연맹('농촌노동자연합'Union de los Trabajadores del Campo, UTC), 교원노조('엘살바도르 교사협회' Asociación Nacional de Educadores d'El Salvado, ANDES) 그리고 중고등학생운동과 대학생운동들과 통합하여 공동 조직, 즉 '혁명민중블록'Bloque Popular Revolucionario, BPR을 창립하였다. 이 단체는 게릴라 운동에 호의적이었다. 이 단체의 주요 지도자는 후안 차콘으로, 그리스도교 청년 활동가이고 기초공동체를 조직했던 사람이다.

교회의 지도층은 분열되었다. 로메로 대주교와 리베라 이 다마스 보

---

25) Universidad Centro-Americana(UCA), *Rutilio Grande, mártir de la evangelización rural en El Salvador*, San Salvador:UCA/Editores, 1978 ; *El Savador, un pueblo perseguido, testimonio de cristianos*, Lima : CEP, 1981, p. 55 참조.

좌주교는 민중운동에 대한 군사적 억압, 사제들이나 평신도 활동가들의 암살을 규탄한 반면, 다른 세 명의 주교는 군대를 지지하였는데, 그 가운데 한 명인 알바레스 몬시뇰은 군부로부터 대령^Coronel das Forças Armadas의 직함을 받기도 했다. 1979년 9월, 군인들이 아폴리나리오 세라노와 '엘살바도르 그리스도교 농민연맹'의 또 다른 세 명의 지도자들을 암살했을 때, 아주 격렬한 민중 봉기가 일어났다. 그로부터 한 달 뒤 카를로스 로메로 장군의 독재는 군부 내부의 반란으로 막을 내렸다. 그리고 사회민주주의자인 기예르모 운고와 같은 온건 좌파를 포함하는 연립 정부가 들어섰다. 그럼에도 불구하고, 군인들은 여전히 권력을 장악하고 모든 개혁을 봉쇄하면서 다른 한편으로 법적 절차를 무시한 처형을 일삼았다. 그리고 같은 해 12월, 진보적인 장관들이 연립 정부에 등을 돌렸고, 몇 달 뒤 그 장관직은 나폴레온 두아르테의 기독교민주당 사람들로 채워졌다. 그로부터 얼마 뒤, 1980년 3월 미사를 집전하고 있던 로메로 몬시뇰이 (다우부이손 소령의 명령을 받은) '죽음의 부대'esquadrón de la muerte에 의해 암살되었다. 군인들은 또다시 로메로 대주교의 장례식에 모인 사람들에게 총격을 가해 35명을 살해하였다.

1980년 11월, 후안 차콘(혁명민중블록 대표)을 포함하여, 합법적인 야당인 '혁명민주전선'Frente Democrático Revolucionario, FDR의 모든 지도자들이 군인들에 의해 처형되었다. 그리고 같은 해 12월, 군인들은 네 명의 미국인 선교사들——세 명의 수녀, 즉 모라 클라크, 이타 포드(이상 메리놀 수녀회), 도로시 카젤, 그리고 평신도 선교사인 진 도노반——을 강간하고 살해하였다.

1981년 1월, 이 모든 살육에 대한 응답이 나타나기 시작하였다. 그 전해에 다섯 개 무장 게릴라 집단의 연합체로 출범한 '파라분도 마르티 민족해방전선'Frente Farabundo Martí para la Liberación Nacional, FMLN은 정부군에 대한 총공격을 시작하였다. 이것이 엘살바도르 내전의 시작이고, 12년 동안 전국을 격정의 소용돌이로 몰아넣었다. '파라분도 마르티 민족해방전선'은 70년대에 하나로 수렴된, 두 가지 서로 다른 전통을 계승한 것이다. 하나는 그리스도교적 저항의 전통이고 다른 하나는 정통 맑스주의에서 갈라져 나온 또 다른 맑스주의 전통이다. 농촌 지역에서 봉기의 민중적 토대는 주로 그리스도교 농민조합 단체인 '엘살바도르 그리스도교 농민연맹'이었고, 도시 지역의 민중적 토대는 대부분 기초공동체였다. 그러나 니카라과와 달리, 결과는 종교와 정치의 융합 또는 공생 관계가 아니라 후자가 전자를 흡수한 형태였다. 물론 특히 기층에서는 그리스도교적 요소가 여전히 생생하게 살아남아 있었다.

엘살바도르에서 일어난 사건들의 독특한 특성 가운데 하나는 오스카르 로메로 몬시뇰이 수행했던 중요한 역할이다. 그는 처음에는 보수적이었으나, 진 도노반(1980년 살해된 평신도 선교사)에 따르면 "실천적인 측면에서 해방신학의 지도자"가 된 카리스마적인 주교였다. 1977년부터 1980년 사이에 몬시뇰의 변화는 제도적 종교성이 구원론적 형제애 윤리로 전환한 거의 이념형적인ideal-type 사례이다.

오스카르 로메로 대주교는 1917년 가난한 가정(그의 아버지는 전보기사였다)에서 태어나, 1942년 신부가 되었고 로마에서 신학을 공부하였다(1943년). 1966년 엘살바도르 주교회의의 사무총장을 맡았다. 1970년 산살바도르의 부좌 주교로 부임하였고, 1977년 엘살바도르 수도의 대주교가 되었다. 로메로 자신이 나중에 지인들에게 말한 것처럼, 그가 대주교에 임명된 것은 '맑스주의적 사제들'이나 기초공동체를 중립화하고, 그리고 이전 주교(차베스 몬시뇰) 하에서 악화되었던 교회와 군사 정부의 관계를 개선하는 데 가장 적합한 사람으로 간주되었기 때문이다.

사실 로메로 몬시뇰은 처음에는 아주 보수적인 주교였던 것 같다. 그것은 단지 그의 과거(그는 젊은 시절 오푸스데이$^{Opus\ Dei}$에 호의적이었다) 때문만이 아니라, 그가 사회 변혁보다는 개인적인 기도와 회심을 신봉했기 때문이다. 그는 기초공동체가 지나치게 정치화되었고, 그리스도교적 정체성을 잃어버렸다고 비판한 적도 있다. 로메로 대주교는 하느님의 영광이 교회의 영광과 결부되어 있다고 믿고, 교회법과 제도적 규율에 집착하는 아주 교회적인 사람이었다. 급진적인 사제들은 그를 '순전히 영성적인' 인물, 또는 전통주의자로 간주하였다.

로메로 대주교가 새로운 윤리적·사회-종교적 관점으로 '회심'한 계기는 1977년 3월 루틸리오 그란데 신부가 살해된 사건이었다. 그는 이 예수회 선교사의 죽음에 큰 충격을 받아 몰리나 정부와 단절했고, 정부가 이 살해 사건을 조사하지 않는 한 그 어떤 공식적인 행사에도 참여하지 않겠다고 선언했다. 그 뒤 두번째 사제가 살해되었을 때(1977년 5월 알폰소 나바로 신부), 그리고 (4명의 예수회 회원과 300여 명의 본당 사람들의 체포와 더불어) 아길라레스^{Aguilares} 본당 건물이 파괴되었을 때, 로메로 대주교는 점차 노골적으로 군인들에 의한 인권 침해에 항의하였다.

로메로 몬시뇰은 1978년 이후 해방신학자 혼 소브리노의 영향을 많이 받았다. 소브리노는 로메로 몬시뇰이 사목 서한을 작성할 때, 조언을 아끼지 않았다. 로메로 대주교는 점차 보수적인 주교들, 교황청 대사, 군인들, 과두제와 갈등을 빚었고, 그리고 마침내 (로마 방문 동안) 교황과도 충돌하였다. 로메로 대주교는 급진적인 사제들이나 기초공동체와 정기적으로 회합을 가졌고, 나중에는 노조원들이나 '혁명민중블록' 활동가들과도 정기적인 모임을 가졌다.

주교좌성당에서 수천 명의 사람들이 그의 주일 강론을 들었고, 교회의 라디오 방송^{ISAX}을 통해 수십만 명의 사람들이 청취하였다. 로메로 몬시뇰은 가난한 이들의 삶의 관점에서 성서와 교회생활을 사회적·정치적 사건과 결부시켰다. 그의 중심 사상^{leitmotif} 가운데 하나는 가난한 이들의 자기 해방(그것은 1980년 2월 2일 강론에서 지적한 것처럼, 해방신학의 중심 주제였다)이었다.

> 우리 교회가 고무하는 희망은 순진한 것도 아니고 수동적인 것도 아니다. 그것은 오히려 대다수의 민중, 즉 가난한 사람들이 스스로 적절한 책임을 맡도록, 자신의 의식을 일깨우도록, (법적으로 또는 실제적으로 금지되어 있는 나라에서) 스스로 조직하도록 …… 호소하는 것이다. 오직 가난한 이들이 자신의 투쟁과 해방을 통제하고 주창할 때, 해방이 도래할 것이다.[26]

며칠 뒤 로메로 몬시뇰은 미국의 카터 대통령에게 보내는, 살바도르 체제에 군사 원조를 하지 말고, 엘살바도르 국민의 운명을 결정하는 데 개입하지 말도록 요청하는 서한(이 편지는 즉각적으로 국제적인 반향을 불러일으켰다)을 발표하였다. 그는 자신의 목숨이 위험에 처해 있음을 잘 알고 있었다. 그는 멕시코 일간지 『엑셀시오르』^{Excelsior}와의 인터뷰에서 다음과 같이 말하였다.

---

26) Ana Carrigan, *Salvador Witness: The Life and Calling of Jean Donovan*, New York: Ballantine Books, 1984, p. 109.

나는 종종 죽음의 위협을 받았다. …… 내가 죽는다면, 나는 엘살바도르 민중 속에서 부활할 것이다. …… 순교는 하느님의 은총이나, 내가 그것을 받을 자격이 있다고 생각지 않는다. 그러나 하느님이 내 생명의 희생을 받아들인다면, 내 피가 자유의 씨앗이 되고, 희망은 곧 현실이 될 거라는 표지가 되게 하소서. 한 명의 주교는 죽을 수 있지만, 하느님의 교회, 즉 민중은 결코 죽지 않을 것이다.[27]

마침내 3월 23일, 로메로 몬시뇰은 주교좌성당에서 행한 미사 강론에서 대담하게 전례 없는 주장을 하였다. 다시 말하면 상관에게 복종하지 말도록 군인들에게 요청했다.

나는 군인들에게 특별한 호소를 하고 싶다 …… 형제들이여, 여러분 각자는 우리와 같은 사람이다. 우리와 같은 민중이다. 여러분이 죽이는 농민은 여러분의 형제이고 자매이다. 죽이라고 명령하는 사람들의 목소리를 들을 때, 그 목소리 대신에 하느님의 목소리("살인하지 말라")를 기억해야 한다. 하느님의 율법을 우선시해야 한다. 어떤 군인도 하느님의 율법을 거스르는 명령에 복종할 의무가 없다. 죽이라는 죄 받을 명령을 받더라도, 여러분은 아직 자신의 양심에 귀 기울일 시간이 있다. …… 하느님의 이름으로, 고통 받는 우리 민중(그들의 울부짖음은 하늘에 닿을 것이다)의 이름으로, 탄원하고, 빌고, 명령하노니, **억압을 중단하라!**

---

27) Placido Erdozain and Maurice Barth, *Salvador. Oscar Romero et son peuple*, Paris : Karthala, 1982, pp. 146~147에서 재인용. 또한 *La voz de los sin voz. La palabra viva de Monseñor Romero*, El Salvador : UCA, 1987 ; James R. Brockman, *The Word Remains : A Life of Oscar Romero*, New York(Maryknoll) : Orbis, 1982 참조.

그 다음 날, 로메로 몬시뇰은 준군사적인 '죽음의 부대'에 의해 살해되었다.[28]

로메로 몬시뇰은 자신의 희생을 통해, 라틴아메리카 안팎의 모든 그리스도교 활동가들에게 카리스마적인 상징이 되었다. 60년대의 카밀로 토레스 신부와 크게 다르지 않으나, 로메로 대주교는 비폭력적인 예언자로서 추앙받았다. 그의 말년은 극적인 방식으로 (추상적인 신학적 고려보다는, 제도적 폭력에 대한 사목적 관심에서 빚어진 충돌이 동기 부여한) 교회 지도층 인사들의 종교문화적인 급진적 변화('회심')의 가능성을 잘 예시할 뿐만 아니라, 그의 행동에 대한 순전히 '기능적' 또는 '제도적' 설명이 갖는 한계를 잘 보여 준다.

로메로 몬시뇰의 죽음 이후, 리베라 이 다마스 몬시뇰이 산살바도르의 대주교직을 승계하였다. 그는 전임자보다 훨씬 더 조심스럽고 온건했을지라도, 그 또한 군사적 폭력에 대항하고 인권을 옹호했다. 그러나 1995년 리베라 이 다마스 대주교가 은퇴한 이후, 로마 당국은 그의 자리에 군종주교를 지낸 페르난도 라카예 몬시뇰을 임명했다. 그는 오푸스데이에 속한 보수적인 인물이었다.

여기서 봉기의 종교적 뿌리를 다루고 있지만, 엘살바도르 내전 12년 동안 일어난 여러 사건들을 다 검토할 수는 없다. 잘 알다시피, 1993년 파라분도 마르티 민족해방전선과 정부는 협상을 통해 합의를 이끌어 냈고, 오랜 갈등에 종지부를 찍었다. 그러나 이에 앞서 1990년 12월, (스페인 출신 예수회 사제이고, 중앙아메리카대학교 총장을 지냈으며, 주요한 해방신학

---

28) Carrigan, *Salvador Witness: The Life and Calling of Jean Donovan*, p. 152에서 재인용.

자이고, 협상을 통한 내전 해결을 강력하게 주장했던 인물인) 이그나시오 에야쿠리아가, 가톨릭 대학교의 다른 예수회 회원 교수 여섯 명(그리고 이들을 위해 일했던 두 명의 여성)과 함께 엘살바도르 군인들에 의해 살해되었다. 이러한 집단살해로 야기된 국제적 분노는 군인들로 하여금 협상 테이블에 앉도록 강제했던 요인들 가운데 하나였다.[29]

3. 해방 개신교와 보수 개신교

해방그리스도교는 단지 가톨릭만의 전유물이 아니다. 앞서 언급했듯이, 개신교 쪽에도 중요한 해방그리스도교 분파가 있고, 이 개신교 분파노 1960, 70년대에 가톨릭 해방그리스도교와 유사한 형태로 발전하였으며, 종종 여러 방식으로 가톨릭 해방그리스도교와 결합하였다. 해방 개신교 Liberationist Protestantism는 루터교, 장로교, 감리교, 유니테리언교Unitarians와 같은, 이른바 '역사적' 개신교 교파의 종교 문화에 뿌리를 두고 있다. 그리고 이 해방 개신교는 최근에 활발해진 오순절파 유형의 복음주의 교회의 종교문화와 대립한다. 해방 개신교는 또한 명백하게 에큐메니컬 정신을 표방하고, 따라서 로마 가톨릭 교회와의 전통적인 싸움에 무게를 두기보다는, 진보적인 가톨릭 교회와 신학적·사목적 이니셔티브를 공유한다.

개신교 해방신학의 가장 중요한 대표자 가운데 한 사람인 호세 미게스 보니노(아르헨티나 감리교 목사이고, '부에노스아이레스 복음 연구소' Instituto Evangélico de Buenos Aires, IEBA 교수이다)에 따르면, 두 그리스도교 교

---

29) 소브리노(Jon Sobrino S. J.)가 서문을 쓴 *In Memoriam: The Jesuit Martyrs of El Salvador,* New York(Marryknoll): Orbis, 1990 참고.

파의 진보신학적 구성은 아주 유사하나, 또한 몇 가지 차이점도 있다. 그는 이러한 차이점 가운데 하나로, "명시적인 정치는 피하나, 자유주의적 자본주의 체제나 '신식민주의 구조'와 사실상의 연계$^{de\ facto\ ties}$를 유지하는 전통, 그리고 종교개혁에까지 거슬러 올라가는 신학적 전통을 가진, 소수자 종교 공동체의 성원"이란 점을 든다. 미게스 보니노는 배경에 상대적인 차이가 있어도 공통 상황과 공동 프로젝트를 우선시해야 한다고 주장하지만, 또한 다른 한편으로 개신교 신학자들만의 일정한 책임이 있다고 생각한다. 자유주의적·자본주의적 그리고 부르주아적 구조를 모든 예언자적 비판으로부터 면제해 주는 이데올로기적 정당화로 사용되는 개신교의 특성을 고려할 때, 해방신학은 "개신교의 고전적인 전통에 대한 급진적이고 정당한 비판"을 요구한다. 이는 "단순히 적응하거나 재작성하는 문제가 아니다. 개신교 신학자들은 자신들이 교육받은 신학적 전망 전반을 급진적으로 재고해야 한다".[30]

다른 한편으로, 비록 가톨릭 신학자들 사이에도 존재하지만, 명백히 개신교적 기원을 갖는 몇 가지 해방신학적 측면들이 있다. 그것은 구약성서적 장소^{loci}에 대한 잦은 언급, 공동체적 성서 해석의 중시, 교회의 위계와 대비되는 지역 공동체에 대한 강조 등이다. 따라서 개신교 신학자들이 성서적 원천에 대한 새로운 해석을 가장 열렬히 옹호했다는 것은 그리 놀라운 일이 아니다.

개신교적 해방그리스도교의 발전에 선구적인 역할을 수행한 사람이

---

30) José Míguez Bonino, "Historical Praxis and Christian Identity", in R. Gibellini, ed., *Frontiers of Theology in Latin America*, New York(Maryknoll): Orbis, 1983, pp. 261~264.

리처드 숄과 후벵 알베스이다.

미국 장로교 선교사로서 브라질에서 활동했던(1952~1964) 리처드 숄은 상파울루 주州에 있는 '캄피나스 신학교'Seminário Teológico de Campinas 에서 가르쳤고, 브라질개신교대학생연맹União Cristã de Estudantes do Brasil, UCEB에서 활동했다. 이 연맹은 50년대 말, 가톨릭대학생회JUC와 유사한 급진화 과정을 거쳤다. 숄은 저서 『그리스도교와 사회혁명』Cristianismo e Revolução Social, 1960에서, ("자본주의나 공산주의에 대한 대안으로서") 보다 더 정의롭고 평등한 사회를 위한 투쟁에 참여하도록 학생들을 고무했다. 그리고 1962년 헤시피 시市에서 '그리스도와 브라질 혁명 과정'에 관한 진보적인 개신교 대회(브라질 복음주의 연합 사회책임국Setor de Responsabilidade Social da Igreja, Confederação Evangélica do Brasil)를 조직하는 데 기여했다.[31]

숄이 맑스주의자들이나 진보적인 가톨릭인들(상파울루 도미니크회 원들)과 기꺼이 형제애적 동맹을 맺고 일한 결과, 갈수록 장로교회와 갈등을 빚었고, 마침내 1964년 브라질을 떠나지 않을 수 없었다. 그러나 그는 이미 개신교 대학생들과 신학생들 사이에 새로운 이념의 씨앗을 뿌렸고, 이들은 나중에 브라질과 라틴아메리카 그리스도교에서 중요한 역할을 하게 된다.

숄의 캄피나스 신학교 제자 가운데 후벵 알베스가 있다. 알베스는 프린스턴 대학교에서 공부를 한 평신도 신학자로, 1968년 이 대학에서 「해방의 신학을 향하여」Towards a Theology of Liberation라는 선구적인 제목의 논

---

31) *De dentro do furacão. Richard Shaull e os primordios da teologia da libertação*, São Paulo : CEDI(Centro Ecuménico de Documentação e Informação)-CLAI(Conselho Latino-Americano de Igrejas), 1985. 이 책에는 숄에 대한 회상, 그의 저서에서 발췌한 내용들이 들어 있다.

문으로 박사학위를 받았다. 그러나 출판사 편집자들은 이 논문에서 처음 사용한, '해방의 신학'이라는 표현을 아주 낯설게 여기면서 출간을 거절했다. 결국 이 학위논문은 영어판은 『인간 희망의 신학』*A Theology of Human Hope*, 스페인어판은 『그리스도교: 아편인가 해방인가』*Cristianismo : opío o liberación*라는 제목으로 출간되었다.

비록 알베스의 저서가 일반적인 주제를 다루고, 라틴아메리카를 거의 언급하고 있지는 않지만, 어쩌면 일정한 형태로 라틴아메리카 최초의 해방신학적 저작이라고 할 수 있다. 알베스는 주로 유럽의 진보적인 개신교 신학(불트만, 몰트만, 본회퍼의 영향을 받아, 정치적 인본주의, 인간의 역사적 해방에 헌신하는 그리스도교적 의식, 그리고 역사적이고 근본적으로 예언적인 언어로서의 해방의 언어를 이야기하는 신학이 필요하다고 주장하였다. 그는 또한 인간이 자신의 미래를 기획할 수 있는 자유를 파괴한 제3세계의 국가 상황을 규탄했다.[32]

후벵 알베스는 가톨릭 전통의 해방신학자들(우구 아스만, 구스타보 구티에레스)과는 달리, 브라질 신학자 또는 라틴아메리카 신학자로서 이야기하지 않았고, 종속, 자본주의 또는 계급투쟁 같은 맑스주의적 개념도 사용하지 않았다. 그럼에도 불구하고 그의 선구적 저작은 해방신학을 위한 하나의 출발점이었고, 특히 개신교 젊은이들에게 중요한 영향을 미쳤다.

어쩌면 라틴아메리카 개신교 해방운동의 출범에 가장 중요한 이니셔티브는 1961년 페루 리마 근처 우암파니에서 열린 한 모임에서 '라틴아메리카 교회와 사회'*Iglesia y sociedad en América Latina, ISAL*라는 단체를 조직한 것이다. 루이스 오델과 이베르 콘테리스와 같은 평신도 인사들이 주도했던 이 단체는 가톨릭 좌파나 맑스주의자들과 지속적으로 대화하면서, 여러 개신교 교파의 진보적인 신자들을 동원했다. 이 단체는 다양한 활동이

나 『그리스도교와 사회』*Cristianismo y Sociedad*라는 잡지를 통하여 그리스도
교인들이 민중운동에 참여할 것을 촉구했고, 성서에 대한 새로운 해석을
제시했다. 말할 나위 없이, 라틴아메리카 대다수의 개신교 교회는 아주 급
진적인 이러한 입장을 받아들이지 않았다. '라틴아메리카 교회와 사회'는
개신교 교회들과 대화하려고 지속적으로 노력했음에도 불구하고, 이 교
회들은 점차 이 단체와의 관계를 단절해 나갔다.

1967년 우루과이 몬테비데오 근처에서 열린 한 모임에서, '라틴아메
리카 교회와 사회'는 파울루 프레이리의 새로운 교육론을 활용한 민중교
육 프로그램에 집중하기로 결정하였다. 민중의 의식화를 위한 이러한 실
천은 거의 자연스럽게 주민의 동원으로 이어졌다. 예를 들면 볼리비아에
서 '라틴아메리카 교회와 사회'는 군사독재에 대항하고 민중조직을 옹호
하는 투쟁에 있어 가장 중요한 세력 가운데 하나였다. 1970년대 초 이 단
체의 지도자들과 활동가들은 라틴아메리카에서 권력을 장악한 여러 군사
체제에 의해 가혹한 탄압을 받았다. 그들 가운데 일부는 살해되었고, 다른
이들은 감옥에 갇혔으며, 많은 이들이 망명을 강요당했다. 마침내 1975년
이 단체는 활동을 중단했다.[33]

---

32) Rubem Alves, *A Theology of Human Hope*, Washington, DC : Corpus Books, 1969 ;
Cristianismo : opio o liberación?, Salamanca : Sigueme, 1973, pp. 177~178, 240~247.
알베스는 1969년 제네바에서 개최된 '사회, 개발, 평화 위원회'(Committee on Society,
Development, and Peace, SODEPAX)라는 에큐메니컬 모임에서 구스타보 구티에레스와 처
음 만났고, 둘은 '발전의 신학'을 해방 개념에 바탕을 둔 새로운 신학으로 대체할 필요가 있
다는 데 의견을 같이하였다.
33) 훌리오 데 산타 아나(Julio de Santa Ana)의 주목할 만한 종합인 다음의 작업을 참조하라.
"Du libéralisme à la praxis de libération. Genèse de la contribution protestante à
la théologie latinoaméricaine de la libération", *Archives de sciences sociales de la
religion*, no. 71, July-September 1990.

그럼에도 불구하고, 해방론적 흐름은 개신교 교회 사이에서 지속적으로 중요한 영향력을 행사했다(특히 '라틴아메리카 교회협의회'Consejo Latinoamericano de Iglesias, CLAI가 중요한 역할을 하였다). 교회협의회는 라틴아메리카 19개 나라들을 대표하는 110개 개신교회와 10개의 에큐메니컬 단체들이 참가한 가운데 1978년 9월 멕시코 오악스테펙에서 열린 복음주의 총회에서 결성된 광범위한 협의 기구이다. 코스타리카 산호세에 있는 '라틴아메리카 성서학교'Seminario Bíblico Latino-Americano의 카르멜로 알바레스 학장은 개막 연설에서, 다음과 같이 강력하게 주장하였다. "지배, 착취와 종속의 상황이 우리 대륙에서 삶의 모든 차원들을 규정하고 있다." 이러한 상황에서, "우리의 역사를 보면, 교회가 지배계급의 수중에 놓여 있었음을 알 수 있으나, 다른 한편으로 '역사의 이면裏面'으로부터 출발하여 살기를 선택하는 교회의 또 다른 얼굴도 찾아볼 수 있다."

이 총회는 아주 급진적인 몇 가지 문서들을 채택하였다. 그 가운데 권력 구조에 관한 연구 그룹이 작성한 문서에 따르면, "국가안전보장론National Security의 교의는 제1세계 자본가들과 각 나라의 지배적인 사회계급이 행사하는 권력에 정당성을 제공한다. 이 권력 구조가 궁극적으로 영양실조, 유아사망률, 실업, 짧은 평균 수명, 불안정한 보건 서비스, 학교 부족과 치안 부재의 원인이 되고 있다." 이 문서는 또한 바울로가 『로마서』에서 정부에 복종하라고 한 말을 거부해야 한다고 주장했다. 다시 말하면 독재체제와 협력하는 교회는 "파라오와의 동맹을 의미하고, 해방을 찾는 모세와 하느님 백성을 거부하고 파라오를 지지하는 것을 의미한다".[34]

'라틴아메리카 교회협의회'의 모든 성원들이 이런 급진적인 신학적 견해를 공유하지 않았고, 특히 보수적인 복음주의자들이 이런 견해를 용납하지 않았다는 것은 말할 나위가 없다. 루이스 팔라우가 주도하는 보수

적인 복음주의자들은 1982년 라틴아메리카 교회협의회, 그리고 ('좌파적
인') 세계교회협의회[WCC]와 관련이 있는 모든 에큐메니컬 개신교인들과
의 관계를 단절하고, 교회협의회와 경쟁적인 조직, 즉 '라틴아메리카복음
주의연합'[Confraternidad Evangélica Latinoamericana, CONELA]을 결성하기로 결의
했다.

개신교 해방신학에서 가장 중요한 인물들 가운데 밀톤 슈반테스,
엘사 타메스, 호르헤 픽슬리와 같은 저명한 성서학자들이 있다. 이들
은 주로 코스타리카에 있는 '에큐메니컬 연구센터'[Departamento Ecuménico
de Investigaciones, DEI], 상파울루에 있는 '에큐메니컬 복음화·민중교육센
터'[Centro Ecumênico de Serviços à Evangelização e Educação Popular, CESEP], 또는
리우데자네이루에 있는 '에큐메니컬 자료정보센터'[Centro Ecumênico de
Documentação e Informação, CEDI] 같은 에큐메니컬 단체에서 가톨릭인들과 함
께 일하였다.

라틴아메리카에서 가장 재능 있는 개신교 성서학자는 아마 호르헤
픽슬리일 것이다. 그는 멕시코에서 활동하는 침례교 신학자이자 목사이
다. 그는 '신학과 해방'이라는 유명한 해방신학총서 가운데 한 권을 가
톨릭 신학자 클로도비스 보프와 함께 썼다. 『가난한 이들을 위한 선택』[A
Opção pelos Pobres, 1986]이라는 제목의 이 책은 이러한 선택이 구약성서와 신
약성서에서 갖는 의미를 길게 다룬 장[章]을 포함하고 있다.

픽슬리는 그의 다른 책, 『출애굽:복음적이고 민중적인 해석』[Êxodo:

---

34) T. S. Montgomery, "Latin American Evangelicals:Oaxtepec and Beyond", in Daniel
   Levine ed., *Churches and Politics in Latin America*, Beverly Hills, CA:Sage, 1980,
   pp. 87~107.

Uma Leitura Evangélica e Popular, 1983에서, 해방에 대한 개신교적 접근이 갖는 특유한 성격을 설명한다.

이러한 「출애굽기」 해석은 복음주의 교회, 또는 비非로마가톨릭 교회에 속한 우리가, 이 단어에 부여하는 현재적 의미에 있어서 **복음적**이길 요청한다. 16세기 유럽의 종교개혁에서 다양한 방식으로 파생된 우리 교회들은 최고의 신앙적 권위를 성서에서 발견하고, 필요한 매개로서 어떤 교회적, 또는 과학적 권위도 거부한다. 이것은 교회적 구조 또는 과학적 연구를 거부한다는 뜻이 아니다. 간략하게 말하면 이러한 매개들은 가끔 유용하나, 항상 필요하다고 생각하지 않는다.

그는 이어, 자신의 작업이 갖는 에큐메니컬하고 민중적인 성격에 대해 말한다.

그러나 이러한 해석은 그것이 갖는 가장 중요한 의미에서 복음적이길 요청한다. 왜냐하면 하느님은 우리의 다양한 교파적 전통을 뛰어넘어 민중에게 좋은 소식good tidings을 갖고 있기 때문이다 …… 이러한 의미에서 우리의 복음적 해석은 비非가톨릭 교회의 한계를 넘어서, 라틴아메리카 전체 민중에게 봉사하고자 한다. …… 「출애굽기」는 하느님 백성에게 속한 것이지, 교회 지도층 또는 학계 전문가들에게 속하지 않는다.[35]

---

35) Jorge V. Pixley, *Exodo*, São Paulo : Edições Paulinas, 1987, p. 6 ; (with Clodovis Boff), *A opção pelos pobres*, São Paulo : Vozes, 1986.

'라틴아메리카 교회협의회'와 '라틴아메리카복음주의연합'의 대립이 보여 주는 바와 같이, 라틴아메리카 개신교인들도 심각하게 분열되어 있다. 이러한 분열은 (전적으로는 아닐지라도) 어느 정도는, 보다 더 오래된 개신교 교파들과 현재 급속하게 성장하고 있는 새로운 오순절파 교회들 사이의 차이와 일치한다.

라틴아메리카 오순절파 복음주의 교회들의 극히 이례적인 성장(가톨릭계 인사들은 흔히 '개신교 종파들sects의 침범'이라고 묘사한다)은 최근 이 대륙에서 가장 중요한 종교적 현상 가운데 하나이다. 이러한 성장이 갖는 정치적 함의는 아주 명백하다. 다시 말하면, 세계교회협의회와 관련 있는, 전통적인 개신교 교파들이 주로 사회적 관심을 갖고(앞에서 본 바와 같이) 해방신학에 동조하는 중요한 부문들을 포함하고 있는 반면에, 이른바 '종파'sects라 불리는 많은 교회들——다시 말하면 복음주의 교회 (그리고/또는) 오순절파 교회——은 근본주의적이고 보수적인 종교 문화를 갖고 있고, '비정치적'(apolitical, 이 말이 무슨 뜻이든 간에)이거나, 극히 반反혁명적이다.

이러한 종교 현상이 빚어 내는 진폭振幅을 부인할 수 없다. 브라질의 보나벤투라 클로펜부르그 주교는 1984년 보고타에서 열린 라틴아메리카 주교회의의 한 모임에서, 라틴아메리카가 16세기 중부 유럽보다 더 빠른 속도로 개신교화되고 있다고 경고했다. 이러한 성장에 대하여 신뢰할 만한 자료가 없기 때문에 정확한 평가는 아주 어렵다. 그러나 오늘날 비非가톨릭 그리스도교 신자 수가 라틴아메리카 전체 인구의 10% 정도 되는 것 같다. 개신교 측의 주장에 따르면, 심지어 브라질의 경우 전체 인구의 약 18%, 칠레와 과테말라의 경우 약 25%가 개신교 신자이다. 이 주장이 맞다고 한다면 과테말라의 경우 전체 인구 중 개신교인의 비율이 거의 7배로 늘어난 셈이다. 이렇게 급성장한 개신교 신자들의 대다수(대략 3/4)는 복음주의 그리고/또는 오순절파 교인들이다. 말할 나위 없이 이 모든 자료들은 의문의 여지가 있다. 이는 숫자를 부풀리는 복음주의적 선교 기관들의 성향 때문이기도 하고, 많은 신자들이 한 교회(또는 교파)에서 다른 교회(또는 교파)로 쉽게 이동하는, 마치 '회전문'과 같은 성격 때문이기도 하다.[36)]

하나님의 성회^Assembléias de Deus, 하나님의 교회^Igreja de Deus, 말씀의 교회^Igreja de Palavra 등과 같은 복음주의 또는 오순절파 교회들은 근본주의(이른바 '문자주의적' 성서해석), 개인적 구원에 대한 거의 전적인 강조('다시 태어나는' 개인), '믿음에 의한 치유'와 같은 마술적 행태, 그리고 가장 근대적인 커뮤니케이션 매체의 집중적인 사용(텔레-에반젤리즘^tele-evangelism)에 있어서, 전통적인 개신교와 구별된다.

그러나 복음주의자들이 정치적으로 같은 입장을 갖고 있는 것은 아니다. 이러한 견지에서, 이들의 입장을 (데이비드 스톨이 제안한 아주 유용한 이미지에 따라) 일련의 동심원으로 표현할 수 있다. 동심원의 한가운데에 종교적 우파에 속하는 교회 또는 선교 기관들이 있다. 이들은 보통 몇몇 미국 기관들(예를 들면 팻 로버트슨의 '그리스도교 방송네트워크'^Christian Broadcasting Network)과 관련 있고, 흔히 미국의 라틴아메리카 정책(예를 들면, 니카라과에서 콘트라 반군의 반^反혁명전쟁 지원)에 호의적이다. 이 동심원 밖에 있는 다른 동심원들도 보수적이긴 하나, 가운데에서 멀어짐에 따

---

36) David Stoll, *Is Latin America Turning Protestant? The Politics of Evangelical Growth*, Berkeley : University of California Press, 1990, pp. xiv, 6, 8, 9, 101, 125 참조. 이 유용한 연구──최고 수준의 학술적 저널리즘(investigative journalism)──는 이 장(章)의 주요한 자료 가운데 하나이다.

라 점점 덜 명시적인 정치적 입장을 갖는다. 다만 가장 외곽에 자리한 동심원에서, 예를 들면 메노파 신자들^{Mennonites}처럼 종교적 우파에 반대하는 입장을 가진 집단도 찾을 수 있다.[37]

대다수의 복음주의 교회들은 압도적으로 보수적인 정치적/종교적 문화 때문에 흔히 기존 질서의 소극적 또는 열성적 지지자가 되거나, 가끔 심지어 브라질, 칠레, 과테말라의 경우처럼 사악한 군사독재의 옹호자가 된다. 1974년 브라질 북동부에서 '하나님의 성회' 지도자들은 군사체제의 후보자들에게 투표하도록 권장하였다. 그리고 칠레에서는 피노체트 장군이 유혈 군사쿠데타를 일으켜 민주적으로 선출된 아옌데 정부를 무너뜨린 지(1973) 1년이 지난 시점에, 32개의 개신교 교회(그 다수는 오순절파) 지도자들은 다음과 같이 선언했다. 이 유혈 쿠데타는 "맑스주의가 …… 어둠의 사탄적 권력이라는 것을 인지하는 모든 신자들의 기도에 대한 신성한 응답"이고, "우리 복음주의자들은 …… 군사평의회를 우리나라의 최고 권위로 인정하며, 평의회가 우리의 기도에 응답하여 우리를 맑스주의에서 해방시켜" 주리라 믿는다.[38]

많은 라틴아메리카인들, 특히 좌파적·진보적 가톨릭인들은 '개신교 종파의 침입'을 미국이 해방신학을 견제하기 위해, 더 일반적으로는 가

---

37) Stoll, *ibid*., pp. 156~157. 스톨의 '다섯 가지 동심원'은 선교운동을 언급한 것이다. 그러나 나는 이 동심원들이 또한 복음주의 운동의 정치적 스펙트럼을 이해하는 데도 유용하다고 생각한다.

38) Stephen Glazier, ed., *Perspectives on Pentecostalism : Case Studies from the Caribbean and Latin America*, Washington, DC : University Press of America ; Christian Lalive d'Épinay, "Political Regimes and Millenarianism in a Dependent Society : Reflections on Pentecostalism in Chile", *Concilium*, no. 161, New York, 1983, pp. 42~54 ; Stoll, *op. cit*., pp. 111~112.

난한 이들의 해방을 위한 모든 사회운동을 방해하기 위해 조직한 음모로 간주했다. 실제로 일부 미국 복음주의 교단은 라틴아메리카에서의 종교적 활동을 노골적으로 미국 대외정책의 이해관계와 동일시함에 따라, 크게 보면 이러한 (명백히 일방적인) 구도에 상응하는 행동을 했다. 일부 복음주의자들은 미국을 경건한 요새bastion of godliness 선교국가로 간주하면서 중앙아메리카에 대한 레이건 정부의 지정학적 의도에 기꺼이 봉사하였다. 가장 명백한 예는 니카라과 내전에서 콘트라 반군에 정치적·군사적 지원을 조직했던 노스 중령의 노력에 복음주의자들이 깊이 관여했던 것이다.

그러나 인권의 관점에서 만족스럽지 못한 결과(병원과 학교의 파괴, 민간인 살상, 여성 강간 등)가 나타나자, 미국 의회는 콘트라 반군에 대한 원조를 중단하기로 결정했다. 그러나 노스 중령은 이 결정에도 불구하고 니카라과 반혁명세력에 대한 '사적 지원망'을 구축하기 위해, (백악관의 비호 아래) '반공적인' 복음주의자들을 모집하기 시작했다. 콘트라 반군에게 자금을 제공할 뿐만 아니라, 정치적/종교적 지원을 제공했던 이 캠페인에 열정적으로 참여했던 자들 가운데, 팻 로버트슨의 그리스도교 방송네트워크가 있다. 로버트슨은 해마다 2백만 달러를 지원하면서 '축복작전'Operation Blessing을 조직했다. 로버트슨은 유명한 텔레비전 복음주의자tele-evangelist로, 콘트라 반군들을 사열하기 위해 직접 온두라스를 방문한 적이 있다. 이 단체 외에도, 1985년 레이건 대통령으로부터 인도주의상humanitarian award을 받은 '미주의 친구들'Friends of the Americas, 그리고 '그리스도교 긴급원조팀'Christian Emergency Relief Team, '트랜스월드미션'Trans World Mission 등 다른 종교우파 단체들도 이 캠페인에 참여했다. 노스 중령은 이들 대부분을 직접 섭외하고 조정하고 브리핑하였다.[39]

노스 중령과 같은 사람들이 니카라과가 아닌 다른 라틴아메리카 지역에서 복음주의를 조직화했을 가능성을 배제할 수 없다. 중미 지역에서 일부 복음주의 단체는 자발적인 민간단체에 자금을 지원하는 미국 국제개발처USAID를 통해, 미국대사관과 일정한 관계를 유지한 것 같다.[40] 그러나 이러한 관계 유형은 브라질과 같은 코노수르[41] 지역의 나라들이나 에콰도르보다는 중미의 경우와 보다 더 큰 관련이 있다.

어찌됐든 이 '음모이론'만으로 이 현상을 설명하기에는 역부족이다.

---

39) Tom Barry, Deb Preusch and Beth Sims, *The New Right Humanitarians*, Albuquerque : The Resource Center, pp. 12~30. 데버러 헌팅턴(Deborah Huntington)과 엔리케 도밍게스 (Enrique Dominguez)에 따르면, 이러한 복음주의 집단들은 정치적 활동에 대한 영적 대안을 제시하면서 사회변혁운동에 참여하지 말도록 신자들을 설득하였다. 또한 이들은 사건들에 대한 레이건 행정부의 입장이 정확하다고 미국 지지자들을 안심시켰고, 이를 비판하는 자들을 공산주의 동조자라고 공격하였다("The Salvation Brokers : Conservative Evangelicals in Central America", *NACLA Report on the Americas* 18(1), 1984). 데이비드 스톨은 다음과 같이 언급하였다. "그들은 사실상 미국의 군사적 개입을 열렬히 옹호하는 치어리더들이다. 그들은 니카라과 콘트라 반군들을 지지하기 위해 전역 군인들과 정보부 요원들이 관여하는 단체들과 밀접한 연계 속에서 활동했다. 그들은 반군들의 전쟁에 참여하면서, 미국 선교단체들이 CIA 앞잡이라는 사실을 확증해 준 셈이다"(Stoll, *op. cit.*, p.119).

40) Stoll, *op. cit.*, pp.326~327. 데이비드 스톨의 언급은 매우 명쾌하다. "노스 중령과 그 동료들은 복음주의의 성장을 불신하고 두려워하는 이들에게, 그것이 미국의 전략적 기획의 결과임을 확인시켜 주었다. 이 복음주의는 라틴아메리카인들을 달러로 유혹하고, 지역 권력 구조와 밀접한 연계 속에서 활동했으며, 워싱턴의 명령을 따르는, 일종의 영적 유혹(con game)이다. …… 이것은 내가 이 책을 쓰기 시작할 때 기대했던 그림이 아니다. 오히려 긍정이 아니라, 반박하고자 했던 통속적인 신화이다. 그러나 노스 중령이나 그와 관련 있는 복음주의자들은 그것이 진실이라는 것을 보여 주면서, 그들의 신앙적 형제들에게 큰 피해를 주었다."

41) 코노 수르(Cono Sur)는 아메리카 대륙의 남부 지역을 지칭하는 용어로, 이 대륙의 남단에 있는 카보 데 오르노스(Cabo de Hornos)를 기점으로 마치 거꾸로 세워놓은 원추 모양 같다고 해서 생겨난 이름이다. 지리적으로 보면, 칠레 북쪽에 있는 항구 도시 아리카(Arica)에서 브라질 파라나 주(州)의 북단을 잇는 선 아래 지역을 말하고, 나라로 보면, 아르헨티나, 칠레, 우루과이를 포함하며, 볼리비아, 브라질, 파라과이가 이 선에 걸쳐 있다. 따라서 이 용어를 어떤 기준을 가지고 사용하느냐에 따라 포괄하는 지역이 다소 달라질 수 있다—옮긴이.

무엇보다도 이 이론은 복음주의적 개신교가 어떻게 라틴아메리카 여러 나라에서 실제적으로 대중적 지지를 확보할 수 있었는지 설명하지 못한다. 물론 복음주의적 선교 단체들이 대대적으로 미국 달러를 투여해 그처럼 눈부신 성장을 이루었다고 주장할 수도 있다. 이 주장이 전혀 근거 없는 것은 아니다. 자금이 풍부한, 많은 미국 복음주의 단체들은 이른바 '밥그릇 그리스도교'rice-bowl christianism를 실천하고, 자선, 개발프로젝트, 교회 건축, 재난구조 등에 막대한 자금을 제공하면서 가난한 이들의 마음을 사려고 한다. 월드비전World Vision과 같은 복음주의 단체들은 막대한 자금력을 동원하여, 가톨릭 기초공동체와 관련 있는 지속적인 민중 조직 활동에 해를 끼칠 수 있다. 침보라소Chimborazo 원주민 운동(진보적인 활동으로 널리 알려진 '원주민들의 주교' 프로아뇨 몬시뇰의 지원으로 창립되었다)의 지도자인 아나 마리아 구아초는 월드비전이 에콰도르 케추아Quechua 원주민공동체에 끼친 다대한 영향을 설명하면서, 다음과 같이 주장했다. "월드비전이 돈을 뿌리는 반면, 우리는 단지 의식화만을 시도할 때, 사람들을 조직하기가 쉽지 않다."[42]

그럼에도 불구하고 이러한 형태의 설명은 라틴아메리카 복음주의 성장의 진면목을 보여 주기에는 지나치게 편파적이고 일방적이다. 물론 그러한 측면들이 존재한다는 것을 부인할 수 없지만, 이 현상을 단지 미국이 재정 지원하는 선교적 '침입'의 관점에서만 이해하기에는 아주 방대하고 복잡하다. 실제로 1980년대 이후 라틴아메리카 복음주의 교회들은, 심지어 중앙아메리카 교회들도 미국 개신교와의 관계 속에서 점차 자율성을 획득하였다. 다시 말하면 복음주의자들은 중산층과 엘리트 계층의 신자

---

42) Stoll, *op. cit.*, p. 293.

들을 확보하면서 독자적으로 재정적 토대를 꾸릴 수 있었다. 그리고 많은 나라들에서, 특히 코노수르 지역에서 새로운 형태의 토착적 복음주의 교회들이 출현하였다. 이 교회들은 고유한 '예언자' 또는 구루가 있었고, 미국의 주요 교파들과 어떤 연계도 갖지 않았다.

이 현상에 대한 유일한 또는 단순한 어떤 설명도 존재하지 않는다. (앞에서 이미 언급한 것들 외에도) 다양한 사회적, 정치적, 문화적, (그리고 명백하게) 종교적 측면들을 고려할 필요가 있다. 이렇게 할 때, 리오그란데[43] 남쪽에 있는 많은 국가들에서의 복음주의/오순절 교회들의 놀라운 확장을 설명할 수 있을 것이다.

과테말라와 엘살바도르와 같은 나라들에서 놀라운 비율의 개종을 가져오는 데 일정한 역할을 수행했던 한 가지 중요한 요인은 복음주의 교회들이 정부 폭력으로부터의 피난처가 되었다는 사실이다. 이 두 나라들에서 수많은 기초공동체, 수녀들, 수도회들 그리고 심지어 가톨릭 주교들이 가난한 이들의 투쟁에 명백하게 관여함에 따라, 군대나 준군사조직('죽음의 부대')은 가톨릭 교회와 그 성원들에게 잔인하고 대대적인 보복을 가하였다. 중앙아메리카의 일부 지역에서는 가톨릭 신자라는 사실만으로 혁명적 게릴라의 동조자로 간주될 정도로 신변에 위협을 받았다. 이러한 맥락에서 많은 사람들, 심지어 공동체 전체가 주지하다시피 '비정치적'이고/또는 군인들과 (말할 나위 없이 당국자들이 '정치적'인 것으로 간주하지 않는) 반란진압정책을 지지하는 복음주의 교회를 찾았다. 국가의 폭력으로부터 자신을 지키고자 하는 생명을 위협 받는 사람들에게 복음주의적

---

43) 미국과 멕시코의 경계를 이루는 강. '리오그란데'(Rio Grande)는 미국에서 부르는 명칭이고, 멕시코에서는 '리오브라보'(Rio Bravo)라고 부른다— 옮긴이.

개신교는 생존의 전략이 되었다.

어떤 경우에 이것은 기본적으로 '실용주의적인' 몸짓일 수도 있지만, 다른 경우에는 (특히 1980년대에 혁명운동이 여러 차례 패배를 겪었던 과테말라에서) 패배감이나 대중 의식의 변화와 맞물려 있었다. 보다 더 일반적으로 말하면, 보수적 복음주의는 체념, 숙명론 그리고 기존 질서의 수용을 특징으로 하는 일정한 전통적인 대중문화에 호소했다고 말할 수 있다 (이에 반해, 해방신학은 '의식화하는' 민중적 활동을 통해서 이러한 전통에 반하여 투쟁했다). 상당한 수의 국민들은 가혹한 패배를 경험하고, 군사적 테러 앞에 무방비 상태가 되었을 때, "결코 상황은 바뀌지 않을 것"이라는 아주 오래된 느낌에 또 다시 사로잡힐 수 있다. 그들 가운데 일부는 가톨릭 교회를 멀리하였고, "그리스도에게 자신을 맡기면서" (그리고 지배적인 당국자들이 성스럽고 존중할 만하다고 간주하는 교회가 제공하는 안전보장에 자신을 맡기면서) 개인적 삶을 개선하려는 복음주의적 제안에 이끌렸다.[44]

개인적 삶의 개선이라는 호소는 그 자체만으로 복음주의로 개종하는 데 강력한 동기가 될 수 있다. 일정한 형태의 청교도 윤리가 가난한 가족들의 일상적인 삶에 구체적인 영향을 미칠 수 있다는 것은 의심할 여지가 없다. 술, 마약, 노름과 매매춘을 끊으면서, '다시 태어난' 남성은 자신의

---

44) 엘살바도르에 사는 한 복음주의 신자가 데이비드 스톨에게 다음과 같은 편지를 썼다. "대다수 엘살바도르 복음주의자들은 가난한 농민과 도시 거주자들이며, 그들 가운데 대부분은 아마도 자신을 비정치적인 사람이라고 말할 것이다. …… 가난한 이들이 복음주의로 개종하는 주요한 정치적 이유는 반공이 아니라 안전보장이다." 복음주의는 또한 이 나라들에서 경제 엘리트나 군인 가족과 같은 상류층에 호소력을 갖고 있다. 왜냐하면 복음주의가 그들에게 이익을 주는 사회구조를 비판하는 것이 아니라, 그에 대한 책임을 면해 주기 때문이다. Stoll, *op. cit.*, pp. 167~170 참조.

경제적 조건, 건강, 아내나 자식과의 관계를 상당히 개선할 수 있다. 따라서 많은 가난한 여성들이 배우자들의 잘못된 행동을 바로잡아 준다고 약속하는 복음주의로의 개종을 적극 추진했다는 것은 그리 놀라운 일이 아니다.

그와 동시에 복음주의 교회들이 구조적 변혁을 위해 활동하지 말고, 새로운 도덕적 행동을 통해 집중적으로 자기 자신을 개선하라고 권장할 때, 이는 다른 한편으로 집단적 행동을 방해하고, 신분 상승^{upward mobility}이라는 개인적 전략을 촉진함을 뜻한다. 이러한 형태의 '개신교 윤리'는 의심할 나위 없이 개인적 경쟁과 사적 축적이라는 '자본주의 정신'과 강한 친화성을 가진다. 라틴아메리카 복음주의에서 가장 중요한 인물 가운데 한 사람인 아르헨티나 전도자 루이스 팔라우에 따르면, "라틴아메리카에서 불신앙과 부도덕성을 제거할 수 있다면, 한 세대 안에 이 대륙의 가난을 절반으로 줄일 수 있다. …… 오늘날 라틴아메리카 개신교에서 나타나고 있는 거대한 중산계층은 가난했을 때 개종한 사람들이다. 그들은 근면, 정직, 그리고 정의를 통해, 흔히 중산층이라고 부르는 교양 있고 합리적인 생활양식으로 올라선 것이다. 내 생각에 이것이야말로 성서적 응답이다".[45]

베버의 테제는 라틴아메리카 개신교에 어느 정도까지 맞는 것일까? 실제로 복음주의는 개인적 자기 향상^{self-promotion}이라는 자본주의적 에토스를 받아들이는 데 기여할 수 있다(그리고 이와 함께 이러한 에토스에 투신하는 정치 세력을 지지하도록 고무할 수 있다). 칠레 사회학자 클라우디오 벨리스는 최근 저작, 『고딕 여우의 신세계』*The New World of the Gothic Fox*에

---

45) Stoll, *op. cit.*, pp. 2~3.

서, 개종은 '카고 숭배'[46]와 일정한 유사점을 갖는다고 말한다. 다시 말하면 복음주의적 개신교에 입교할 때, 사람들은 산업 자본주의 문화, 다시 말하면 번창하는 좋은 삶뿐만 아니라, "또한 매력적인 소비재와 문화적 가공품을 가져다주는" 문화와 밀접한 관련이 있는 것처럼 보이는 종교에 입교한다.[47] 그럼에도 불구하고, 이러한 형태의 종교가 그 자체만으로 라틴아메리카에서 자본주의적 발전을 고무할 거라고 기대하는 것은 베버의 테제에 대한 잘못된 해석에 기반을 둔, 그저 바람일 뿐이다. 베버는 결코 칼뱅교가 자본주의 태동의 '원인'이 되었다고 주장하지 않았다. 그는 다만 이 둘 사이의 '선택적 친화성'을 지적했을 뿐이다.[48] 오순절 교파로 개종한 대다수의 가난한 이들에게 신분 상승의 가능성은 거의 없으며, 외채로 허덕이고 경기침체에 빠진 라틴아메리카 경제에서 자본가가 될 기회는 더더욱 희박하다. 라틴아메리카 경제에서는 한 줌밖에 안 되는 엘리트들이 확고하게 부를 독점하고 있기 때문이다. 어쨌든 오늘날까지, 복음주의적 영향력이 상대적으로 큰 지역에서 자본주의적 발전의 어떤 구체적인 표징도 발견할 수 없다.[49]

여러 관찰자들이 지적한 바에 따르면, 특히——경제적 이유(농공업

---

46) 또는 화물숭배(貨物崇拜). 전(前)근대적인 전통사회들이 기술적으로 선진적인 나라들과 접촉하면서 나타나는 종교적 실천으로, 자신의 신들이나 조상들이 배나 비행기로 특별한 화물을 가져다줄 거라는 믿음에 기반을 두고 있다——옮긴이.

47) Richard Gott, "The Latin Conversion", *The Guardian Weekly*, 10 June 1995, p. 27에서 재인용.

48) Michael Löwy, "Weber against Marx?", in *On Changing the World : Essays in Political Philosophy from Karl Marx to Walter Benjamin*, Atlantic Highlands, NJ : Humanities Press, 1993.

49) 신자유주의적 관점에서, '거짓 베버적(faux-Weberian) 낙관주의'를 비판한 것에 대해서는 아래 논문 참조. Timothy Goodman, "Latin America's Reformation", *The American Enterprise*, July-August 1991.

화)든, 또는 반란 진압 작전 때문이든——전통적으로 자라 온 환경에서 뿌리 뽑힌 채 쫓겨난 사람들은 복음주의로의 개종을 쉽게 받아들인다. 강렬한 감성적 연계에 바탕을 둔, 작은 교회공동체의 안전망은 확실히 사람들이 오순절파 교회를 찾는 이유 가운데 하나이다(해당 지역에 가톨릭 기초 공동체가 없다면 더욱더 그러하다).

지금까지 언급한 라틴아메리카 복음주의의 이례적인 성장에 대한 대부분의 설명들은 실용주의적이 아니라고 한다면, 대략 '합리적인' 것이다. 그럼에도 불구하고, 믿음의 치유, 기적 그리고 악귀 추방exorcism(이 모든 것들은 대다수의 오순절 운동에서 쉽게 발견할 수 있다)과 같은 마술적인 의례와 관련 있는 수많은 개종 사례에서 볼 수 있듯이, 그 어떤 것으로도 환원할 수 없는 비합리적인 핵심이 존재한다. 이러한 의미에서 복음주의적 개신교는 역사적 개신교와 달리, 근대화의 힘이 아니라 오히려 라틴아메리카 대중 종교를 재배치한 것redeployment에 지나지 않는다. 사회학자 루이스 사만두에 따르면,

오순절파의 믿음은 악마, 영, 계시, 신적 치유 등으로 이뤄진 대중적 종교 세계를 자유롭게 표현할 수 있다. …… 이런 식으로 신자들은 오순절 운동에서, 교양 있고 교육받은 계층이 오랫동안 미신으로 불신해 온, 대중문화에 깊게 뿌리를 내린 '자신들의' 종교를 발견한다.[50]

---

50) Jean-Pierre Bastian, "The Metamorphosis of Latin American Protestant Groups : A Socio-Historical Perspective", *LARR*, vol. 28 no. 2, 1993, pp. 35, 43 ; Luis E. Samandu, "El Pentecostalismo en Nicaragua y sus raíces religiosas populares", *Pasos* (San José, Costa Rica), no. 17, May-June 1988, p. 8 참조.

가난한 주민들은 근대적인 의료 서비스를 받을 수 없기 때문에, 기적적인 치유에서 위안을 찾는 절망적인 시도가 나타나게 된다. 보다 더 일반적인 관점에서 말한다면, 라틴아메리카의 도시 지역에서 나타나는 근대성의 재앙은 마술적인 믿음이 번성하기에 유리한 환경이라고 할 수 있다. "자본주의적 발전이 야기한 사회적 단절은 악령들이 들끓게 하고, 최근 여러 세기 동안 '진보'의 행진은 어느 정도 악귀 추방에 대한 수요를 증가시켰다."[51]

우리가 살펴본 바와 같이, 대다수의 복음주의 교파들은 '비정치적' (이는 사실상 현상現狀을 지지하는 입장을 서술하는 용어이다)이거나 극히 보수적이다. 이 교파들이 가장 놀라운 성장을 이룬 나라는 또한 일정한 기간 동안 신오순절파들이 정치권력에 직접 가담했던 나라, 즉 과테말라이다. 이 사례에 대한 연구는 '복음주의적 정치'에 대한 (극단적일지라도) 흥미로운 예시이다.

1970년대에 과테말라에서 오순절파가 성장한 것은 군사정권이 좌파와 가톨릭 교회에 대한 탄압을 강화한 것과 일치한다. 군인들은 모든 수녀, 사제, 수도회, 기초공동체 회원, 그리고 평신도 조직가들을 '체제전복적'이거나 게릴라를 지지하는 자로 간주했다. 1980년 (주요 갈등 지역 가운데 하나였던) 엘키체의 주교는 교구의 모든 사제들과 수녀들과 함께 교구에서 철수하는 전례가 없는 결정을 내릴 정도로, 군인들과 준군사조직들에 의한 가톨릭 신자 암살이 아주 일상화되었다. 이에 국제 엠네스티 Amnesty International는 1981년 1월 「정부의 정치적 살해 프로그램」[52]이라는 제목의 문서를 발표하기도 했다.

---

51) Stoll, *op. cit.*, p. 112.

1976년 지진 이후, 미국 복음주의 교회들은 과테말라에서 눈에 띄는 역할을 수행하기 시작했다. "이 교회들은 자연 재해 기간 동안 구호주의적 차원에서 접근하였고, 이를 통해 일부 개신교 집단은 방대한 규모의 돈과 물질적 자원을 통제하게 되었으며 …… 군인들, 그리고 통제와 안정으로 혜택을 보는 집단들의 지배적 이해관계를 위해 개신교적 대중 종교를 동원하였다."[53] 이때 군인들과 오순절파들 사이에 아주 강한 연결 고리들이 형성되기 시작했다. 이 두 집단은 반공적이고 반가톨릭인 정서를 공유했다. 예를 들면, 이들(과 이들과 관련 있는 민간기구들)만이, 군인들이 분쟁 지역의 원주민 공동체들을 소개疏開하여 재조직한 '전략촌'에 들어갈 수 있었다 이 공동체 주민들은 고향 땅에서 강제로 쫓겨나고, 자신의 역사적·문화적 맥락과 단절되었으며, 군인들로부터 생명을 위협받는 상황 속에서, 복음주의자들의 공격적인 개종 캠페인 앞에 취약하게 노출될 수밖에 없었다.[54] 『월스트리트저널』*Wall Street Journal*의 클리포드 크라우스 특

---

52) 이러한 사건들에 대한 상세한 내용은 아래의 글들에서 발견할 수 있다. Phillip Berryman, *The Religious Roots of Rebellion : Christians in Central American Revolutions*, New York(Maryknoll) : Orbis, 1984, ch. 6, "The Color of Blood Is Never Forgotten", 그리고 멘추(Rigoberta Menchú)의 감동적인 증언, *I, Rigoberta Menchú : An Indian Woman in Guatemala*, London : Verso, 1984.

53) Edward L. Cleary, "Evangelicals and Competition in Guatemala", in Edward Cleary and Hannah Stewart-Gambino eds, *Conflict and Competition : The Latin American Church in a Changing Environment*, Boulder, CO : Lynne Rienner Publishers, 1992, p. 188.

54) 루이스(Jesús García Ruiz)의 주목할 만한 논문 참조. "L'État, le religieux et le contrôle de la population indigène au Guatemala", *Revue française de science politique*, vol. 38, no. 5, October 1988. 그리고 "Un essai de contrôle des consciences dans un contexte de guerre civile : militaires et population indienne au Guatemala", in Français Chazel, ed., *Action collective et mouvements sociaux*, Paris : Presses Universitaires de France, 1993.

파원은 아주 적절하게 이 상황을 요약하였다. "복음주의적 그리스도교는 반란진압전의 본질적인 요소가 되었고, 그와 더불어 군인들은 생존자들을 위해 교회를 세우는 것을 도왔다."[55]

1982년 3월, '말씀의 교회'Word Church의 '거듭난' 교인, 리오스 몬트 장군이 군사 쿠데타로 권력을 잡았을 때, 과테말라 군인들과 복음주의 교회 사이의 형제애적 관계가 더욱 더 돈독해졌다. 말씀의 교회는 캘리포니아에 기반을 둔 선교 단체, '가스펠 아웃리치'Gospel Outreach의 과테말라 지부이고, 1976년 지진과 관련하여 과테말라에 들어왔다. 이 교회는 처음에는 상층계급을 중심으로 선교활동을 펼쳤는데, 이 계급에 속한 많은 이들은 가톨릭 교회의 사회적·정치적 선택에 큰 불만을 표출하면서 새로운 교파를 찾고 있었다.

리오스 몬트는 국민들에게, 자신이 "총알, 군화 또는 투표 덕분이 아니라", 주님 덕분에 대통령이 되었다고 주장했다. 그는 잦은 공개 강연이나 설교를 통해서 과테말라가 '아메리카의 새로운 예루살렘'이 되었다면서 과테말라를 축성했다. "형제들이여, 과테말라가 그리스도 편에 서 있다고 세상을 향해 말할 수 있어 감사합니다. 형제들이여, 여기서 명령하는 자는 주님 중의 주님이시라는 것을 세상에 말할 수 있어 감사합니다." 이에 대한 충실한 응답으로, 말씀의 교회 목사들은 자신의 양떼들에게 다음과 같이 설명했다. "오늘날 세상에는 단 두 개의 그리스도교 정부가 존재한다. 하나는 미국 정부이고 다른 하나는 과테말라 정부이다. 정의의 문제에 끼어들거나, 기존 질서를 바꾸는 것은 신자들의 역할이 아니다. 이 모

---

55) Clifford Kraus, *Inside Central America : Its People, Politics and History*, New York : Summit Books, 1991, p. 41.

든 것은 정부의 과제이고, 그리고 하느님 덕분에 정부는 하느님의 손 안에 있다."[56]

사실 리오스 몬트 정부(1982년 3월~1983년 8월) 아래서, 이전보다 훨씬 더 심각한 군사적 잔학 행위들이 자행되었다. 마을 전체가 초토화되었고, 수천 명의 남자와 여자와 어린아이들이 모골이 송연해지는 집단 살육으로 죽어 갔다. 과테말라 인권위원회[CDHG]의 한 보고서에 따르면, 1981년부터 1985년 사이에 초법적인 집단 처형을 통해 14,934명이 죽었다. 그 처형 가운데 78%는 1982년에 발생하였다. 생존자들은 해리스 위트벡과 같은 인물들의 주선 아래, 군인들이나 리오스 몬트와 직접 관련 있는 복음주의 구호 재단에 수용되었다. 위트벡은 미국인 선교사로 '말씀의 교회' 자문이고, 그와 동시에 군사적 건설과 반란진압적 기술을 전문적으로 다루는 기술자이며, 리오스 몬트의 개인 사절로 활동하였다. 미국 쪽에서 온 지원은 팻 로버트슨, '대학생선교회'[Campus Crusade for Christ]의 빌 브라이트, 그리고 '도덕적 다수'[Moral Majority]의 제리 폴웰이 주도하였고, '국제 러브 리프트'[International Love Lift]라는 시사적인 이름 아래 가스펠 아웃리치가 조직하였다.[57]

'말씀의 교회' 장로들[elders]은 리오스 몬트의 자문으로 활동했고, 그의 정책에 도덕적·종교적 정당을 부여하는 데 도움을 주었다. 원주민 공동체

---

56) Preaching of the Word Church, Guatemala City, April 1983. Jesús García Ruiz, "Le religieux comme lieu de pénétration politique et idéologique au Guatemala", *Revue française d'etudes américaines*, no. 24-25, May 1985, pp. 268~269에서 재인용.

57) Comisión de derechos humanos de Guatemala, *Ejecuciones masivas extrajudiciales, 1981-1985*, Mexico, 1988, mimeo. 또한 Jesús García Ruiz, "Un essai de contrôle des consciences dans un contexte de guerre civile", pp. 138~139와 Stoll, *op. cit.*, pp. 191~192 참조.

전체를 살육했다는 증거가 나왔을 때, 이 장로들은 그것을 '중상모략하는 캠페인'이라고 부인하거나, '체제 전복 세력'을 뿌리 뽑기 위해 필요한 것이라고 정당화했다. 예를 들면, 리오스 몬트의 국정홍보처장이었던 '말씀의 교회' 소속 프란시스코 비앙치 장로에 따르면,

> 게릴라들은 원주민 협력자들을 많이 얻었고, 따라서 원주민들도 체제 전복적이다. 그렇다면 당신은 어떻게 체제 전복 세력과 싸우겠는가? 말할 나위 없이 당신은 원주민을 죽여야 할 것이다. 왜냐하면 그들은 체제 전복 세력에 협력하고 있기 때문이다. 그랬을 때, 사람들은 당신이 죄 없는 사람들을 죽이고 있다고 말할 것이다. 그러나 그들이 죄가 없는 것이 아니다. 왜냐하면 그들은 체제 전복 세력에 자신을 팔았기 때문이다.[58)]

'거듭난' 독재자의 대대적인 인권 침해, 신정神政적인 경향에 대해 국제적인 항의가 잇따르자, 리오스 몬트는 과테말라의 지배 엘리트에게 짐이 되었다. 마침내 1983년 8월 군인들 스스로 그를 대통령직에서 끌어내렸다. 이 사례가 하나의 예외적인 경우라 할지라도, 의심할 나위 없이 이것은 일부 복음주의자들이 일정한 기회가 주어졌을 때 기꺼이 실현하고자 하는 정치 형태를 잘 보여 준다.

다른 한편으로 복음주의자들 가운데에도 진보적인 소수가 존재하고, 이를 고려해야 함을 강조할 필요가 있다. 예를 들어 몇몇 복음주의 단체들 가운데 온건하게 진보적인 신학적·사목적 지향(보수적 근본주의뿐만 아니라 해방신학과도 구분되는 일종의 '제3의 길')을 전개하

---

58) Stoll, *op. cit.*, p. 204에서 재인용.

려 했던 시도들이 존재했다. 예를 들면, '라틴아메리카신학회'Fraternidad Teológica Latinoamericana(푸에르토리코의 오를란도 코스타스, 에콰도르의 레네 파디야)가 있다. 이들은 근본주의자들을 비판하면서, 복음의 '상황화'contextualization가 필요하다고 주장하였다. 다시 말하면 미국 복음주의자들의 문자주의를 넘어서서, 라틴아메리카의 상황에서 성서를 해석하고자 했다. 어쩌면 보다 더 급진적인 또 다른 시도는 코스타리카 산호세에 있는 '라틴아메리카 성서학교'Seminario Bíblico Latino-Americano이다. 보수주의자들에 따르면, 이 학교는 1970년대 후반 해방신학의 온상이 되었다. 이 학교가 자체 정화淨化를 거부했을 때, 복음주의 단체인 '라틴아메리카선교회'Latin American Mission는 이 학교에 대한 승인을 철회했고, 코스타리카의 선서교회협회Asociación de Iglesias Bíblicas는 이 금지된 학교에 관여하는 25명의 목사들을 협회에서 추방하였다.[59]

또한 복음주의자들이 진보적인 사회운동에 참여한 몇 가지 흥미로운 사례들도 있다. 가장 널리 알려진 것 가운데 하나는 1978~1979년 니카라과 봉기 동안 산디니스타들을 도왔던 니카라과 '복음주의 원조·발전 위원회'CEPAD이다. 이 위원회는 1979년 10월 산디니스타 혁명이 성공한 뒤, 혁명 과정을 지지했던 목사 500인 모임을 재정적으로 후원했다.

그러나 보다 더 중요한 사례는 브라질에서 찾을 수 있다. 브라질은 오늘날 세계에서 (미국 다음으로) 두번째로 규모가 큰 복음주의 공동체를 가지고 있다. 일부 브라질 오순절파 교인들은 이미 1960년대 초에 (비록 교회의 지지를 받지 못했을지라도) 사회주의적 성향의 변호사인 프란시스쿠 줄리앙이 이끄는 '농민연맹'Ligas Camponesas, 오순절파 목사 출신인 마누엘

---

59) Stoll, *op. cit.*, pp. 131~132, 170~178 참조.

다 콘세이상이 이끄는 '농민노조'^{Sindicatos Camponeses}에 적극 참여하였다. 프란시스쿠 줄리앙은 당시를 회고하면서, 복음주의자들이 늘 이사야 예언자를 인용하면서 가장 급진적인 활동을 했다고 말했다.[60] 그리고 보다 더 최근 사례로는, 여러 명의 오순절파 교인들이 노동자당^{PT}에 입당한 것을 들 수 있다. 그 가운데에는 베네디타 다 실바와 같이 널리 알려진 인물들도 있다. 베네디타 다 실바는 빈민촌에서 태어난 흑인 여성으로, 1993년 리우데자네이루 주지사 노동자당 후보가 되었으나 아깝게 선거에서 졌다.[61]

비록 다수의 브라질 복음주의 교인들은 1989년 대통령 선거에서 보수적이고 대중주의적인 콜로르 데 멜루 후보에게 표를 주었을지라도, 로빈슨 카발칸티의 주도 아래 노동자당 룰라 후보를 지지하는 복음주의 운동도 조직되었다. 그로부터 1년 뒤 카발칸티는 '진보적 복음주의 운동' Movimento Evangélico Progressista이라는 단체를 창립하는 데 기여하였다. 이 단체의 지도자 가운데 한 사람인 파울 프레스톤은 이 운동을 다음과 같이 서술했다. "그것을 '운동'이라고 부른 것은 비공식적이고 초당파적인 모임이기 때문이다. '복음주의'라고 한 것은 성서의 권위, 복음화의 중요성, 회개와 기도의 중요성을 재삼 강조하는, 신학적으로 보수적이고 정통신앙

---

60) 브라질 농민연맹에서 오순절파 교인들의 활동에 대해서는, Francisco Cartaxo Rolim, *Pentecostais no Brasil. Uma interpretação sócio-religiosa*, Petrópolis : Vozes, 1985 ; Regina Reyes Novaes, *Os escolhidos de Deus. Pentecostais, trabalhadores e cidadania*, Rio de Janeiro : Marco Zero/ISER, 1985 참조.
61) 베네디타 다 실바는 1994년 흑인여성 최초로 브라질 상원의원이 되고, 2002년 역시 흑인여성 최초로 주지사(리우데자네이루)가 되었다. 그리고 2003년 노동자당 룰라 대통령의 취임과 함께 '사회구호와 진흥' 특임 장관(Secretaria Especial da Assistência e Promoção Social)에 임명되었다—옮긴이.

적ortodoxo이기 때문이다. 그리고 '진보적'이라 한 것은 사회변혁에 투신하기 때문이다."[62]

　브라질의 진보적 복음주의 교인들은 자신들을 해방신학이나 가톨릭 좌파와 동일시하는 것을 거부한다. 이들은 에큐메니즘에 큰 관심이 없고, 자신들만의 고유한 복음주의 신학, 세계와 인간에 대한 지극히 성서적인 관점에 바탕을 둔, '통합적 그리스도교'integral Christianity를 전개한다. 이들의 영향력을 평가하기는 쉽지 않으나, 점차 많은 청중들을 확보하는 것처럼 보인다. 또한 이들은 보수적 복음주의자 국회의원들과 연루된 몇몇 부정부패 사건들로 야기된 위기와 관련 없는 것 같다. 이들은 1994년 다시 한 번 복음주의 교인들로 하여금 룰라 후보에게 투표하도록 권고했고, 다른 한편으로 노동자당 후보들에게 동성애와 낙태를 반대하고 공립학교의 종교 교육을 지지하는 (다소 보수적인) 오순절파의 입장을 고려해 달라고 요청했다.[63]

　라틴아메리카의 복음주의의 미래는 어떻게 될까? 롤링이 브라질 오순절파와 관련하여 말한 것처럼, 복음주의 신자들이 일정한 형태의 사회적 실천을 통해 사회적 모순을 인지할 수 있을까? 또는 복음주의 교인들이 (주로 가난한 계층으로 구성된) 사회적 특성으로 말미암아 조만간 사회

---

62) Paul Freston, "A transformação política da comunidade evangélica ou (quase) tudo o que evangélicos e partidos progressistas precisam saber sobre o movimento evangelico progressista", *Vespera*, 21 November 1993.

63) Paul Freston, "Os trabalhadores e os evangélicos", *Teoria e debate* no. 25, August 1994, pp. 23~26. 또한 *Boletim do MEP* no. 1, December 1993 참조. 진보적 복음주의 신학은 다음과 같은 저서들에서 전개되었다. Robinson Cavalcanti, *A utopia possivel : em busca de um cristianismo integral*, São Paulo : Editora Ultimato, 1993; Paul Freston, *Fé bíblica e crise brasileira*, São Paulo : ABU, 1993.

변혁이라는 문제와 직면할 수 있을까? 데이비드 스톨은 라틴아메리카 복음주의 개신교의 미래가 상황에 따라 가변적임을 고려하면서도, 아주 소박한 평가로 자신의 연구를 마무리한다. 다시 말하면, 가장 가능한 시나리오는 "그들이 사회변혁을 옹호하는 중요한 세력은 되지 못하"리라는 것이다.[64]

---

64) Rolim, *op. cit.*, p. 259 ; Stoll, *op. cit.*, p. 331. 버딕(John Burdick)은 최근 브라질에 대한 인류학적 연구에서, 오순절파 교회들이 가난한 계층에 미친 매력에 대해 흥미로운 분석을 제공했다. 여기서 그는 오순절운동이 "해방 가톨릭이 그랬던 것만큼, 하나의 종교 또는 혁명이 될 수 있는 장기적인 잠재력을 가지고 있다"는 지나치게 낙관적인 가설을 제시했다(*Looking for God in Brazil, The Progressive Catholic Church in Urban Brazil's Religious Arena*, Berkeley : University of California Press, 1993, p. 226). 그러나 오순절운동에 대한 최근의 연구는 이 운동이 보수적이고, 권위주의적이며, 조작적인 특성을 갖고 있음을 강조하고 있어, 버딕의 가설은 연구자들 사이에서 많은 동의를 얻지 못하고 있다. André Corten, *Le Pentecôtisme au Brésil. Emotion du pauvre et romantisme théologique*, Paris : Karthala, 1995 ; Jean-Pierre Bastian, *Le Protestantism en Amérique Latine. Une approche socio-historique*, Geneva : Labor et Fides, 1994 참조.

해방신학은 끝났는가?

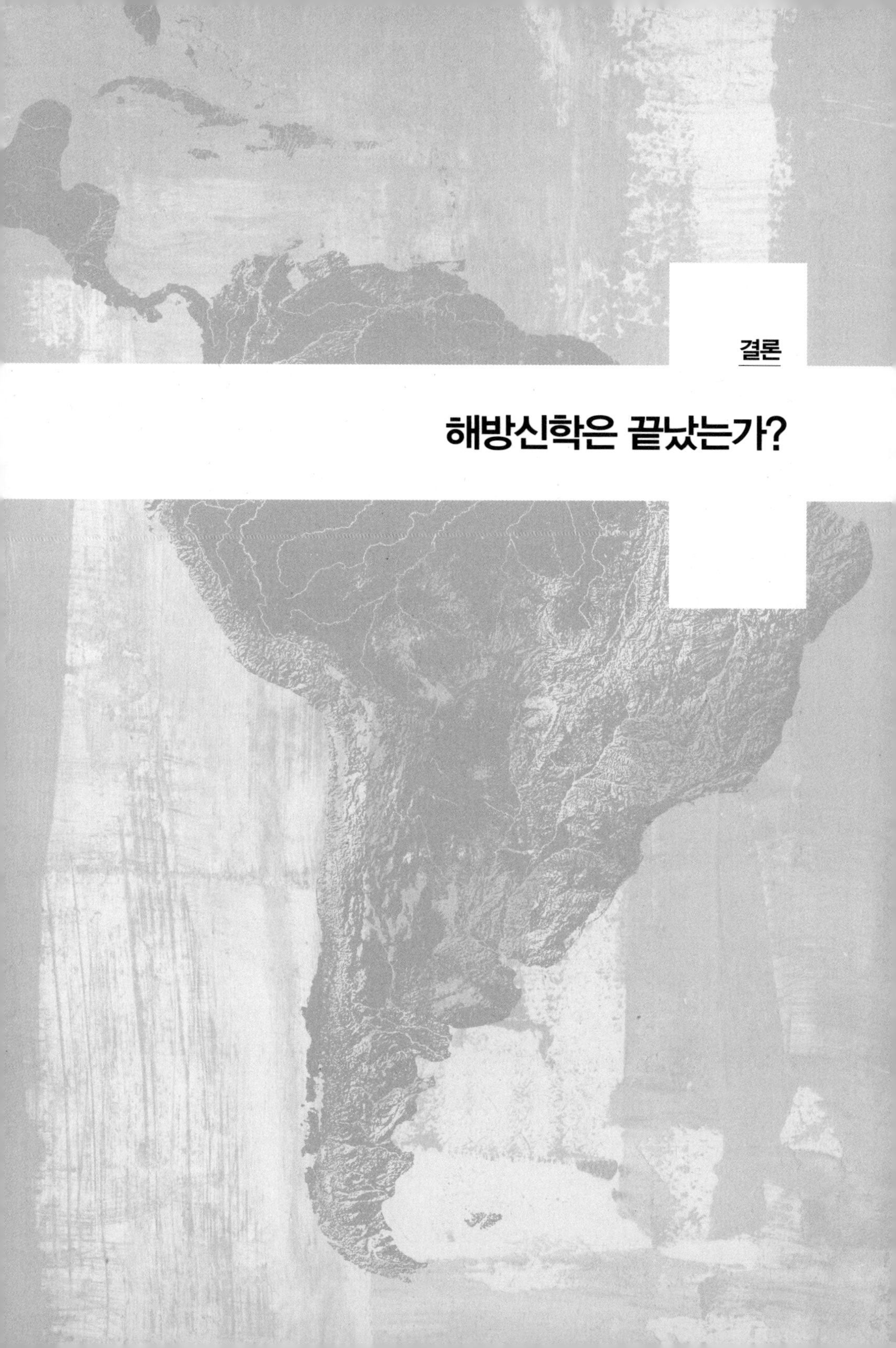

결론 | 해방신학은 끝났는가?

바티칸 보수주의의 반격, 복음주의 교회의 급속한 성장, 그리고 동유럽 '사회주의의 붕괴'라는 새로운 현실을 고려할 때, 해방신학은 그 수명을 다한 것인가? 흘러간 옛이야기가 된 것인가? 모든 사회적·문화적 의미를 상실한 것인가? 많은 관찰자, 연구자, 사회학자, 언론인들이 '그렇다'고 대답한다. 이러한 '사망 기사'는 어느 정도까지 맞는 것인가?

보수적인 복음주의 분파가 라틴아메리카 가난한 이들 사이에서 놀라운 성장을 이뤘고, 그것이 해방그리스도교에 영향을 미쳤다는 것은 의문의 여지가 없다. 과테말라와 같은 일부 지역에서 복음주의 교회는 기초공동체의 많은 성원들을 개종시켰다. 그러나 다른 나라들에서 이 새로운 복음주의 교회가 주로 영향을 미친 것은, 조직화되어 있지 않던 사회계층이나 기초공동체가 없던 지역에 한정된 것으로 보인다. 복음주의자들은 일부 예외가 있긴 하지만, 주로 (유연성 부족이나 빈약한 공동체 생활로, '종교 시장'의 새로운 경쟁자들에게 약점을 노출한) 전통적인 가톨릭 본당 지역에서 성장했던 것 같다. 어쨌든 복음주의의 이러한 성장은 민중 해방의 문화를 촉진하려는 (가톨릭이든 개신교든) 해방론자들의 노력에 심각한 도전을 제기한다. 왜냐하면 복음주의 교회의 중요한 부문이 전통주의적이고,

비정치적인non-committed 종교 형태를 선택하는 것처럼 보이기 때문이다.

또한 새로운 국제적·라틴아메리카적 상황도 급진적인 그리스도교인들에게 불리하게 작용하는 것도 사실이다. 소련과 동구의 이른바 '현실 사회주의' 붕괴로 라틴아메리카 좌파는 심각한 위기에 빠졌다. 이 위기는 무엇보다도 정치적·이데올로기적 정체성의 차원에서 소련 모델을 전적으로 추종하였던 일부 좌파에 큰 타격을 주었으나, 해방신학 자체에 그리 큰 영향을 준 것은 아니었다. 해방신학의 기본적인 투신은 그 어떤 국가 체제가 아니라 가난한 이들을 위한 것이었고, 따라서 해방신학자들은 다른 많은 진보주의자들만큼 혼란에 빠지거나 상처 받지 않았다. 그러나 1990년 니가라과 선거에서 산디니스타 민족해방전선이 패배한 일은 해방그리스도교에 큰 타격을 주었다. 왜냐하면 산디니스타 혁명은 한 세대 동안 전체 그리스도교 활동가들을 고무하고 격려했던 강력한 본보기였기 때문이다.

이러한 어려움들, 그리고 무엇보다도 바티칸 당국의 조직적인 적대감(이 점에 대해선 나중에 좀더 상세하게 말할 것이다)을 고려할 때, 특히 1989~1990년 이후 사람들이 곧잘 이야기했던 것처럼 해방신학이 사라질 운명에 놓여 있다는 결론(또는 이미 민중적 지지를 상실했다는 결론)에 도달할 수 있지 않을까?

해방신학 운동이 쇠퇴했다는 것은 명백히 가능한 일일지라도, 그 죽음을 예단하는 것은 아무리 좋게 말해도, 지나치게 성급한 것이다. 라틴아메리카 종교와 정치에 관한 미국 내 가장 뛰어난 전문가 가운데 한 사람인, 정치학자 대니얼 레빈은 최근 다음과 같이 주장하였다.

해방신학의 죽음에 관한 소식이 많다 …… 그러나 이러한 사망 기사는 조급한 것이다. 그러한 소식을 전하는 이들은 현재의 상황을 잘못 이해하고 있고, 해방신학이 과거에 가졌던 의미, 그리고 여전히 유효한 그 의미를 기본적으로 오해하고 있다. 이들은 해방신학 자체를 정적靜的인 용어로 묘사한다. 또한 해방신학의 '성공이나 실패'를 운동 또는 체제의 단기적 부침浮沈과 밀접하게 연계시킨다. 그러나 해방신학은 결코 정적인 게 아니다. 그 이념이나 집단과 운동으로서의 표현이나 다 사실상 여러 해에 걸쳐 발전해 온 것이다. 어떤 경우든 해방신학을 해방 자체와 혼동하는 것은 잘못이다. 그럴 경우, 라틴아메리카에서 종교적·정치적 변화의 현실적인 의미를 왜곡하고, 이러한 변화들이 남기는 유산을 제대로 파악할 수 없다.[1]

우리가 관찰할 수 있는 첫번째 증거는 해방신학이 문화운동으로서, 투신적인 사상가들의 집단으로서, 여전히 살아 있고 또 아주 잘 살아 있다는 것이다. 라틴아메리카의 중요한 해방신학자 가운데 어느 누구도 자신의 견해를 철회하거나 로마 당국의 비판을 받아들이지 않았다. 레오나르두 보프가 수도회를 나와 사제복을 벗고 평신도 신분으로 복귀했으나, 그렇게 한 것은 단지 더 나은 표현의 자유를 얻어 더 나은 조건에서 투쟁을 계속하기 위함이다. 물론 여러 신학자들 사이에 중요한 차이가 존재하는 것도 사실이다. 특히 앞에서 본 바와 같이, 교회 내 민주주의를 위해 투쟁하는 것이 중요하다고 간주하는 이들(보프 형제)이 있는 반면에, 사회적 실천에 집중하기 위해 교회 내적 문제들을 일정 정도 유보하는 이들(구스타보 구티에레스)도 있다. 그러나 이들 모두 기본적으로 가난한 이들의 자

---

1) Daniel Levine, "On Premature Reports of the Death of Liberation Theology", *The Review of Politics*, vol. 57, no. 1, winter 1995, pp. 105~106.

기 해방^{self-emancipation}을 위한 투쟁에 헌신하는 공통점을 갖고 있다.

물론 일정한 변화도 있었다. 해방신학자들의 저작에도 새로운 이슈와 문제, 라틴아메리카 대륙의 사회적·종교적 현실에 대한 새로운 접근법들이 등장했다. 예를 들면 오늘날 많은 해방신학자들이 영성과 대중종교 문제에 훨씬 더 큰 관심을 기울인다. '가난한 이들'의 개념도 단지 경제 체제의 희생자들뿐만 아니라, 또한 문화나 인종적 차이 때문에 억눌린 이들(원주민과 흑인)을 포함하면서 보다 더 확장되었다. 또한 라틴아메리카의 가부장 사회에서 이중으로 억압 받는 여성의 특수한 상황도 갈수록 더 고려하고 있다.

일부 신학자들은 맑스주의를 강조하지 않거나, 사회과학의 여러 형태 가운데 하나로 축소하려는 경향을 띠는 반면, 우구 아스만, 엔리케 두셀, 프란츠 힌켈라메르트, 파블로 리차드, 성정모와 같은 다른 신학자들은 앞에서 본 바와 같이, 맑스의 상품물신숭배 이론을 이용하여 거짓 종교로서의 자본주의를 비판하면서, 맑스주의와의 새로운 관계를 설정하고 있다. 이러한 해방신학자들이 그리스도교의 생명의 하느님^{God of Life}과 죽음의 새로운 우상^{New Idols of Death} 사이의 '신들의 전쟁'으로 인지하는, 시장 우상숭배에 대한 이러한 투쟁은 현재까지 반자본주의적 가톨릭 에토스의 가장 급진적이고 체계적인 표현이다.[2]

그러나 핵심적인 문제는 해방신학이 지적 운동으로서 지속성을 갖는가가 아니라, 이 신학이 여전히 민중적 지지를 확보하고 있느냐이다. 해방

---

2) 이러한 논쟁에 대한 최근의 기여를 보면, 예를 들어 엔리케 두셀이 맑스의 물신숭배 개념이 갖는 신학적 중요성과 관련하여 의미 있는 저작을 출간하였다. *Las metáforas teológicas de Marx*, Estella (Navarra) : Editorial Verbo Divino, 1993.

신학은 얼마나 광범위한 영향력을 가지고 있고, 해방그리스도교는 어느 정도까지 주민의 주요 부문들을 동원할 수 있는 사회운동으로서 기능하는가?

일반적으로 말하기는 쉽지 않다. 그러나 라틴아메리카에서 결코 그 생명력이 소진하지 않았음을 보여 주는 몇 가지 중요한 사건들이 있다.

예를 들면 브라질의 '무토지농민운동'Movimento dos Trabalhadores Sem Rurais Sem Terra, MST을 들 수 있다.[3] 1996년 엘도라두 두스 카라자스Eldorado dos Carajas에서 도로 점거 시위를 하던 19명의 무토지농민들을 살해한 군인 경찰[4]을 (사건이 일어난 지 5년이 지나도) 처벌하지 않은 것에 대해 광범위한 항의 시위가 일면서, '무토지농민운동'은 다시 한 번 국제 여론의 주목을 받았다. 이 운동은——(대지주의) 무장경호원capangas이나 경찰에 의한 활동가들의 살해 또는 대대적인 살육에도 불구하고——가난한 이들 가운데에서도 가장 가난한 이들, 다시 말하면 브라질 농촌 노동자들의 권리를 옹호하기 위한 조직화, 의식화, 동원 등의 일을 꾸준히 전개해 왔다. 이 운동의 기원과 동기 부여는 무엇인가?

역사학자 에릭 홉스봄은 '원시적'이고 천년왕국적 농촌운동에 대한 유명한 연구에서 전통적인 농촌 사회로의 자본주의 난입, 경제적 자유주의의 도입, 그리고 상업적 사회관계는 이 사회에 실제적인 재앙이 된다고

---

3) 버소(Verso) 출판사에서 1996년에 출간된 이 책의 영문판 원문에는 장 베르트랑 아리스티드 (Jean Bertrand-Aristide)를 중심으로 아이티의 사례가 소개되어 있으나, 저자의 요청에 따라 브라질의 무토지농민운동에 관한 저자의 다른 논문("The Socio-Religious Origins of Brazil's Landless Rural Workers Movement", *Monthly Review*, June 2001)으로 대체했다——옮긴이.
4) 비록 헌병처럼 구조화되어 있지만, 전적으로 민간 경찰 업무를 수행한다——옮긴이.

주장하였다, 다시 말하면 이 사회를 혼란에 빠뜨리고 왜곡하는 사회적 동요를 일으킨다. 근대 자본주의 세계의 이러한 도래到來가, 농민들이 이해하지 못하는 경제력이 작용하면서 은밀히 진행되는 것이든, 또는 정복이나 정부 교체에 의한 잔인무도한 난입이든, 농민들은 그것을 자신의 생활양식에 대한 치명적인 공격으로 인지한다. 따라서 농민들이 이것을 참을 수 없을 정도로 부당한 것으로 체험하면서, 이러한 새로운 질서에 대한 대규모 농민 반란이 일어나며, 이는 종종 **천년왕국적인 형태**millenarian form를 띤다.[5]

만일 19세기 말 천년왕국적 예언자 안토니우 콘셀레이루의 주도 아래 브라질 북동부 지역 가난한 농민들이 세운, 카누두스Canudos 공동체의 사례처럼, 무토지농민운동이 구태의연했다면 홉스봄이 지적하는 것처럼 실패할 수밖에 없을 것이다. 카누두스 농민들의 반란은 '신비적'이고 정치 이전 단계였고, 장기적이고 유혈적인 갈등 끝에 군인들에 의해 진압되었다. 그러나 그것은 또한 1891~1894년의 시칠리아 농민연맹Sicilian Peasant Leagues의 사례처럼, 현대 사회운동의 시발점이 될 수도 있다. 더 명료하게 말하자면, 농민연맹이 전파하는 사회주의가 새로운 종교, 다시 말하면 신의 뜻에 합당한, 가난, 굶주림, 추위가 없는 새 세상의 도래를 알리는 참 그리스도 종교(당시 그리스도교는 사제들이 부자들과 동맹하여 배신한 종교였다)로 시칠리아 농민의 눈에 비쳤던 한, 이 운동은 '원시적'이고 천년왕국적인 성격을 유지할 수 있었다. 농민들은 시위할 때 십자가와 성상聖像을 동원하였다. 이 운동은 여성들의 의미 있는 참여를 이끌어 냈고, 억압적인

---

5) Eric Hobsbawm, *Primitive Rebels : Studies in Archaic Forms of Social Movement in the 19th and 20th Centuries*, New York : Norton Library, 1959, pp. 3, 67, 119.

방식으로 진압되기 전까지, 특히 1891~1894년 사이에 전염병처럼 확산되었다. 새로운 정의의 시대가 임박했다는 메시아적 믿음이 농민 대중들을 자극하였다.[6)]

이러한 탄압에도 불구하고, 사회주의자들의 근대적인 조직적 실천 덕분에 농민운동은 (1894년의 패배에도 불구하고) 지속적으로 이뤄졌고, 일부 시칠리아 지역에 뿌리를 내렸다. "그들이 원래 가졌던 천년왕국적 열망은 보다 더 지속적인 어떤 것으로, 다시 말하면 근대 사회혁명 운동에 대한 지속적이고 조직화된 신의信義로 발전했다." 이러한 발전은 홉스봄의 견해에 따르면 단순히 '구태의연한 것'을 '근대적인 것'으로 바꾼 것이 아니라, 이를테면 전자와 후자를 '변증법적으로 통합한 것'이다. 시칠리아의 경험을 통해 볼 때, "천년왕국설은 일시적인 현상이 아니라, 우호적인 조건이 형성될 경우, 지속적이고 강인하며 저항적인 운동형태의 토대가 될 수 있음을 보여 준다".[7)]

19세기 시칠리아 사회주의 운동가들의 역할을, 해방신학이라고 부르는 새로운 그리스도교 사회주의 형태에 의해서 고무된 브라질 가톨릭 교회의 평신도 노동자들로 대체한다면, 뛰어난 영국 역사학자의 이러한 분석은 1985년에 창립한 브라질 무토지농민운동에 거의 그대로 적용할 수 있다.

오늘날 무토지농민운동은 브라질과 라틴아메리카 전체에서 가장 중요한 사회운동 가운데 하나이다.[8)] 이 운동은 아주 불평등한 토지 소유 구조를 비판하고, 급진적인 농지개혁을 주장하는 끈질긴 투쟁에 수많은 소

---

6) Hobsbawm, *op. cip.*, pp. 98~101.
7) *Ibid.*, pp. 101~105.

작농, 가난한 농민, 토지 문서가 없는 소농posseiros, 농촌 임금노동자들(그들 가운데 상당수가 여성이다)을 동원하고 있다. 농촌 노동자라는 개념[9]은 노동과 계급을 공통분모로서, 그리고 신자유주의에 대항하는 도시 노동자와의 동맹의 토대로서 강조하면서, 이러한 다양한 사람들을 포괄한다.

특정한 종교와 관련 없고 완전히 세속적인 무토지농민운동은 '해방 그리스도교'라 부를 수 있는 사회적-종교적 문화에 뿌리를 두고 있다. 브라질 교회, 그리고 특히 토지사목의 역할을 언급하지 않고서는 이 운동의 기원을 이야기할 수 없다.

교회는 (상상적인 '볼셰비키 위협'에 대항하여 그리스도교적 가치를 옹호한다는 이름으로) 1964년 군사쿠데타를 지지했으나, 70년대에 들어 독재체제와 그 불평등한 발전 모델에 대한 주요한 반대 세력이 되었다. 이전에는 해방신학에 의해 고무 받았고, 이제는 교회 기초공동체를 고무하는 진보적인 가톨릭 부문은 민중의 가난과 고통에 대한 책임을 자본주의 자체에서 찾는다. 예를 들어 브라질 중서부 지역의 주교들과 수도회 장상들은 1973년 공동 선언의 형태로, 「교회의 외침」The Cry of the Churches이라는 제목의 문서를 발표하였다. 이 문서의 결론은 다음과 같다. "자본주의는 극복해야 한다. 왜냐하면 가장 큰 악이고, 축적된 죄이며, 썩은 뿌리이

---

8) 무토지농민운동에 대해서는, 『르몽드 디플로마티크』(*Le Monde Diplomatique*)에 실린 르모앙 (Maurice Lemoine)과 르벨리(Philippe Revelli)의 글 참조. 라틴아메리카의 새로운 농민운동의 일반적인 상황에 대해서는, 페트라스(James Petras)의 흥미로운 저서, *Neoliberalismo en América Latina : la izquierda devuelve el golpe*, Rosario, Argentina : Ed. Homo Sapiens, 1997 참조.

9) 브라질 무토지농민운동의 공식 명칭은 '무토지 농촌 노동자' 운동이다. 따라서 우리가 흔히 알고 있는 농민운동과 일정한 편차가 있으나 통상적인 번역 용례에 따라 무토지농민운동으로 옮긴다—옮긴이.

고, 우리가 익히 알고 있는 가난, 굶주림, 질병, 죽음 등과 같은, 모든 결실을 만들어 내는 나무이기 때문이다. 따라서 우리는 생산수단(공장, 토지, 상업, 은행)의 사적 소유를 뛰어넘어야 한다."[10]

막스 베버는 경제사와 종교사회학에 대한 연구에서, 이미 가톨릭(또한 루터교) 윤리에 나타나는, 냉정하고 비인격적인 자본주의 정신에 대한 '심각한 혐오'에 주목한 바 있다

> 가톨릭윤리가 …… 모든 자본주의적 이니셔티브에 대해 갖는 심오한 혐오[tiefe Abneigung]는 본질적으로 자본주의가 촉진하는 관계의 비인격적 성격에 대한 두려움에서 비롯된 것이다. 이러한 비인격성은 교회가 일정한 인간관계에 영향을 미치지 못하도록 교회로부터 떼어 놓고, 교회가 그 관계에 침투하거나, 그 관계를 윤리적 관점으로 틀 짓는 것을 막는 결과를 가져온다.[11]

이와 같은 가톨릭의 '전통적인' 태도가 브라질 가톨릭 교회의 급진적인 흐름에서 다시 나타난다. 그러나 이 둘 사이에는 중요한 두 가지 차이가 있다. ① 자본주의에 대한 도덕적 항의는 맑스주의적 경향의 근대적 사회 분석(종속이론)에 의해 보완되었다. ② 기본적으로 가난한 이들을 희생자, 또는 동정이나 자선의 대상으로 보는 것이 아니라, 자기 역사의 주체이고, 자신의 해방을 일구는 행위자로 인지한다.

---

10) *Los obispos latinoamericanos entre Medellin y Puebla : documentos episcopales 1968-1978*, San Salvador : Universidad Centroamericana, 1978, p.71.
11) Max Weber, *Wirtschaftsgeschichte*, Munich : Dunker & Humbolt, 1923, p.305.

교회와 관련 있는 모든 구조 가운데 몇몇 단체들은, 토지사목만큼 급진적이고 일관적인 방식으로 이러한 '가난한 이들을 위한 우선적 선택'을 체화하였다. 사제들(주로 수도회 소속 사제들이나 일부 교구 사제와 주교들도 포함된다)과 다양한 유형의 평신도들(신학자, 전문가, 성서학자, 사회학자, 그리고 무엇보다도 평신도 노동자)은 방대한 네트워크를 구성했다. 평신도 노동자들 가운데에는 종종 농촌 출신들도 있는데, 1975년에 창립된 토지사목은 뛰어난 농민 지도자 양성소였다.[12]

토지사목은 북부 지역(아마존)과 북동부 지역에 처음 설치되었고, 점차 브라질 전역으로 퍼져 나갔다. 이는 브라질 주교회의[CNBB]와 직접적으로 연계되었기 때문이었다. 그러나 "토지사목은 지역 본당 구조와 관계 속에서 상당한 자율성을 향유하였고, 각 지역 주교들의 선의에만 의존하지 않았다".[13]

많은 평신도 노동자들뿐만 아니라, 일부 사제들(가장 널리 알려진 사례는 파라 주[州]의 이른바 '앵무새 부리'[Bico do Papagaio] 지역[14])에서 토지사목을

---

12) 브라질 연구자 가이제르(Luis Inácio Germany Gaiger)에 따르면, 토지사목 초기에 평신도 노동자들이 농민운동의 (그람시적 의미의) '유기적인 지식인' 역할을 했다. *Agentes religiosos e camponeses sem terra no sul do Brasil*, Petrópolis : Vozes, 1987, pp. 58~60 참조. 토지사목을 지원하는 데 가장 적극적이었던 주교들은 토지사목의 위원장 그레쉬(Moacir Grechi) 몬시뇰, 상펠릭스두아라구아이아(São Felix do Araguaia)의 주교인 카사달리가(Pedro Casaldaliga) 몬시뇰, 고야스(Goias)의 주교인 발두이누(Tomas Balduino) 몬시뇰이었다. Pe. José Oscar Beozzo, *A Igreja do Brasil*, Petrópolis : Vozes, 1994, pp. 129~130 참조.

13) Scott Mainwaring, *The Catholic Church and Politics in Brazil 1916-1985*, Stanford, Stanford University Press, 1986, pp. 178~181, and Gaiger, *op. cip.*, p. 34 참조.

14) 브라질의 파라 주 25개 시, 마라낭(Maranhão) 주 16개 시, 토칸틴스(Tocantins) 주 25개 시 등 총 66개 시를 포괄하는 앵무새 부리 모양의 지역을 지칭한다. 이 지역은 1970년대 정부 주도하에 대규모 농촌 근대화 프로젝트가 진행되면서, 토지를 둘러싼 갈등과 대립이 빈번하게 발생하였다— 옮긴이.

조직했던 타바레스 신부이다)도 토지사목의 활동을 통해, 자신의 권익을 위해 투쟁하는 농촌 노동자들의 편에 서서, 생명의 위험을 무릅쓰고 적극적이고 비타협적으로 투신하였다.[15]

토지사목(과 기초공동체, 그리고 일반적으로 해방그리스도교)의 천년왕국설은(다른 세상으로 투영된 초월적인 성격이 아니라, 여기 지상에서의 새로운 사회, 다시 말하면 사랑과 정의와 자유에 바탕을 둔 사회로서의) '하느님 나라'라는 사회적-종교적 유토피아로 표현되었다. 그러나 이 '나라'는 전통적인 천년왕국설적 믿음과 달리, 임박한 것이 아니라 성서의 출애굽 모델을 따라 약속된 땅으로 향하는 장기적 여정(브라질 말로 카미냐다^{caminhada})의 결과로 인지한다. 그리고 현재의 사회적 투쟁을 이 '나라'를 예시하고 알리는 단계로 신학적 해석을 한다. 여기서 성서 해석은 창의적이고, 역사에 대한 사회적 의미를 담고 있는데, 이러한 성서 해석은 이처럼 독특한 천년왕국적 믿음을 형성하고, 이 믿음을 노동계층으로 전파하는 데 있어 결정적인 요인 가운데 하나이다.[16]

무토지농민운동에서 온전히 발견할 수 있는, 토지사목의 사회적-종교적 문화의 중요한 특성 가운데 하나는 농촌 지역에 자본주의를 도입하면서 나타나는 심각한 사회적 결과(실업, 농민 추방, 빈곤화, 그리고 이촌향도)에 대한 비판이다. 이 비판은 군사독재의 권위주의적 '근대화' 정책이나 '파라오적' 프로젝트에 대한 단죄, 그리고 1985년 군사체제를 대체한 민간정부의 신자유주의적 지향에 대한 항의를 동반한다.

---

15) 타바레스 신부는 1986년 5월 마라냥 주 임페라트리즈(Imperatriz) 시에 있는 토지사목 사무실 앞에서 살해되었다—옮긴이.
16) 예를 들어 성서학자의 저서, 그리고 Benedictine Marcelo de Barros Souza, *A Bíblia e a luta pela terra*, Petrópolis : Vozes/CPT, 1983 참조.

토지사목은 가난한 이들이 자신의 역사의 주체라는 해방그리스도교의 근본 원리에서 출발하여, 농촌노동자들이 스스로 조직하도록 돕는 것을 목표로 삼았다. 토지사목은 사회운동의 자율성과 그 세속적 성격을 존중하면서, '그리스도교' 노조(또는 정당)에 대한 전통적인 사제 중심적 개념을 거부했다. 그것은 단순히 (경찰이나 대지주 앞잡이들에 의한 억압에 대항하여) 농촌 노동자들이 스스로 조직하려는 노력을 돕고, 격려하고, 지지하고, 보호하려는 것이었다. 프란치스코회 소속으로, 리우그란데두술주州 토지사목의 주요한 지도자 가운데 한 사람인 고르젠은 다음과 같이 말했다. "토지사목은 계급 조직을 대체하지 않는다. 의식화에 기여하고 자문하고 도우며, 조직 방식을 개선하고 현실을 과학적으로 연구하고자 하나, 그렇다고 노동자들을 대표하는 기구를 대체하지 않는다."[17]

그러나 실제에 있어서, '자문하는 것'[advise](브라질 말로 'assessorar'이고, 이 말은 영어 단어보다 훨씬 더 다양하고 풍부한 의미를 갖는다)과 '관리하는 것'[manage] 사이의 구별이 늘 명확한 것은 아니다. 따라서 특히 무토지 농민운동의 초기에, 자율적인 조직과 토지사목의 일부 사제들 사이에 불가피한 긴장과 갈등이 일어났다.[18]

무토지농민운동은 1979~1985년 사이에 형성되었는데, 처음에는 브라질 남부 몇몇 주에서 시작하였다가, 나중에 전국적으로 확산되었다. 이 운동은 처음(1981년부터 1983년까지 1천여 일 동안 군인, 지역 당국, 연방 당국과 대결한 엔크루실랴다 나탈리누[Encrusilhada Natalino] 점거지에서의 기념

---

17) Frei Sérgio Antônio Görgen, *Os cristãos e a questão da terra*, São Paulo : Editora FTD, 1987, pp. 67~68.
18) Interview with S. Gorgen, June 5, 1999.

비적인 투쟁)부터 유휴지遊休地의 '불법적인' 점거, 그리고 민주적이고 자율적으로 관리하는 캠프의 설치 등을 포함하여, 새로운 투쟁 방식을 채택하였다. 군인 경찰은 흔히 난폭하게 무토지농민들을 점거지에서 추방하였으나, 경우에 따라서는 이러한 점거가 사회적으로 이슈가 되고, 교회, 노조, 그리고 좌파 정당의 지원을 받으면서, 정부를 협상 테이블로 끌어내기도 하였다.

이 운동이 뿌리를 내리는 데 중요한 역할을 했던 것은 1984년 1월 파라나 주州 카스카벨에서 개최된 (남부) 지역 모임이었다. 이 모임은 토지사목이 아니라 회원들이 스스로 조직한 최초의 모임이었다. 여기서 채택한 결의안에서, 무토지농민운동은 다른 모든 기관뿐만 아니라 토지사목과의 관계에 있어서도 자율성을 선언하고, 운동의 목표(농지개혁, 그리고 "자본주의와 다른, 정의롭고 평등한" 새로운 사회)를 규정하였다. 1985년 1월, 브라질 대다수의 주에서 온 1,500여 명의 대표들이 참여한 가운데, 쿠리티바 시(파라나 주도州都)에서 열린, 제1차 전국대회Congresso Nacional에서 '공식적으로' 무토지농민운동이 창립되었다. 이 대회의 최종 문서는 군사정부가 공포한 토지법Land Statute을 자본주의적이고 반민중적이며 토지 소유의 집중에 유리한 것이라고 비판하였다.

이처럼 토지사목은 무토지농민들이 스스로 조직을 꾸리는 과정에 결정적으로 기여했으나, 운동이 그 '자문들'advisers로부터 자유로워짐에 따라 갈등이 나타났다. 일부 사제와 주교들은 무토지농민운동이 자신들의 우호적인 우려를 전적으로 회피하고, 합리적인 충고에 따르지 않는 현실을 받아들이지 못했다. '폭력'의 문제를 둘러싸고 이러한 불협화음이 구체화되었다. 예를 들면, 1986년 7월 제6차 기초공동체 전국대회6° Intereclesial Encontro에 참가한 49명의 진보적인 주교들은 아노니 농장Fazenda Annoni(리우그란데두술 주) 점거와 관련하여 성명서를 발표하였다. 주교들은 이 성명서에서 무토지농민들의 점거를 지지하나, 그것이 평화적인 방식으로 이뤄져야 함을 강조하면서 '과도한 폭력'이 '유혈적인 진압'을 불러올 수 있다고 은근한 어조로 경고하였다.[19]

그러나 점차 토지사목의 활동가들이나 토지사목과 관련 있는 대다수의 주교들은 무토지농민운동의 분열을 우려해 스스로 체념하였고, 그 자율성을 존중하면서 일관된 지지를 보냈다.[20]

그에 따라 무토지농민운동은 세속적이고, 비非교파적 독립적인 운동(독립을 아주 열망하는 운동! 다시 말하면 가톨릭이든 개신교인이든, 신자든 비신자든 개의치 않는 개방된 운동)이 되었다(비신자는 농촌 지역에서는 드물고, 주로 무토지농민운동과 협력하는 수많은 도시 정치활동가들 사이에 있다고 말할 수 있다).

이러한 '비교파화'nondenominalization에도 불구하고, 무토지농민운동의 대다수 적극적인 활동가들이나 임원은 원래 토지사목과 기초공동체 출신이라는 것을 누구나 알고 있다. 이들 가운데 일부는 여전히 이 단체들과 관계를 유지하고 있고, 이들 모두의 사회적-종교적 문화와 투신을 위한 토대가 되는 윤리적 동기부여는 해방그리스도교에 바탕을 두고 있다.

이는 무토지농민운동의 천년왕국설 문제, 또는 브라질에서 흔히 말하는 것처럼 이 운동의 '신비' 문제와 관련 있다. 에릭 홉스봄에 따르면, 천년왕국설은 "구태의연한 과거의 감동적인 잔존물"이 아니라, 근대 사회운동이나 정치운동에서 또 다른 형태로 그 활력을 유지하고 있는 문화적

---

19) "Addendum" in S. Gorgen, *Os cristãos e a questão da terra*, p. 76.
20) Interview with S. Gorgen, June 5, 1999.

힘으로 볼 수 있다. 시칠리아 농민연맹을 다룬 그의 저서의 마지막 장에서 제시하는 결론은 명백히 보다 더 폭넓고, 보다 더 보편적인 역사적, 사회적, 그리고 정치적 의미를 갖는다. "…… 천년왕국설이 근대운동과 결합할 때, 정치적으로 효과적일 뿐만 아니라, 또한 그 열망, 새로운 세계에 대한 강렬한 확신을 잃지 않고도, 그리고 그 가장 원시적 …… 형태에서조차 특징적으로 나타나는 감성적 관대함을 잃지 않고도 그렇게 효과적일 수 있다."[21]

해방그리스도교의 사회적-종교적 유토피아는 무토지농민운동의 투쟁과 점거지 생활방식을 특징짓는 수많은 의식儀式(축제, 행렬, 행진, 노래, 연설)에 암묵적으로 또는 명시적으로 내재해 있다. 점거지 주민의 다수가 새로운 신학보다는 (가톨릭) 전통적인 대중 종교적 실천(성인들의 마술적 권능에 대한 믿음)과 더 친숙하지만, 그럼에도 불구하고 농민들은 이 운동의 임원과 회원들(그들 가운데 다수는 해방신학을 지향하고 있다)이 조직하는 이러한 의식들을 잘 수용한다. 소수이긴 하지만, 신오순절파적 개신교 신자도 점차 늘고 있다. 이들은 점거지의 가톨릭적이면서 동시에 정치적인 분위기에 다소 당혹해하지만, 토지를 위한 투쟁에 함께하고 있다. 신오순절파보다 규모가 더 작지만 또 다른 소수 종교 집단이 있다. "이들은 유럽에서 기원하였고, 특히 브라질 남부에 퍼져 있는, (바티칸의 교의를 엄격하게 따르는) '로마화된' 가톨릭 신자들, 그리고 흔히 해방신학과 가까운 역사적 루터교 신자들이다."[22]

---

21) Hobsbawm, *op. cip.*, pp. 106~107. 다시 한 번 말하지만, 이는 결코 브라질 무토지농민운동의 도덕적 세계와 다르지 않다.
22) Frei Sergio Gorgen, "Religiosidade e fé na luta pela terra," in João Pedro Stédile (ed.), *A reforma agrária e a luta do MST*, pp. 285~291.

엄격히 종교적인 의미가 아니라, 샤를 페기가 이야기하는 보다 더 넓은 의미의 '신비'mystique가 일반적인 방식으로 무토지농민운동의 세속적인 사회적–종교적 문화에 배어 있다. 회원들은 도덕적 비타협성, 감성적 투신, 생명을 무릅쓰고 대의에 헌신하는 것, 급진적인 사회 변혁에 대한 희망 등을 지칭하기 위해 '신비'란 말을 사용한다. 무토지농민운동의 주요한 지도자 가운데 한 사람인 스테딜레에 따르면, 운동의 신비는 "우리의 문화의 상징, 우리의 가치, 우리가 투쟁해야 한다는 확신", 그리고 무엇보다도 "보다 더 정의롭고 형제애적인 사회의 가능성"에 대한 믿음에서 잘 드러난다.[23]

이러한 세속적 신비와 평신도적 천년왕국설은 의례, 교재, 언실, 활동가 교육 등에서도 발견할 수 있다. 그것들은 이를테면 무토지농민운동 회원들이 이 운동의 혁명적인 유토피아에 '믿음의 에너지'를 투여한다는 뜻이다.

'자본주의와 다른' 새로운 사회('[하느님] 나라'의 평신도적 등가물)의 도래에 대한 이러한 고집스런 믿음이 있다고 해서, 무토지농민운동이 완전히 근대적인 이성으로 행동하지 못하는 것은 아니다. 다시 말하면, 즉각적이고 구체적인 목표를 스스로 설정하거나, 유리한 입장에서 당국자들과 협상하거나, 수익성 있고 생산적인 농업 협동조합agricultural cooperatives을 조직하지 못하는 것은 아니다. 무토지농민운동은 유토피아와 현실주의의 이러한 성공적인 종합을 통해서, 의심할 나위 없이 급진적인 농지개혁을 위한 가난한 농민들의 투쟁의 조직적인 표현이 되고, 나아

23) João Pedro Stédile, "A luta pela reforma agrária e o MST", *A Reforma Agrária e a Luta do MST*, p. 105.

가 신자유주의에 대항하여 투쟁하는 브라질 '시민사회'(노조, 교회, 좌파 정당, 전문가 협회와 학술 단체들)의 모든 세력들을 위한 중심적 준거가 되었다.

예기치 않은 또 다른 사건은 1994년 1월 멕시코 치아파스에서 일어난 사파티스타 봉기였다. 그때까지 알려지지 않았던, 사파티스타민족해방군Ejército Zapatista de Liberación Nacional, EZLN의 지도 아래 수천 명의 원주민들이 무장 반란을 일으켰다. 사파티스타들은 멕시코 내 민주주의의 부재, 지주와 군대, 지역 당국과 경찰에 의한 원주민 공동체의 조직적인 억압, 농촌에 대한 신자유주의 정책(헌법 27조의 개정[24]), 그리고 미국과 멕시코 정부의 북미자유무역협정NAFTA 체결을 규탄했다. 멕시코 당국은 갑작스런 봉기에 놀라 군사적 진압을 시도하면서 반란 지역을 폭격했으나, 치아파스 원주민 공동체들이 사파티스타들을 전폭 지지함에 따라, 군대를 철수하고 반란군들과 협상하지 않을 수 없었다.

멕시코 언론과 정부는 해방신학이 사파티스타들에게 영감을 불어넣었고, 예수회 신부들이 이들을 지도하였다고 말하면서, 다른 한편으로 산 크리스토발 데 라스 카사스(치아파스 주州) 교구의 사무엘 루이스 몬시뇰을 '하느님의 게릴라'라고 비난하였다. 물론 이 두 가지의 비난은 진실과 거리가 멀다. 치아파스 교회에 실제로 무슨 일이 일어났고, 교회는 어느 정도까지 봉기와 관련 있는가?

사무엘 루이스 몬시뇰은 로마 그레고리안 대학에서 공부하였고,

---

24) 토지의 공동 소유를 인정한 헌법 27조를 개정하여, 농민들의 공동 농장인 에히도(ejido)의 사유화와 매매를 촉진하였다 — 옮긴이.

1965년 치아파스에 부임하였다. 메데인 라틴아메리카 주교회의 총회에 참석하였고, 수년 동안 라틴아메리카 주교회의 선교국장을 역임했다. 그는 해방신학의 영향을 받아, 1975년 『해방의 성서신학』*Teología bíblica de la liberación*이라는 책을 출간했다. 그는 이 책에서 예수를 혁명적 예언자로 칭송했다.[25] 그는 (예수회, 도미니크회와 수녀회들의 도움을 받아) 지속적으로 사목 교육 활동을 펼쳤고, 7,800여 명의 원주민 교리교사와 2,600여 개의 기초공동체로 구성된 방대한 교구 네트워크를 조직했다. 사목활동가들은 원주민들을 의식화하고, 이들이 자신의 권리를 위해, 특히 조상들의 토지를 회복하기 위해 조직하고 투쟁하는 데 도움을 주었다. 루이스 몬시뇰은 치아파스의 지주, 특히 부유한 목축업자들과 대결하던 원주민 공동체를 지원했다. 나아가 과테말라의 야만적인 군사적 억압을 피해, 멕시코 남부로 피신한 수많은 과테말라 난민들을 보호하였다.

　몬시뇰은 가난한 이들을 위한 아주 구체적이고 실천적인 이러한 선택으로 인하여, 갈수록 멕시코 당국이나 치아파스 목축업자 협회와 갈등을 빚었다. 그들은 주교가 "원주민들을 선동한다"고 비난하였다. 1993년 교황이 멕시코를 방문하였을 때, 이 '말썽꾼'을 쫓아내라고 요구하는 캠페인이 강력하게 전개되었다. 루이스 몬시뇰은 교구 원주민들의 불만과 요구 사항을 담은 사목 서한을 요한 바오로 2세에게 제출하여 그의 지지를 끌어내려고 하였다. 그러나 몇 달 뒤인 1993년 10월, 주멕시코 교황대사인 프리지오네 몬시뇰은 (아마 멕시코 당국의 요청에 따라) 루이스 몬시뇰을 멕시코시티로 소환해 스스로 사임하도록 명령했다. 루이스 몬시뇰은 이러한 결정에 불복해 로마 당국에 항의했고, 그러는 사이에 사파티스

---

25) Samuel Ruiz Garcia, *Teología bíblica de la liberación*, Mexico : Editorial Jus, 1975.

타 봉기가 일어났으며, 이 운동을 진압할 수 없었던 멕시코 정부는 사파티스타민족해방군^{EZLN}과 협상하기 위한 중재자로 루이스 몬시뇰을 부르지 않을 수 없었다.

루이스 몬시뇰은 자신과 교회에 쏟아진 비난에 답하면서, 교회 자체가 봉기와 연루되어 있는 것은 아니고, 만일 일부 교회 신자들이 이 운동에 참여하고 있다면, 그것은 개인적인 관점에서 그렇게 했을 것이라고 주장했다. 그는 일련의 사건들을 설명하는 한 공식 성명서에서 다음과 같이 말했다. "진실은 원주민들이 정부의 약속에 지쳤고, 무장하지 않으면 다른 방법이 없다고 본다는 것이다. 정부는 그들을 인내심의 한계 너머로 몰아붙였다."[26]

입수 가능한 자료들을 검토해 보면, 루이스 몬시뇰도 예수회 회원이나 다른 종교 활동가들도 이 봉기를 '선동하지' 않았음이 아주 명백한 것 같다. 엘살바도르의 경우처럼 이들은 의식화와 자가 조직을 고무하였고, 그것은 상당한 원주민들 사이에서 새로운 정치적·종교적 문화를 조성했다. 그 다음 단계에서 이러한 새로운 사회적·정치적 의식을 배경으로, 아마 맑스주의적 성격을 띤 혁명적 기간 조직^{cadres}이 형성되었고, 이들이 원주민 공동체의 지원을 받아 수천 명의 원주민들을 무장 조직하도록 도와주었다. 사파티스타 민족해방군^{EZLN}의 이데올로기는 종교적인 것이 아니고, 그 주된 상징적 준거들은 마야 문화에서 끌어온 것이다. 그럼에도 불구하고 원주민 공동체를 교육하고 강화하기 위한 루이스 몬시뇰과 교리교사들의 지속적인 작업이 사파티스타 운동에 유리한 분위기를 조성하는 데 기여했음도 부인할 수 없는 사실이다.

---

26) *Proceso* (Mexico), 10 January 1994, p. 24.

1994년 6월 에콰도르에서 일어난 원주민 봉기에 관해서도 같은 이야기를 할 수 있다. 이 봉기는 멕시코 사례보다 덜 주목을 받았지만, 이에 못지않게 중요하다. 진보적인 교회 진영은 오랫동안 케추아 원주민들Quechuas의 자율적인 운동을 촉진하는 데 도움을 주었다. 침보라소 주리오밤바시의 카리스마적인 주교인 프로아뇨 몬시뇰은 평생 사회정의에 헌신하고 소외된 에콰도르 원주민을 지원하여 '원주민의 주교'로 라틴아메리카에서 유명해졌다. 지역적·전국적·국제적인 평신도 인사들과 사제들을 포함하여, 1,300여 명에 이르는 사목활동가들의 도움을 받아, 본당, 학교, 의료팀, 센터, 연구소 등 인상적인 네트워크를 조직했고, 1982년 케추아 부족 지도자들과 힘께 침보라소 원주민 운동Movimiento Indígena de Chimborazo, MICH을 창립했다. 프로아뇨 몬시뇰과 그의 지지자들은 자본주의적 발전 모델을 거부했다. 왜냐하면 이 모델이 원주민 문화와 사회를 파괴했다고 생각하기 때문이다. 그 대신에 이들은 케추아 농촌 전통에 바탕을 둔 대안적 모델, 일종의 원주민 공동체주의comunitarianismo indígena를 제안하였다. 이들의 활동은 원주민 공동체들이 전국적 차원에서 자신의 권리를 보다 더 자각하고, 수세기 만에 처음으로 그 권리를 주장하기 시작하는 데 도움을 주었다. 이런 식으로 보다 더 광범위한 조직, '에콰도르원주민연합'Confederación de Nacionalidades Indígenas del Equador, CONAIE이 출범했다. 1988년 프로아뇨 몬시뇰이 사망한 뒤, 빅토르 코랄 몬시뇰이 그의 뒤를 이어 주교로 임명되어 전임자의 사목활동을 계승하였다.

1994년 6월 에콰도르 정부는 사적 소유권을 강력하게 보장하고, 다른 어떤 토지 분배도 배제하는 신자유주의적 농업 관련법을 공포하였다. 이 법은 또한 농업을 전적으로 시장 논리에 종속시키는 것을 목표로 하였다. 공동체의 공유지를 쪼개서 팔 수 있게 했고, 심지어 물까지 사유할 수 있게 되었다. 빅토르 코랄 몬시뇰은 이 법을 비판하면서 다음과 같이 선언했다. "이 법은 단지 나라 전체를 농공업적 사업으로 전환시키고, 토지를 상품으로 축소하고자 하는 지주들의 이해와 관점을 옹호할 뿐이다."

원주민 운동 단체들(에콰도르원주민연합^CONAIE, 협동조합^co-operative associations, 침보라소 원주민운동, 농민조합)과 여타 민중 세력은 진보적인 교회의 도움을 받아 (보수적인 주교들은 정부 편에 섰다), 이 법에 반대하는 운동을 펼쳤다. 에콰도르의 농촌지역은 2주 동안 반半봉기 상태에 들어갔다. 원주민 공동체들은 무리를 지어 도로를 차단하고, 교통을 마비시켰으며, 도시 지역에서 시위를 전개하였다. 군대는 이 운동의 일부 지도자들을 체포하고, 원주민들을 지지하는 교회 라디오 방송국을 폐쇄하며, 도로를 정상화시키기 위해 군대를 파견하는 등 강제적으로 진압하고자 했으나 실패하였다. 단지 공공연한 내전을 감수해야만 이 봉기를 진압할 수 있었을 것이다. 결국 정부는 한발 물러서지 않을 수 없었고, 농업개혁법을 실질적으로 수정하였다.[27]

진보적인 교회 진영이 이 봉기를 '촉진'하지도, '지도'하지도 않았을지라도, 해방그리스도교(프로아뇨 몬시뇰과 사목활동가들, 그리고 몬시뇰의 계승자)는 새로운 의식을 일깨우고, 케추아 공동체들이 스스로 조직을 꾸리도록 고무하는 데 명백히 결정적인 역할을 하였다.

해방그리스도교에 대한 가장 중요한 도전은 라틴아메리카에 대한 로마 당국의 신보수주의적인 공격이다. 이러한 공격은 세계적 차원에서 전

---

27) Maurice Lemoine, "La Révolte très politique des indiens d'équateur", *Le Monde Diplomatique*, November 1994, pp. 18~19.

개되고 있는 가톨릭 교회의 '복고적'復古的 움직임의 일환이라는 것은 의문의 여지가 없다. 이러한 움직임은 점차적으로 권력을 권위주의적으로 집중하고, 다른 견해를 소외시키거나 배제하며, 그리고 (특히 성 윤리의 영역, 다시 말하면 이혼, 피임, 낙태 문제와 관련 있는) 전통을 교의적으로 강조한다. 최근(1995년 1월) 진보적이고 비판적인 프랑스인 주교 자크 게일로 몬시뇰을 파면한 것(1945년 이후 전례가 없는 조치)은 편협성과 보수주의가 크게 강화되었음을 잘 보여 주는 최근의 징후에 지나지 않는다.[28]

바티칸 당국이 '교의적 이견'異見'과 '과도하게 정치적인' 사목활동가에 대해 사용하는 결정적인 무기는, 해방신학을 노골적으로 적대시하는 보수적인 주교를 임명하는 것이다. 비티킨은 사회직으로 무신적인 사목활동을 지지한 이력이 있는 주교들이 은퇴하거나 죽었을 때, 각국에 주재하는 교황청 대사들이 '믿을 만한' 사람이라고 천거한 성직자들을 그 자리에 임명한다. 이 새로운 주교들 가운데 여러 명이 오푸스데이Opus Dei 소속이다. 오푸스데이는 1928년 스페인의 (최근 로마 당국이 복자품에 올린) 에스크리바 데 발라게르 신부가 창립한 극히 반동적인 단체로, 자본주의와 광범위하게 연계되어 있고, 스페인 내전 이후 프랑코 독재 체제에 적극적으로 참여한 것으로 널리 알려졌다. 바티칸 당국은 오푸스데이 소속 일곱 명의 사제를 페루의 주교에 임명했고, 네 명을 칠레의 주교에, 두 명을 에콰도르의 주교에, 그리고 콜롬비아, 베네수엘라, 아르헨티나, 브라질의 주교에 각각 한 명을 임명했다. 또한 앞에서 본 바와 같이, 한 명을 엘살바

---

28) 1995년 1월 3일, 교황 요한 바오로 2세는 자크 게일로 주교를 프랑스 에브르(Evereut) 교구 장직에서 면직하고, 오늘날 지도상에도 존재하지 않는 알제리의 파르데니아 교구장에 임명하였다— 옮긴이.

도르의 산살바도르 대주교에 임명했다.[29] 로마 당국의 이러한 정책으로 인하여, 해방그리스도교인들이 교회 안에서 활동하는 데 갈수록 더 큰 어려움을 겪고 있다.

그와 동시에, 로마 당국은 급진적인 성직자들이나 신학자들에 대해서도 다양한 조치를 내렸다. 이들을 (니카라과의 카르데날 형제 신부나 아이티의 아리스티드 신부의 경우처럼) 소속 수도회로부터 내쫓기도 하고, 또는 아주 엄격한 통제나 압력을 통해 이들이 스스로 수도회를 그만두도록 했다. 이 후자의 대표적인 예가 브라질의 레오나르두 보프이다. 그는 1992년 가르치는 것을 금지당했고, 『보제스』 ^{Vozes}라는 가톨릭 잡지의 편집장 자리에서 해고되었다. 이와 유사한 억압의 논리에서, 로마 당국은 진보적인 학풍으로 널리 알려진 신학교들의 문을 에누리 없이 닫았다. 예를 들어 1989년 브라질의 중요한 두개의 신학교(제2북동부 지역 신학교 ^{SERENE2}, 헤시페 신학교^{IRTER})를 폐교 조치했다.

'라틴아메리카 수도회연합회'^{CLAR} 역시 로마 당국의 특별한 감시를 받았다. 이 연합회는 해방신학적 문헌이나 사목지향을 통해서, (1972년부터 보수주의자들의 손아귀에 떨어진) 라틴아메리카 주교회의에 대한 일종의 대안으로 자리매김하였다. 1989년 2월 로마 당국은 이 연합회가 (브라질의 카를루스 메스테르스와 같은) 저명한 라틴아메리카 성서학자들의 도움을 받아 추진한, '말씀과 삶'$^{Palavra\ e\ Vida}$이라는 민중적 성서 연구 프로젝트를 금지시켰다. 또한 그로부터 몇 달 뒤인 7월에는 연합회의 정관을 노골적으로 어기면서까지, 선출 과정을 거치지 않은 자를 사무총장에 임명

---

29) François Normand, "La Troublante ascension de l'Opus Dei", *Le Monde diplomatique*, September 1995, p. 23.

하여 연합회를 이끌도록 했다.

이와 더불어 로마 당국은 라틴아메리카 교회 내 보수주의적 흐름을 전적으로 지지하고 격려한다. 주로 엘리트주의적이고 비밀적인 네트워크인 오푸스데이뿐만 아니라, 또한 포콜라레^{Focolari}, 그리고 무엇보다도 이른바 '성령쇄신운동'$^{Charismatic \ Renewal}$과 같은 대중운동을 전폭적으로 지원하였다. 성령쇄신운동은 사회적 투신이 없고, 감정적인 종교성을 특징으로 하는 강력한 운동이다(브라질에서만 4백여만 명의 회원을 갖고 있다). 이 운동은 또한 로마의 권위에 대한 전적인 복종을 가르치고, 그 의례는 복음주의 교회와 아주 유사하다. 다시 말하면 대규모 집회를 열고, 노래, 춤, 감정 표출, 믿음을 통한 치유, 공개적인 기도 등을 주된 내용으로 한다.

앞에서 본 바와 같이, 로마 당국의 이러한 일반적인 전략의 목표는 라틴아메리카 교회를 '정상화'^{normalization}하려는 것이고, 라틴아메리카 교회의 급진적이고 해방론적인 진영을 해체하거나, 주변화 또는 중립화하려는 것이다. 산토도밍고에서 라틴아메리카 주교회의 총회(1992)를 개최하면서 로마 당국이 의도했던 것은 라틴아메리카 대륙 교회들의 신학적·사목적 지향과 관련해 일종의 역사적 분기점을 세우려는 것이었다. 이런 식으로 교회들을 메데인과 푸에블라의 전통으로부터 멀리 떼어 놓고, 로마 당국에 줄을 세우려는 것이었다. 이 역사적 사건의 종교적 의미와 사회·정치적 함의를 평가해 보자.

라틴아메리카 교회 내에서 산토도밍고 총회 준비와 아메리카 발견 5백주년에 대한 논쟁 사이에 불가피하게 교차하는 지점이 있다. 교회 내에 두 가지 명백히 다른 이해^{理解}가 존재한다. 하나는 바티칸과 라틴아메리카 주교회의의 지도부가 갖고 있는 관점이고(그들 사이에도 일정한 차이가 있긴 하다), 다른 하나는 해방신학자들이 제시하는 관점이다.

요한 바오로 2세는 1984년 산토도밍고를 방문했을 때, 콜럼버스의 아메리카 발견을 "지금까지의 역사에서 가장 위대하고, 가장 기적 같은 인간 행동"(1892년 레오 13세의 글에서 인용)으로 경축하자고 요청했다. 교황에 따르면, 이것은 '새로운 복음화'에 영감을 주는 사례일 수 있다. 교황은 (스페인이 정복 과정에서 저지른 폭력과 착취를 폭로하는) '검은 전설' leyenda negra을 규탄하는 한편, 이 과정에 "모순, 빛과 그림자"가 있었고, 또한 초기 라틴아메리카 복음화 시기에 유감스럽게도 십자가와 칼이 서로 의존했음을 인정했다. 그럼에도 불구하고 결국 중요한 사실은 "이베리아 반도의 그리스도교를 전파하면서, 유럽의 뿌리에 있는 그 선물, 다시 말하면 인간성, 구원, 존엄성, 형제애, 정의의 권능, 신세계에 대한 애정을 담고 있는 그리스도교 신앙을 새로운 주민들에게 전달하였다"[30]는 것이다.

라틴아메리카 주교회의의 (보수적인) 지도부는 발견/복음화에 대한 교황의 이러한 긍정적인 평가를 공유했을 뿐만 아니라, 한 발 더 나아가 '그림자'에 대한 어떤 의문이나 언급도 하지 않았다. 1984년 7월, 라틴아메리카 주교회의의 안토니오 콰라시노 의장, 다리오 카스트리욘 사무총장, 그리고 다른 세 명의 고위 성직자는 '5백주년에 관한 메시지'에서 스페인의 정복을 칭송하는 데 주저하지 않았다.

발견, 정복과 아메리카 식민화 사업은 …… 그리스도교라는 말이 여전히 실제적인 힘을 발휘했던 세계가 주관했던 일이었다 …… 콜럼버스가 스페인 왕의 이름으로 새로운 땅을 정복한 순간부터, 곧바로 복음화가 시작되었다. 이 500년 동안, 이 땅에 교회의 현존과 활동은 금욕과 인내

---

30) *La documentation catholique*, no. 1884, November 1984, pp. 1064~1073.

의 칭찬할 만한 사례이고, 그것은 편의적으로 평가할, 어떤 변명성 주장도 필요로 하지 않는다.[31]

이런 유의 자기만족적인 순응주의conformism와 달리, 해방그리스도교인들은 5백주년에 대해 아주 다른 관점을 갖고 있다. 1986년 7월, 에콰도르 키토Quito에서 제2차 라틴아메리카 에큐메니컬 원주민사목 협의회 Consulta Ecuménica de Pastoral Indígena Latinoamericana가 열렸다. 여기서 가톨릭 단체(원주민사목위원회CIMI)와 개신교 단체(라틴아메리카교회협의회CLAI)의 지원을 받아 라틴아메리카 대륙의 13개 국가, 30개 원주민 부족 대표자들이 서명한 「인디언 선언」Manifesto Indio을 발표했다. 이 문서는 5백주년에 대한 "이러한 승리주의적인 기념을 완전히 거부하고", 공식적인 역사에 대해 강력한 의문을 제기했다.

> 우리가 믿도록, 일부 사람들이 말하는 그런 유의 발견은 없었고, 오히려 다음과 같은 결과들을 가져온 침략이 있었을 뿐이다. ① 우리의 형제들 가운데 7천 5백만 명 이상을 불과 피로 근절한 것, ② 우리 땅의 산물들을 폭력적으로 강탈한 것, ③ 우리의 사회정치적·문화적 제도를 해체한 것 ……

'원주민의 주교'로 불리는, 에콰도르의 레오니다스 프로아뇨 몬시뇰은 이 문서가 아메리카 원주민 부족들의 진정한 목소리라고 추켜세웠다. 그에 따르면, 원주민 부족들의 입장에서 보면, "스페인, 유럽, 라틴아메리

---

31) *Ibid.*, pp. 1076~1078.

카 정부와 교회가 의도하는 바와 같이, 5백주년은 승리주의적 관점에서 성대하게 치르는 축제가 되어서는 안 된다".[32]

아주 비판적인 입장을 취한 또 다른 기구는 '라틴아메리카 교회연구위원회'[CEHILA]이다. 이 위원회의 (엔리케 두셀과 같은) 중요한 지도자들은 해방신학에 호의적인 것으로 잘 알려져 있다. 교회연구위원회는 1989년 12월 12일 발표한 성명서에서, **정복자들**의 그리스도교와 완전히 거리를 두었다.

> 침략자들은 자신들이 세계에서 우월하다고 거들먹거리는 자만을 정당화하기 위해 그리스도교의 하느님을 이용했고, 하느님을 권력과 억압의 상징으로 바꾸었다 …… 우리는 이것을 서구의 우상숭배라고 생각한다.

교회연구위원회는 아메리카 발견을 경축하는 대신, 오히려 정반대로 투팍 아마루부터 줌비에 이르기까지[33] 식민화와 노예제에 대한 봉기, 그리고 "바르톨로메 데 라스 카사스부터 오스카르 로메로에 이르기까지, 고통과 항의의 울부짖음을 들었던 모든 그리스도교인들"을 기념하자고 제안했다.[34]

구스타보 구티에레스는 『아메리카에서의 신 또는 금:16세기』*Dios o el Oro en las Indias: Siglo XVI*(1989년 리마에서 출간)이란 책을 출간하여 이 논쟁

---

32) *Cultures et foi*, no. 130-31, Summer 1989, pp. 17~18.
33) 투팍 아마루는 잉카제국의 마지막 황제이며, 줌비는 17세기에 활동한, 흑인노예들의 저항공동체인 킬롬부의 마지막 지도자였다— 옮긴이.
34) CEHILA, "Déclaration de Santo Domingo", in *1492-1992: 500 ans d'évangélisation*, Paris: Comité Épiscopal France-Amérique latine, March 1990, no. 1, pp. 52~54.

에 가담했다. 이 책은 정복자들의 황금우상숭배에 대항하여 원주민들을 옹호했던 라스 카사스의 투쟁에 대한 뛰어난 신학적·역사적 연구서이다. 또한 그는 같은 해에 5백주년 문제를 직접 다룬 한 논문에서, 그리스도교인들이 "과거에서든 현재에서든, 개인으로서든 교회로서든 저지른, 명시적 또는 암묵적 공범성에 대해 하느님과 역사의 희생자들 앞에서 겸손하게 용서를 청하는"[35] 역사적인 기회로서 산토도밍고 총회를 활용하자고 제안하였다.

(현재에 대한 명백한 신학적·정치적 함의가 있는) 역사적인 문제, 그리고 특히 '용서를 청하자'는 이 제안은 산토도밍고 총회 내내 가장 논쟁적인 문제 가운데 하나였다. 이 제안은 상징적이고 감정적인, 중대한 내용을 담고 있어 브라질 주교들이 주도하는 진보적인 교회 진영과 로마 교황청이 강력하게 지원하는 보수적인 교회 진영 사이에 공개적인 싸움의 주제가 되었다. 양쪽 다 교황이 자신들의 편에 있다고 주장하였다. 이러한 '신들의 전쟁'과 관련된 주요한 일화를 살펴보면 다음과 같다.

1. 브라질 주교회의CNBB는 (1992년 채택한, 주교회의 총회 지침에서) 중요하고 명백한 하나의 결의안을 승인하였다. 이 결의안은 교회가 초기 라틴아메리카 복음화 과정에서 '많은 잘못'을 저질렀다는 것을 인정하면서, "정복자들이나 억압자들에 동조하여 저지른, 드러나거나 드러나지 않은 공범성 또는 직무유기"에 대하여 대륙의 원주민과 흑인 주민들에게 용서를 청했다. 또한 과거의 잘못이 "오늘날까지 여러

---

35) Gustavo Gutiérrez, "Vers le 5ème centennaire", in *1492-1992 : 500 ans d'évangélisation*, pp. 59~61.

상황 속에서 여전히 지속되고 있다"[36]는 것도 인정했다. 다른 여러 나라들(과테말라, 볼리비아)의 주교회의도 이와 유사한 결의안을 채택하였다.

2. 산토도밍고 총회 때(1992년 10월 17일), 33명의 브라질 주교들은 원주민과 아프로-아메리카인들에게 엄숙하게 용서를 청하는 참회 예절penitential liturgy을 제안했다. (로마가 임명한) 총회 의장은 이 제안을 거절하고, 총회에서 표결조차 부치지 않았다.

3. 이 총회 기간 동안, 마드리드 교구의 고이코에체아 추기경이 바티칸 소속의 스페인 출신 전문가, 사라나야나 신부(오푸스데이 소속)의 조력을 받아, '역사위원회'historical commission를 주재하였다. 이 위원회는 대륙의 '초기 복음화'를 열렬하게 축하하고, 라스 카사스의 이름을 언급조차 하지 않은, 장문의 초안을 준비하였다. 이 문서는 교황이 아프리카에서 행한 연설을 짤막하게 인용하여 노예제의 죄에 대한 용서를 청하였으나, 아메리카 원주민들의 억압에 대해서는 어떤 언급도 하지 않았다.

4. 대다수의 참여자들이 이 문서에 대해 강한 불만을 표시하면서 역사에 관한 이 장章은 폐기되었다. 이것은 라틴아메리카 주교들이 한 장 전체를 거부한 유일한 사례이다.

5. 역사위원회는 초안을 수정하여 분량을 대폭 줄였다(1.5쪽). 이 수정안도 원주민들의 고통과 억압을 언급하였으나, 정복 과정에서 교회가 행한 활동에 대해선 그 어떤 비판도 하지 않았다.

---

36) CNBB, "Das diretrizes a Santo Domingo", in *Documentos da CNBB*, no. 48, São Paulo : Edições Paulinas, 1992, pp. 18~19.

6. 그런데 아주 아이러니컬한 일이 일어났다. 총회에서 로마 당국의 사절들과 그 라틴아메리카 지지자들은 상징적인 용서조차 거부하고자 노력하였으나, 막상 교황은 산토도밍고에서 개막식 연설을 마치고 로마로 돌아가, 10월 21일에 한 회견에서 원주민과 아프리카 노예들에게 행한 불의에 대해 그들의 용서를 청하였다.

7. 교황의 이 회견에 대한 짤막한 언급이 산토도밍고 총회의 최종 문서에 포함되었다. 그러나 역사에 관한 장이 아니라, 문화적 다원성을 다루는 장에 실려 있다. "우리는 교황과 함께 원주민, 아프로-아메리카인 형제들에게 용서를 청한다."[37]

이 모든 일화는 총회 기간 동안, 보수주의자와 진보주의자, 의장단과 총회, 로마 교황청과 라틴아메리카 주교들 사이에 발생했던 긴장과 모순을 잘 보여 준다. 의장단은 바티칸을 대표하는 앙헬로 소다노가 이끌었으며, 그는 이전에 칠레 주재 교황청 대사로 있을 때 피노체트 장군과 친밀한 관계를 유지했었다. 그리고 교황은 이러한 상황에서, 예상했던 대로 최고의 중재인 역할을 하였다.

이러한 긴장은 또한 4년 동안의 총회 준비 기간에도 존재했었다. 라틴아메리카 주교회의의 지도부는 초안들을 비공개적으로 회람시킨 바 있는데, 그 초안의 보수적인 특성 때문에 각국 주교회의로부터 강력한 비판을 받았다. 이 문서들은 "호전적인 맑스주의에 대한 그리스도교인들의 대

---

37) 이러한 논쟁에 대한 매우 통찰력 있는 성찰은 주제 오스카르 베오주(José Oscar Beozzo)의 책, *A Igreja do Brasil. De João XXIII a João Paulo II, de Medellín a Santo Domingo*, Petrópolis : Vozes, 1994, pp. 314~320에서 찾을 수 있다.

응 메시지"인, 레오 13세의『새로운 사태』*Rerum Novarum, 1891*를 라틴아메리카 교회가 계승하고 있다고 강조했다. 1991년 최초의 공식 준비 문서가『협의 문서』*Documento de Consulta*라는 제목으로 출간되었다. 이 문서는 역사에 관한 장*章*에서, 스페인 식민화의 '검은 전설'을 유포한 책임을 들어 라스 카사스를 비난했다. 그리고 현대 라틴아메리카 상황에 대한 분석에서, '신자유주의적 사고방식'뿐만 아니라 또한 '사회주의적 개념'도 거절했다. 각국 주교회의들은 이 문서 또한 (이전 것보다는 더 나을지라도) 부적절한 것으로 간주하였다. 그리고 각국 주교회의들은 나름대로 기고문을 작성하였고, 이 기고문들을 모아『두번째 보고서』*Secunda Relatio*라는 제목으로 편집, 출간하였다. 이 편집본은 최종 준비 문서*Documento Operacional*에 직접적으로 영감을 주었고, 이 준비 문서에는 라틴아메리카 대다수 주교들의 공통적인 의견이 상대적으로 충실하게 반영되었다. 그럼에도 불구하고, 산토도밍고 총회 동안, 의장단이 임명한 초안위원회*Comissão de Minuta*는 사실상 이 최종 준비 문서를 무시하고, 새로운 문서를 작성하였다. 이 새로운 문서는 아주 다른 방법론과 지향을 채택하였다! 결국 총회의 최종 문서는 총회 대의원들이 이 새로운 문서를 대폭 고치고 바로잡은 결과물이다.

이 문서의 본질적인 의미를 어떻게 평가할 수 있을까? 이 문서는 로마든 라틴아메리카든, 교회의 보수주의자들이 원했던 것처럼 라틴아메리카 교회의 고유한 정체성을 포기하면서 1968년 메데인 총회가 연 괄호를 사실상 닫은 것일까? 늘 그랬던 것처럼 이 문서도 타협의 결과이고, 따라서 진보적인 경향이든 보수적인 경향이든 그 어느 쪽도 충분히 만족시키는 것은 아니었다. 이 문서에 대한 해방신학자들의 평가도 천차만별이지만, 적어도 메데인과 푸에블라 정신과의 **급진적인** 단절은 없었다는 점에서는 모두가 공감하고 있다.

클로도비스 보프는 이 문서를 가장 비판적으로 평가한 대표적인 인물이었다. 그의 견해에 따르면, 산토도밍고 총회의 최종 문서에는 부정적인 요소들이 많다. 먼저 사목 문서들이 전통적으로 사용한 방법('보고 판단하고 행동하라')을 교의적인 접근으로 대체하였다. 이 접근에 바탕하여, 각 장의 서두에 교황의 말을 언급한다. 해방의 언어는 사실상 사라졌고, '인간 발전'human advancement이라는 훨씬 더 애매모호한 개념으로 대체하였다. 사회 불의를 비판하나, 자본주의에 대해선 어떤 언급도 하지 않았다. 다시 말하면 범죄를 비난하나 범죄자를 비난하지 않았다. 가난한 이들은 자신의 역사의 주제가 아니라, 관심의 대상으로 나타났다. 로메로 몬시뇰과 같은 그리스도교 순교자들, 엘살바도르 가톨릭대학교UCA의 7명의 예수회 교수들에 대해서도 전혀 언급하지 않았다. 용서를 청하는 어떤 형태의 공적인 움직임도 없었고, 노벨상을 수상한 리고베르타 멘추에 대한 어떤 지지도 표명하지 않았다.

그럼에도 불구하고 (역시 클로도비스 보프에 따르면) 총회의 모든 것이 다 부정적이었던 것은 아니었다. '인간 발전'이라는 제목의 장(브라질 주교와 신학자들이 이 장에 일정한 영향력을 행사했다)은 '구조적 변혁'의 필요성에 대해 주장하였고, 가난한 이들을 우선적으로 고려하는 교회의 결정(가난한 이들을 위한 선택)을 "확고하며 되돌릴 수 없는" 것으로 재확인하였다. 메데인의 **요지**(사회변혁을 위한 교회의 투신)는 비록 다른 모습을 취했을지라도, 결코 사라지지 않았다. 그리고 생태, 외채, 길거리 아이들, 그리고 마약 문제와 같은 새로운 중요한 주제들을 포함하였다.

보프는 자신의 글을 결론지으면서, 산토도밍고가 "로마 기타로 연주한 라틴아메리카 음악"이라고 보았다. 과거(메데인/푸에블라)와의 단절은 없었으나, 일종의 재정의가 이뤄졌다. 이 총회의 결정들이 '하느님의 백성'에게 도움이 될 수 있으나, 이 문서를 적극적이고, 선별적이며, 창의적이고, 바로잡는 식으로 해석할 필요가 있다는 것이다.[38]

구스타보 구티에레스는 훨씬 더 긍정적인 평가를 내렸다. 구티에레스에 따르면 산토도밍고 총회의 가장 중요한 측면은 (교회 내부나 외부에서 상당한 저항이 있었음에도 불구하고) 메데인과 푸에블라와의 연속선상에서 가난한 이들을 위한 우선적 선택을 강력하게 재확인한 것이다. 사실 16세기나 그 이후에 원주민과 아프로-아메리카인들에 대한 억압과 불의에 그리스도교인들이 동참한 것에 대하여 그들에게 용서를 청하는 것은 쉽게 합의에 이를 수 있는 문제가 아니었다. 그러나 교황 덕분에 마침내 이러한 용서를 청하는 것이 받아들여졌다. 최종 문서는 가난한 이들을 위한 우선적 선택의 관점에서 논의되었던, 다양한 '시대의 징표들'에 대해서 언급하였다. (가난과 불의에 의해서 침해당한) 인권 문제, 공리주의적이고 개인주의적인 도덕을 비판하는 '생태학적 윤리'에 대한 권고, 토지에 대한 '상업주의적 관점'과 근대 사회의 '죄악적인 구조'에 대한 단죄, 그리고 라틴아메리카에서 '빈부격차를 더욱 벌리는' 신자유주의적 모델을 비판하는 '연대의 경제'에 대한 호소 등이 이러한 징표들이다. 산토도밍고 총회에 따르면, 가난은 "라틴아메리카와 카리브 지역이 겪고 있는 가장 파괴적이고 굴욕적인 재앙"이고, 모든 그리스도교인들은 "가난한 이들의 얼굴에서 주님의 얼굴을" 발견하는 심오한 개인적 회심을 경험하도록 초대받았다.

---

38) Clodovis Boff, "Um ajuste pastoral", in *Santo Domingo. Ensaios teológico-pastorais*, Petrópolis : Vozes, 1993, pp. 9~54.

그러나 구스타보 구티에레스는 몇 가지 부정적인 측면들도 지적한다. 라틴아메리카 순교자들에 대해 어떤 명백한 언급도 하지 않은 것, 그리고 총회 때 한 위원회가 준비한, 여성에 대한 성찰을 최종 문서에 포함하지 않은 것에 대해 유감을 표명했다. 그는 산토도밍고 총회를 이전의 총회들과 비교하여 다음과 같이 결론을 내린다.

> 산토도밍고는 메데인과 푸에블라와 같은 교의적·사목적 상황에 처했으나, 메데인의 예언적 비상飛翔도, 푸에블라의 신학적 밀도도 없이, 라틴아메리카 그리스도교인들이 최근 수립하기 시작한 의제 가운데 몇 가지를 모아 놓았다. 새로운 도전들은 이미 명백한 신호를 보내고 있다. 이 도전에 대한 답이 풍성한 결실을 맺는 것은 …… 우리가 산토도밍고 문헌을 어떻게 수용하는가에 달려 있다.[39]

대립적인 이 두 극단의 사이에서(비록 몇 가지의 중요한 평가를 공유할지라도), 많은 해방신학자들이 모호한 견해를 표명한다. 예를 들면, 파블로 리차드는 한편으로 (산토도밍고가 남반구 교회의 의식과 정체성을 강화시켰다고 주장하면서) 일반적으로 긍정적인 소감을 말하지만, 다른 한편으로 총회 문서의 새로운 지향은 모순적인 것으로 간주한다. 새로운 복음화를 그리스도론과 종말론에 반영할 때, 이 복음화는 라틴아메리카 교회의 정체성을 억압하고 라틴아메리카의 많은 개신교 종파들과 유사한 언어를 가진, 일종의 '로마적 근본주의'에 바탕하게 된다. 그러나 인간 발

---

[39] Gustavo Gutiérrez, "Documento : um corte transversal", in *Santo Domingo : Ensaios teológico-pastorais*, pp. 55~68.

전의 실천, 문화와 사목적 선택에 반영할 때, 새로운 복음화는 라틴아메리카 교회의 가장 심오하고 진정한 의식을 표현하게 된다. 산토도밍고에 대한 파블로 리차드의 논문은 대부분 사실상 진보적인 사목활동가들을 위한 지침으로 사용하기 위해서, 문서에서 가장 좋은 부분들만 선별해 놓은 것이다.[40]

그리고 사실 이것은 앞에 말한 세 명의 신학자들에게 공통된 관점이다. 다시 말하면 산토도밍고의 최종적인 의미는 앞으로 다가올 미래에서 여러 라틴아메리카 교회들이 이 문서를 어떻게 수용하고 해석할 것인가에 달려 있다는 것이다. 1995년 보수주의자 돔 루카스 모레이라 네베스를 브라질 주교회의 의장으로 선출한 것(이러한 변화는 명백히 라틴아메리카 교회 전체에 영향을 미칠 것이다)과 같은, 산토도밍고 이후에 일어났던 몇 가지 핵심적인 사건들을 볼 때, 바티칸이 총회 문서에 대한 자신의 해석을 강요할 수 있는 강력한 위치에 있음을 알 수 있다.

결론적으로 라틴아메리카에서 해방그리스도교의 미래가 어떻게 될지 예견하는 것은 (불가능하지는 않더라도) 어렵다고 말할 수 있다. 그것은 다음 교황의 정체성, 다가올 미래에 대륙에 영향을 미칠 사회운동과 혁명운동의 형태 등과 같은 아직 알 수 없는 다양한 변수들에 의존할 것이다. 해방그리스도교 운동의 약화, 쇠퇴 또는 심지어 소멸 가능성(물론 현시점에서는 앞에서 본 것처럼, 이러한 가능성은 진실과 거리가 멀다)도 배제할 수

---

40) Pablo Richard, "La Iglesia Católica después de Santo Domingo", *Pasos* no. 44, November-December 1992; "Las comunidades eclesiales de base en América Latina (después de Santo Domingo)", *Pasos* no. 47, May-June 1993.

없다. 어떤 형태로든 이 운동은 이미, 특히 브라질과 중앙아메리카에서 최근 35년 동안 가장 중요한 사회적 저항운동의 결정적인 주창자로서, 20세기 후반 라틴아메리카의 역사 안에 커다란 족적을 남겼다. 해방그리스도교는 라틴아메리카 대륙에서 여러 세대 동안 그리스도교 활동가들의 종교적·정치적 문화를 형성하였다. 이들 가운데 대다수는 자신들 안에 아주 깊게 뿌리내린 윤리적·사회적 확신을 포기하지 않을 것이다. 게다가 해방그리스도교는 빈민촌 주민운동에서부터 노동자당 또는 해방전선에 이르기까지, 비종교적인 다양한 사회운동과 정치운동의 출현에 이바지했다. 이 다양한 운동들은 교회로부터 독립적이고, 오늘날 자기 나름의 고유한 역동성을 갖고 있다. 해방그리스도교는 라틴아메리카의 정치적·종교적 문화의 온상에 씨앗을 뿌렸다. 이 문화는 다가올 미래에 계속 성장하고 번성할 것이며, 아직도 많은 놀라움을 간직하고 있다.

옮긴이 후기

『신들의 전쟁:라틴아메리카의 종교와 정치』*The War of Gods: Religion and Politics in Latin America*는 책이 출간된 1996년을 기점으로 이전 35년간, 다시 말하면 1960년대부터 95년까지 라틴아메리카의 종교와 정치를 문화사회학적으로 분석한 책이다. 번역에 있어, 영어 원서와 더불어 포르투갈어 번역본*A Guerra dos Deuses: Religião e Políticas na América Latina*도 참조하였다. 이 책은 2000년에 브라질의 유명한 '세르지우 부아르키 데 올란다'*Sergio Buarque de Hollanda* 상을 수상하기도 했다.

이 책의 지은이인 미카엘 뢰비는 브라질 출신의 사회학자이자 철학자이다. 1938년, 오스트리아에서 이민 온 유대인 가정에 태어나, 1960년에 상파울루 대학교 사회학과를 졸업하였다. 이후 프랑스에 유학하여, 1964년에 프랑스 소르본 대학교에서 뤼시앙 골드만의 지도로 박사학위(논문 제목은 「청년 맑스의 혁명론」)를 받았다. 1978년부터 프랑스 국립과학연구센터*CNRS* 연구원으로 일하면서, 사회과학고등연구원*EHESS*에서 강의하였으며, 스탠퍼드 대학교를 비롯한 미국의 여러 대학의 초청을 받아 강의한 바 있다.

현재 프랑스 국립과학연구센터 명예 연구 이사이고, 사회과학고등연구원, 국제연구·교육연구소International Institute for Research and Education(암스테르담 소재)에서 강의하고 있다. 또한 다양한 학술지(*Journals Archives de Sciences Sociales des Religions*; *Actuel Marx*; *ContreTemps*; *Écologie et Politique*)의 편집에 관여하고 있다.

지은이는 연구·교육활동뿐만 아니라, 사회활동도 활발하게 전개하고 있다. 프랑스 신 반자본당New Anti-capitalist Party과 제4차 인터내셔널에서 활동하고 있으며, 유럽뿐만 아니라 브라질, 특히 브라질 노동자당이나 무토지농민운동과도 밀접한 관련을 맺고 있다. 또한 2001년 처음 개최된 세계사회포럼의 창립 멤버이기도 하다. 최근에는 환경 문제에 관심을 가지면서, 조얼 코블Joel Kovel과 공동으로 「국제생태사회주의선언」International Ecosocialist Manifesto을 작성하고, 2007년 파리에서 제1차 국제생태사회주의회의International Ecosocialist Meeting를 조직하기도 했다.

지은이는 수많은 논문과 책을 썼고, 그의 저서는 28개 언어로 번역, 출간되었다. 1980년대 중반까지는 주로 맑스, 루카치 등 맑스주의 사상을 지식사회학적 관점에서 다뤘고, 『체 게바라의 맑스주의』[1973, 2007], 『루카치: 낭만주의에서 볼셰비즘까지』[1981], 『조합되고 불균등한 발전의 정치: 영구혁명론』[1981](이 책은 우리말로도 번역되었다. 『연속혁명 전략의 이론과 실제』, 신평론, 1990) 등이 있다. 80년대 중반 이후는 문화사회학적 관점에서 다양한 문화 현상, 특히 종교와 정치의 관계에 대한 많은 글을 발표하고 있고, 『구원과 유토피아: 중부 유럽의 해방적 유대교』[1992], 『1909년부터 현재까지 라틴아메리카의 맑스주의』[1992], 『세계 변화에 대해: 정치철학 에세이—맑스에서 발터 벤야민까지』[1993], 『조국이냐 어머니 지구냐: 민족 문제에 대한 에세이』[1998], 『샛별: 초현실주의, 맑스주의, 무정부주의, 상황주의, 유토피아』[2000], 『근대의 물결에 대항하는 낭만주의』[2001, 공저, 『프란츠 카프카: 꺾이지 않는 몽상가』[2004], 『화재경보: 벤야민의 '역사 개념론'』[2005], 『청년 맑스의 혁명론』[2005], 『체게바라: 꺼지지 않은 불꽃』[2007] 등이 있다.

이 책에서 다루는 시기는 라틴아메리카의 차원에서 보든, 전세계적 차원에서 보든 그리스도교가 과거의 어느 시기보다도 아주 급진적인 변화를 겪은 시기이다. 따라서 이러한 변화에 대한 저항 역시 만만치 않고, 이러한 변화를 주도한 진보적인 그리스도교 운동에 대한 평가도 평자의 관점이나 지향에 따라 상당히 엇갈린다. 예를 들어 라틴아메리카의 기초 공동체에 대한 최근의 학술적인 연구만 살펴보더라도, 라틴아메리카의 내부 연구자와 외부 연구자, 보수주의자와 진보주의자, 90년대 이전과 이후의 연구 사이에 그 평가나 전망이 크게 다르게 나타난다. 이러한 점을 고려할 때, 이 시기의 진보적인 그리스도교 운동에 대한 연구는 무엇보다도 객관적이고 균형 잡힌 관점을 요청하는데, 이 책은 나름대로 이러한 관점을 유지하려고 애쓴 것으로 보인다.

이 시기의 라틴아메리카의 종교와 정치를 다룬 연구는 라틴아메리카 내부에서뿐만 아니라, 미국, 유럽 등 외부에서도 적지 않게 출간되었다. 그러나 지은이가 지적한 대로, 대부분의 연구는 지역이나 주제에 있어서 다소 제한적이다. 따라서 이 책은 이러한 한계를 넘어, 종교와 정치의 관계사에서 새로운 시대를 연 이 시기를 총체적으로 조망하고자 한다. 그렇다고 이 시기를 통사적으로 다루는 것도 아니고, 모든 주제를 다 섭렵하는 것도 아니다.

지은이의 주된 관심은, 지은이의 표현에 따르면 '해방그리스도교'에 초점이 맞춰져 있다. 우리는 흔히 1970년대 이후 라틴아메리카에서 크게 활성화된 일련의 진보적인 그리스도교적 움직임을 이야기할 때, '해방신학'이라고 지칭한다. 그러나 지은이는 해방신학이라는 신학적 성찰이 있기 이전에, 이미 1960년대부터 이른바 '가톨릭 좌파들'이 형성되기 시작했고, 이들을 중심으로 광범위한 진보적인 종교-사회운동이 출현한 것으로 본다. 따라서 이러한 운동을 '신학'이라는 범주로 묶기에는 무리가 있다는 것이다. 왜냐하면 우선 신학에 앞서 신앙적 실천이 존재했고, 그것은 '신학'이라는 범주를 뛰어넘는 보다 더 광범위한 운동이기 때문이다.

다른 이들은 이러한 진보적인 움직임을 '가난한 이들의 교회'라 지칭하는데, 이 역시 부적절한 표현이라는 것이 지은이의 지적이다. 다시 말하면 이 움직임은 제도로서의 교회라는 경계를 뛰어넘는, 훨씬 더 포괄적인 사회 관계망 안에서 이뤄진다는 것이다. 특히 교계와의 갈등이나 대립으로 인하여, 전통적인 교회의 틀을 벗어나 다양한 사회활동이 이뤄진 중미의 경우, '교회'라는 조직적 범주로 이 광범위한 운동을 포괄해 낼 수 없을 것이다.

그래서 지은이는 라틴아메리카에서 1960년대 이후 형성된 진보적인 신앙 실천, 70년대 이후 이러한 실천들을 비판적으로 성찰하면서 형성되기 시작한 해방신학, 그리고 이후 이러한 실천과 신학이 서로 영향을 주고받으면서 전개된 일련의 진보적인 그리스도교적 움직임을 '해방그리스도교'라고 부를 것을 제안한다. 이러한 정의는 오늘날 라틴아메리카의 많은 연구자들에 의해 수용되고 있다.

지은이는 본격적 논의에 앞서, 자신의 논의를 조명해 줄 이론적인 문제를 다루는데, 두 가지이다. 하나는 맑스주의와 종교의 관계이고, 다른 하나는 베버의 논의를 중심으로 자본주의와 가톨릭의 관계를 다룬다. 첫 번째 문제에서 핵심적인 질문은 맑스(주의)에 있어 종교는 단지 '인민의 아편'인가이다. 지은이는 맑스, 엥겔스부터 그람시, 블로흐, 골드만, 그리고 라틴아메리카의 마리아테기에 이르기까지 맑스주의 전통을 재검토하면서, 이 질문에 답하고자 한다. 그의 결론인즉, 종교는 단지 아편에 불과한 것이 아니라, 이미 맑스부터 종교가 갖는 두 가지 측면, 즉 아편으로서의 측면과 저항적 상상력으로서의 측면을 공히 인정하고 있었다는 것이다. 지은이는 여기서 한발 더 나아가, 그리스도교와 사회주의 사이에 '구조적 상동성相同性'을 발견할 수 있고, 이러한 상동성은 60년대의 라틴아메리카의 경우처럼 사회적 양극화와 정치적 갈등이라는 특수한 역사적 상황에서는 둘 사이의 '선택적 친화성'이라는 역동적인 관계로 변화할 수 있다고 주장한다.

베버의 경우, 『개신교 윤리와 자본주의의 정신』에서 이 둘 사이의 선택적 친화성을 이야기했는데, 그렇다면 가톨릭 윤리와 자본주의는 어떤 관련이 있는가라는 것이 지은이의 또 다른 물음이다. 지은이에 따르면, 베버는 가톨릭 윤리를 '구원론적 형제애 윤리'로 보았고, 이 윤리는 세속적 가치들, 특히 자본주의 체제의 추상적이고 물화된 논리를 도덕적으로 적대시했다고 보았다. 따라서 가톨릭교회 내에는 자본주의 정신과 화해할 수 없는 기본적인 혐오 또는 거부, 다시 말하면 일종의 문화적 반감이 존재했다. 지은이는 이를 '부정적 친화성'negative affinity이라는 개념으로 표현한다.

에밀 풀라는 자본주의에 대한 이러한 혐오 또는 반감을 '비타협적 가톨릭'intransigent Catholicism이라 지칭한다. 이러한 비타협적 가톨릭은 역사적으로 두 가지 방식으로 표현되었다. 하나는 압도적으로 보수적이고, 복고적이며, 반동적인 경향이고, 다른 하나는 가난한 이들의 어려운 처지에 대해 공감하는 유토피아적 경향이다.

그러나 19세기 말 가톨릭 교회가 근대 부르주아 세계와 '화해'하면서, 이러한 비타협적 가톨릭은 일정한 변화를 겪는다. 즉 자유주의적 자본주의의 지나침을 비판하지만, 더 이상 현행의 사회적·경제적 질서에 도전하지 않는 '사회적 가톨릭'social Catholicism으로 바뀌고, 이는 이른바 가톨릭 사회교리의 기반이 된다. 그러나 이러한 지배적인 경향과 달리, 특히 프랑스에서 새로운 형태의 가톨릭 사회주의가 등장했다. 이는 비타협적이나, 좌파적 형태의 반자본주의 형태이고, 이것이 1960년대 브라질의 그리스도교 좌파에 영향을 미쳤다는 게 지은이의 주장이다.

지은이는 이러한 이론적 재해석을 통해, 라틴아메리카의 해방그리스도교를 분석하는데, 책 제목에서 알 수 있듯이, '신들의 선생'이라는 관섬에서 바라본다. 여기서 '신들의 전쟁'은, 1960년대 이후 라틴아메리카에서 전개된 일련의 종교적 활동, 또는 갈등과 대립의 저변에는 서로 다른 신들 사이의 싸움, 또는 신에 대한 서로 다른 이해가 깔려 있다는 뜻이다. 후자는 그리스도교 내에서 같은 신에 대한 서로 다른 이해에서 빚어지는 갈등이다. 한편으로 해방그리스도교의 신 이해, 다른 한편으로 미국과 보수적인 그리스도교(보다 더 구체적으로 보면 가톨릭 내에서는 교황청과 이를 따르는 라틴아메리카 교계, 그리고 개신교에서는 오순절운동의 신 이해)가 있다. 이처럼 같은 신에 대한 서로 다른 이해는 지난 35년간의 라틴아메리카 역사에서 가톨릭 교회 내적으로, 그리고 진보적인 가톨릭과 보수적인 개신교 사이에서 끊임없는 반목과 갈등이 이어지는 요인이 되었다.

두번째는 해방그리스도교의 신과 자본주의적 우상숭배와의 싸움이다. 이는 해방신학 내에서도 이른바 '경제신학'이라는 지칭하는 일련의 신학자, 사회과학자들에 의해 제기된 것이다. 프란츠 힌켈라메르트, 우구 아스만, 엔리케 두셀, 파블로 리차드, 성정모 등이 바로 이들이다. 이들은 그리스도교의 '생명의 하느님', '삶의 하느님'을 자본주의 체제의 죽음의 우상과 대조하면서, 자본과 시장 우상숭배에 대한 투쟁을 선포한다. 지은이는 이러한 흐름이 현 단계에 있어서 반자본주의적 가톨릭 에토스의 가장 급진적이고 체계적인 표현이라고 본다.

이 경제신학자들도 해방신학이라는 큰 범주에 속하고, 해방신학의 이념과 지향을 기본적으로 공유하지만, 몇 가지 점에서 차이를 드러내기도 한다. 지은이는 이러한 차이를 맑스주의에 대한 태도에서 본다. 맑스주의를 강조하지 않거나, 사회과학의 여러 형태 가운데 하나로 축소하려는 해방신학의 경향과 달리 경제신학자들은 맑스의 상품물신숭배 이론을 이용하여 거짓 종교로서의 자본주의를 비판하면서, 맑스주의와의 새로운 관계를 설정하는 등 보다 더 적극적인 태도를 견지한다. 그러나 이 둘 사이의 차이는 지은이의 생각보다 더 큰 것 같다. 예를 들어 성정모는 해방신학이 초기와 달리 가난한 이들의 삶을 일차적으로 규정하는 경제 문제에 대해 소홀히 했고, 유토피아에 대한 잘못된 이해로 하느님 나라와 사회주의를 동일시하는 잘못을 범했다고 주장하면서, 해방신학을 비판하기도 한다.

이 책의 결론을 이끄는 질문은 '해방신학이 여전히 유효한가'이다. 유효성의 기준은 여러 가지로 이야기할 수 있으나, 지은이는 민중적 지지에서 이 유효성을 판단한다. 지은이의 결론은 여전히 유효하다는 것이고, 그 증거로 최근 라틴아메리카에서 활발하게 전개되고 있는 세 가지 운동, 즉 브라질의 무토지농민운동, 멕시코의 사파티스타운동, 에콰도르의 원주민 운동을 든다.

먼저 무토지농민운동은 가톨릭 교회의 토지사목에서 출발하여, 독립적인 운동으로 성장하였다. 그럼에도 불구하고 이 운동을 좀더 자세히 들여다보면, 다양한 형태로 가톨릭의 영향이나 연계를 찾아볼 수 있다. 예를 들면 대다수 적극적인 활동가들이나 임원은 원래 토지사목과 기초공동체 출신이고, 이들 가운데 일부는 여전히 이 단체들과 관계를 유지하고 있다. 무엇보다도 이들의 사회적-종교적 문화와 투신을 위한 토대가 되는 윤리적 동기부여는 해방그리스도교에 바탕을 두고 있다. 또한 "해방그리스도교의 사회적-종교적 유토피아는 무토지농민운동의 투쟁과 점거지 생활방식을 특징짓는 수많은 의식儀式(축제, 행렬, 행진, 노래, 연설)에 암묵적으로 또는 명시적으로 내재해 있다."

멕시코의 사파티스타운동도 이와 유사한 경우이다. 물론 이 운동의 이념은 가톨릭교회와 관련 있는 것이 아니다(그 주요한 상징적 준거들은 마야 문화에서 끌어온 것이다). 그럼에도 불구하고 산 크리스토발 데 라스 카사스 교구의 사무엘 루이스 몬시뇰의 사목적 노력은 사파티스타 운동에 유리하게 작용했음을 부인할 수 없다. 다시 말하면, 루이스 몬시뇰은 7,800여 명의 원주민 교리교사와 2,600여 개의 기초공동체로 구성된 방대한 교구 네트워크를 조직해 원주민들을 의식화하고, 이들이 자신의 권리를 위해 조직하고 투쟁하는 데 도움을 주었던 것이다. 그래서 사파티스타 봉기가 발발하자, 멕시코 정부와 언론은 그를 '하느님의 게릴라'라고 비난하였고, 교황청은 몬시뇰이 사임하도록 압력을 가했던 것이다.

에콰도르에서 연이어 발생한 원주민 봉기도 같은 맥락에서 이해할 수 있다. 프로아뇨 몬시뇰을 비롯한 교회의 진보 진영은 1,300여 명에 이르는 사목활동가들의 도움을 받아, 본당, 학교, 의료팀, 센터, 연구소 등 네트워크를 조직했고, 케추아 원주민들의 자율적인 운동을 촉진하는 데 도움을 주었으며, 1982년에는 케추아 부족 지도자들과 함께 침보라소 원주민 운동을 출범시켰다. 또한 이들은 자본주의적 발전 모델을 거부하고, 케추아 농촌 전통에 바탕을 둔 대안적 모델, 일종의 원주민 공동체주의를 제안하였다. 따라서 이후 발생한 원주민 봉기를 교회의 진보 진영이 직접 '유발'하거나, '지도'하지 않았을지라도, 새로운 의식을 일깨우고, 케추아 공동체들이 스스로 조직을 꾸리도록 고무하는 데 명백히 결정적인 역할을 하였음은 부인할 수 없다.

이처럼 라틴아메리카의 해방그리스도교는 이 책이 다루고 있는 35년 동안 주요한 여러 사회운동에 결정적인 영향을 미치면서, 새로운 종교적·정치적 문화를 형성하였다. 이러한 새로운 문화는 많은 그리스도교인들 사이에 윤리적·사회적 확신으로서 깊이 각인되었고, 따라서 교회 안팎의 여러 난관에도 불구하고, 오늘날에도 여전히 자기 나름의 고유한 역동성을 발휘하고 있다고 할 수 있다.

옮긴이 김항섭

찾아보기